心理援助アプローチ
のエッセンス

神田 久男

編著

樹村房

は じ め に

　心理臨床の実践に携わるようになってからほぼ40年が経つ。当然のことながら，その間に臨床心理学も大きく様変わりをしてきた。つねに変貌を続ける現代社会からのニーズは一向に衰えることなく，期待を込めた熱いまなざしが今も心理臨床に注がれていることは喜ばしいことである。これに呼応して臨床心理学の新しい理論や技法も数多く生まれ，その有効性は臨床実践の場で繰り返し検証されている。

　心理治療とは，クライエントとセラピストとの人間的な出会いによって新しい関係を築くことにより，さまざまな問題や課題を一緒に解決していこうとする相互の営みのことである。したがって，臨床心理学におけるパーソナリティの研究法や諸理論，それに治療技法といったものは，すべてこうした生きた臨床実践の積み重ねが礎になって生まれてくるといっても過言ではない。その意味で事例研究は，人間の生活に多方面からサポートしていこうと日々努力しているあらゆる領域の専門家にとって，けっしておろそかにすることのできない大切な研究法の一つなのである。臨床心理学においても，事例研究に与えられた位置づけの重要性はいかなる時代の変遷によっても変わるはずはないのであるが，近年，これに関連した読み応えのある専門書や参考書を手にする機会が激減してしまったことに心もとなさを感じている。

　本書で試みようとしたことは，いわゆるオーソドックスな事例報告ではない。現実の心理治療の生きた実践がありのままに読み取れるような事例研究である。もちろんそれは面接場面で起きている事の正確な記述などではなく，クライエントの苦悩や葛藤の息づかい，セラピストの戸惑いや逡巡などを臨場感をもってヴィヴィトに映し出すとともに，心理的援助の本質や普遍的な課題の手がかりが少しでも感じ取れるような真実を含んだものである。そこにはことばではとうてい語りきれないような豊かな内容も込められていようし，セラピスト独自の主観的判断による把握，理解だってありうる。こうしてクライエン

トの自由で自発的な動きを促進するような援助的アプローチができたとき，クライエントからふと漏れてくるナイーブで軽やかな表情やしぐさなどにセラピストはどれほど勇気づけられるかわからない。これはセラピストがクライエントの内面に深く寄り添い，地道なセラピーを丹念に積み重ねていったからこそ実現されることである。

　本書は，心理臨床の領域で活躍しているセラピストのみを対象として企画されたものではなく，学校や医療，企業，福祉施設など幅広く心理的援助にかかわっている方々，さらにはそうした活動に関心をもっている人にも読んでもらえることを念頭において書かれている。執筆者にはそれぞれの視点から自由に論じてもらうよう依頼したが，編者の勝手な企画にもかかわらず熱意をもって執筆していただいた。彼らが活躍する心理臨床の場もかなりバラエティーに富んでいるし，比較的若手のラセピストにも積極的に参加してもらい，斬新な視点から鋭く切り込んでくれているので，読者の方には興味深く，しかもわかりやすく読んでいただけると思う。本書から心理援助アプローチのエッセンスを少しでも読み取っていただければと願うばかりである。

　ここに載せてある事例は，基本的にはプライバシー保護のため本質を歪めない範囲で一部を省略したり，修正を加えたり，場合によっては複数事例の要素を組み合わせたりしている。また，"治療者，セラピスト，カウンセラー" といったほぼ同義語については執筆者の意図を尊重し，あえて語句の統一はしていない。

　最後になったが，企画から編集・出版まで影となって暖かく支えていただいた樹村房の大塚栄一社長に深く感謝の意を表したい。

　2013年 梅花月

編者識

心理援助アプローチのエッセンス

もくじ

はじめに ………………………………………………………………… iii

I部　子ども，家族とともに ──────────（神田久男）── 1

1章　児童養護施設での子どもの心理援助と生活実践 ──（田沼裕介）── 4
1．児童養護施設とは ……………………………………… 4
2．施設への入所理由について …………………………… 5
3．子どもが育まれるために必要なもの ………………… 6
4．養護施設での心理職の役割 …………………………… 8
5．最後に …………………………………………………… 13

2章　子どもを育む家族を読み解く
　　　…家族への多面的な働きかけ ──────（高島知子）── 15
1．家族特有の問題の見立て ……………………………… 15
2．子どもと家族へのアプローチにおける技法の紹介 … 18
3．親子面接の構造 ………………………………………… 23
4．家族の課題に介入するセラピストの役割 …………… 26

3章　子どもの心理臨床における親子並行面接 ───（光宗あゆみ）── 28
1．親子並行面接の特性 …………………………………… 28
2．事例に見る親子面接 …………………………………… 32

4章　子どもの心理援助…箱庭療法の効果的な適応 ──（西山葉子）── 42
1．箱庭療法という技法について ………………………… 42
2．創ることと癒すこと──なぜ箱庭が
　　置かれることでよくなるのか ……………………… 43
3．子どもの心理療法における箱庭の諸相 ……………… 46

5章　身体表現…身体からこころへのアプローチ ────（近藤春菜）── 56
　　1．現代と身体 ……………………………………………… 56
　　2．身体へのアプローチ …………………………………… 60
　　3．身体からこころへのアプローチ──身体から
　　　　こころを理解する ……………………………………… 64
　　4．実践例──身体に焦点を当てたワークショップ …… 66

| Ⅱ部 | 生徒，学生へのこころのサポート ────（神田久男）── 73

1章　小学生へのスクールカウンセリング…場所の感覚と
　　　多文化共生の観点から ──────────（金　順慧）── 76
　　1．場所の感覚，空間の経験 ……………………………… 76
　　2．子どもとのかかわり …………………………………… 79
　　3．保護者とのかかわり …………………………………… 81
　　4．教員とのかかわり ……………………………………… 84
　　5．異文化にルーツをもつ子どもたちとのかかわり …… 86

2章　生徒の個別相談から見えてくる
　　　心理援助のキーポイント ──────────（上田貴臣）── 91
　　1．学校という環境で心理援助を行うということ ……… 91
　　2．話を聞く──アセスメントの在り方 ………………… 93
　　3．生徒の生きている多様な文脈に出合う ……………… 96
　　4．生徒の主体性につながるチャンネルの多層性 ……… 99
　　5．終結するかどうか──一人の生徒が主体性を回復していくまで
　　　 ……………………………………………………………… 102

3章　思春期男子と女性セラピスト ─────────（鍛冶美幸）── 105
　　1．さまざまな思春期論 …………………………………… 105
　　2．女性セラピストと思春期男子事例 …………………… 107
　　3．思春期男子にとっての女性セラピストの意味 ……… 118

4章　大学生へのリエゾン・アプローチ ──────（槇田治子）── 121
　　1．学生相談室という場 ………………………………… 121
　　2．学生援助・支援をコラボレーションする ………… 126
　　3．カウンセラーに求められるもの …………………… 131

5章　学生相談と青年期の心理臨床
　　…内面と現実を分けること ──────────（原　信夫）── 134
　　1．アイデンティティ（同一性）の2つの側面 ………… 135
　　2．内的な作業がしにくい学生 ………………………… 138
　　3．現実の出来事を詳しく確認する作業 ……………… 140
　　4．確認することで思い込みが見えてきた例 ………… 141
　　5．出来事（外の現実）と思い（内面）を行き来する …… 142
　　5．具体的なイメージが浮かぶこと …………………… 143

Ⅲ部　青年期のゆらぎと展望 ─────────（神田久男）── 145

1章　思春期の主体性の立ち上がりについて ────（瀬川美穂子）── 148
　　1．新たな視点の獲得──親との一体感との裂け目 … 149
　　2．新たな'わたし'の出現──個別性への気づき …… 151
　　3．事例に見る主体性獲得のプロセスと
　　　　カウンセラーのかかわりについて ………………… 153
　　4．思春期と死 …………………………………………… 156

2章　相談室から垣間見えてくる青年の悩みの様相 ───（二宮実穂）── 159
　　1．面接過程で起きてくること ………………………… 159
　　2．青年期のクライエントと対する時に必要であろうこと …… 165
　　3．現代の青年の抱える困難と希望 …………………… 169

3章　同一性拡散を生き抜く ────────（武藤友香子）── 171
　　1．モラトリアムの中身 ……………………………… 171
　　2．事例 ……………………………………………… 172
　　3．考察 ……………………………………………… 181
　　4．おわりに ………………………………………… 186

4章　"感性"と"可能性"をつなぐ青年期臨床 ──────（大塚　尚）── 189
　　1．A子（24歳女性）の感性の戦い ………………… 189
　　2．感性と触れ合わない現実 ………………………… 191
　　3．感性と現実の折り合い――可能性へ …………… 192
　　4．感性を捉え，引き出すために …………………… 195
　　5．クライエントの"可能性" ……………………… 197
　　6．最後に …………………………………………… 201

5章　彷徨（さまよい）のイメージからみた青年期 ─────（森平准次）── 202
　　1．現代社会における青年期の終焉 ………………… 202
　　2．体験としての異界 ……………………………… 203
　　3．この世で生きていく …………………………… 205
　　4．青年期クライエントとの心理臨床 ……………… 207
　　5．事例 ……………………………………………… 208
　　6．結びに …………………………………………… 212

Ⅳ部　現代社会とこころのケア ────────（神田久男）── 215

1章　〈しるし〉〈うつし〉〈かなし〉…大和言葉が照らす
　　　「うつ」のセラピー ──────────────（矢﨑　大）── 218
　　1．しるし …………………………………………… 218
　　2．うつし …………………………………………… 222
　　3．かなし …………………………………………… 226

2章　主体性の回復におけるセラピストの感性の重要性
　　　…感じる自分であること ──────（河西直歩）── 230
1．はじめに ……………………………………………………… 230
2．主体性の欠如と言語 ………………………………………… 231
3．主体性の回復と感性 ………………………………………… 232
4．事例を通して ………………………………………………… 234
5．考察 …………………………………………………………… 238

3章　現代人のこころと心理臨床…出会いとゆらぎ ──（深山いずみ）── 243
1．心理臨床における出会い …………………………………… 243
2．ずれ（不一致） ……………………………………………… 246
3．一致 …………………………………………………………… 249
4．ゆらぎ（ゆれ） ……………………………………………… 254

4章　働く人のメンタルヘルス…職場復帰支援の
　　　統合的アプローチ ──────────（衛藤真子）── 257
1．なぜ働く世代がメンタルヘルス不調になるのか ………… 257
2．休職者の面接において大切にしたいこと ………………… 259
3．職場復帰支援のポイント …………………………………… 260
4．折れたこころを再生する統合的アプローチとは ………… 261
5．事例 …………………………………………………………… 267
6．いくらでもリカバリー可能な世の中を目指して ………… 272

5章　産業カウンセリングの今 ─────────（小野寺晶子）── 273
1．産業カウンセリングの特徴 ………………………………… 274
2．最近の産業カウンセリング領域でのトピックス ………… 277
3．産業界においてカウンセラーが機能すること …………… 281

引用・参考文献 ………………………………………………………… 283

I 部　子ども，家族とともに

　「個体発生は系統発生を繰り返す」。子どもの心理臨床に携わっているとき，しばしば脳裏をよぎる一節である。人間の心はたえず進化の途上にあるので，子どもはその成長の過程で，人類の祖先が太古から現代に至るまで経験してきたさまざまな活動をわずか10年そこそこの短期間で体現しながら青年期を迎えることになる。したがって青年期は，こうした進化の過程の再体験を経てつぎの未知なるステージへと一歩踏み出すことを意味するので，'新たな誕生'と位置づけられている。

　この理論に初めて接したのは，確か大学に入って間もない頃だと記憶している。もともとこれは生物学者のE. ヘッケルが提唱した「反復説」をG. S. ホールが心理学に当てはめた考え方である。現在，この概念は実証的根拠に乏しいとして批判されているが，ここではそれは問題ではない。なぜならこれは子どもの成長，そして遊びを中心とした生活そのものを真に理解しようとするとき，セラピストに求められる姿勢と密接に結びついているからである。

　子どもの発達のスピードはめまぐるしく速い。昨日の自分と今日の自分とではアッという間に階段を数段飛び越えたようにさえ感じられたりする。このテンポで人類の進化の悠久の大河に身をゆだね，古代の人々の息吹を吸収し，叡智を身につけながら成長していくのは並大抵なことではない。なにもそんなに急ぐことはない。でも，のんびりしていると置いてきぼりをくってしまう。促成で成人にさせられてしまった子どもと，いつまでも子どもから脱皮できない青年である。

　'子ども'ということばに内包される意味は広くて深い。いわゆる未成熟さを指すことは当然であるが，同時に，いろいろなことに純粋に開かれた態度で

興味や関心を向け，曖昧な対象や不確実な状況に対しても素直に驚いたり不思議がったりして，果敢に挑戦していく能力を指す。子どものまなざしはいったいどこに向けられているのだろうか。それは目の前に実在する具体的な人物や事物であるとともに，遥かかなたを流れる個を超越した時空であるにちがいない。そして，そうした子どもの世界を支え，豊かに育むのが親であり，家族であり，周囲の大人なのである。このように子どもを慈しみ，護ってくれるのは本来なら身近な大人のはずであるが，ときに子どもは予期もしない一貫性に欠ける不適切な扱いを受けてしまい，自己の存在をうつろなものと感じ，自信を失ったりする。これはおそらく，大人が自分自身の現実的な視座にこだわって物事を眺め，意味づけ，判断し，その枠組みから子どもをとらえようとしているからだと推測できる。一応，常識的な基準を内包しているので，誰からも批判を受けることがないため，子どもを理不尽に拘束してはいないかと自らの枠組みを真摯に問い直してみようとする機会も生まれない。

　一般に子どもの心理治療には親子並行面接が導入される。ところがよく考えてみると，ここにはかなり微妙な治療構造が潜んでいることがわかる。子どもの頃に心理治療を受けた経験のある青年や成人からよく聞くことだが，「治療に行くときだけが母と2人だけの楽しい時間だったので待ち遠しかった」といった回想はよく耳にする。しかし同様に，「親に心配，迷惑をかけて申し訳ない」と後ろめたい気持ちをずっと抱いていたり，「心の底からの訴えに親はきちんと耳を傾けてはくれず，私を問題児として（セラピストを含めた）大人たちだけであれこれ相談しているように思えた」ので，所詮は親の側の大人でしかない「セラピストからの優しい声かけも，どこか空々しくて心には響いてこなか

った」という記憶を語ってくれることも少なくない。子どもにとって親やセラピストは，子どもの世界に視点を据え，そこでの体験を敏感に感受しようとする努力をいつの間にか怠っているように映っていたようである。

　四国八十八箇所の霊場をめぐるお遍路さんにとって心の拠り所となっていることばがある。それは遍路旅にかぶる笠に書き込まれた「同行二人(どうぎょうににん)」である。さまざまに複雑な願いを抱きながら辛い巡礼の旅をつづけていても，その行程にはいつも弘法大師（空海）が一緒について歩いてくれている。たとえ目には見えなくてもそう思う人のそばには必ずいて見守ってくれたり，何かを気づかせてくれたり，導いてくれたりするのである。このような心強い存在とともに心の旅ができるのであれば，子どもも安心して一歩ずつ着実に前に向かって歩んで行くことができるであろう。そして案外それは，子ども自身の心の中にいる'もう一人の自分'なのかもしれない。セラピストに期待されるのは，そうした存在を子どもの心の中にうまく導き出すための巧みな援助なのだと思う。

(神田久男)

1章　児童養護施設での子どもの心理援助と生活実践

田沼　裕介

1．児童養護施設とは

　児童養護施設とは，児童福祉法第41条により，「保護者のない児童（乳児を除く。ただし，安定した生活環境の確保その他の理由により特に必要のある場合には，乳児を含む），虐待されている児童その他環境上養護を要する児童を入所させて，これを養護し，あわせて退所した者に対する相談その他の自立のための援助を行うことを目的とする施設」として定義された社会的養護を行う施設であり，各都道府県の児童相談所からの措置により，入所が決定される。
　施設では，ケアワーカーがいわば親代わりとして衣食住にはじまる日常生活における支援を行う。入所児童はケアワーカーに育まれながら，学区の学校に通学し，友人と近所で遊んだり，習い事を行うなど地域の中で暮らしていく。それと同時に，児童によっては家族統合に向けて実の家族と面会をしたり，実家に一時帰宅したりと入所の背景にあるそれぞれの事情に向き合いながら生活を続けていく。取り組みを続け，家族が児童を受け入れる準備が整えば，施設を退所し家族と暮らしていく者もいるし，家族を持たない児童は18歳の退所年齢まで施設で暮らし，そこから自立していく者もいる。
　施設は，大舎制，小舎制などさまざまな形態で運営されている。大舎制とは，学校のような大きな建物の中に居室が配置され，建物全体で一つの生活単位となっている形態をいう。食事や入浴の時間などが全体のルールで決まっているなど，居室単位の生活よりも集団生活が強調される傾向がある。一方，小舎制ではより生活単位が小さくなり，入所児童は敷地内の中にあるそれぞれの建物で小集団での生活を送る。建物ごとに担当のケアワーカーが配置され，より家

庭に近い養護となる。どちらの形態にもメリットとデメリットがあるが，一般的に大舎制では，施設の運営・管理が行いやすいことがメリットとして挙げられる。小舎制では，小集団での養護であることから，職員が子どもと関係を築きやすく，子どもの抱える課題への支援を行いやすいというメリットがある反面，職員に求められる専門性が大きくなり，その分負担も増大するという難しさがある。また，近年では，ユニットケア（小規模グループケア）や地域で既存の住宅等を活用して行うグループホーム制など，より小人数で家庭的な雰囲気に近づくような形態をとる施設も見られる。

2．施設への入所理由について

児童養護施設への入所の理由はさまざまであるが，とりわけ2000年に始まった「児童虐待の防止等に関する法律（児童虐待防止法）」の制定以降，身体的虐待・ネグレクト・性的虐待・心理的虐待といった被虐待体験を持つ児童の入所が増加している。その他にも，保護者の失踪や死亡を経験していたり，繰り返し養育者が変わり見捨てられた体験を持つ児童など，さまざまな背景を持つ児童が存在する。そのような児童は，養育者からの必要なケアが不足しており，安心感に満ちた家庭的生活を体験していないことが多い。また，今までの体験から染み込んだ認知行動の様式により，施設に入所したとしても容易には安定した生活を送ることができない傾向がある。

ここで，入所児童の様子について一つの事例を示したい。

● 事例Ⅰ：Aくんのケース①

Aくんは，一緒に暮らす母親からのネグレクトと身体的虐待で入所してきた小学校一年生の男子である。母親は父親とは離婚しており，入所前は二人で暮らしていた。入所した始めのうちは，緊張もあってか，非常に適応的に振る舞っていた。また，どのケアワーカーに対しても笑顔を見せ，べったりと甘える様子を見せていた。しかしながら，数カ月が経過したところで，次第に居室の担当ケアワーカーの言うことに対して天の邪鬼な言動をしたり，反抗するような行動が増えてきた。また，少しでも欲求不満

があるとカッとなって他児に暴力をふるったり，癇癪を起こして大泣きするなど，生活の様子に変化が見られてきた。

　Aくんは，いわゆるDSM－Ⅳ（アメリカ精神医学会による精神疾患の診断・統計マニュアル）における「反応性愛着障害」の様子を示している。「反応性愛着障害」とは，幼児期に，「①安楽，刺激及び愛着に対する子どもの基本的な情緒的欲求の持続的無視」「②子どもの基本的な身体的欲求の無視」「③第1次世話人が繰り返しかわることによる，安定した愛着形成の阻害（例えば，養父母が頻繁に代わること）」の3点のうちの1つによって示される病的な養育を背景として生じる児童の対人関係の障害であり，「脱抑制型」と「抑制型」に分類されている。「脱抑制型」では，初対面の相手にも過度になれなれしく接近し甘えるが，その相手は自分の欲求を満たしてくれれば誰でもよく，相手を選ぶといったことがない。反面，自分の欲求に沿わない相手と関係を続けることができず，そのため特定の相手との愛着関係を持つことができない。一方で「抑制型」では，自分の甘えを受け止めようとする相手に対して強く警戒を示し，矛盾した態度や緊張を示す。子どもは，優しく接する養育者に対して素直に甘えることができず，腹を立てたり逃げ出すなど，抵抗や回避的な行動を示したり，緊張から反応を閉ざしたりする。

　入所直後のAくんは，「脱抑制型」の愛着が見られていたといえるだろう。しかしながら，生活の中で次第に担当ケアワーカーと関係ができ始めたことで，特定の相手に甘える体験ができた。反面，その関係は，入所前にAくんが経験してきたことから考えると，いつかは崩れてしまい，再び傷つけられたり見捨てられる不安や恐怖を呼び起こすものであった。そのため，この新しく体験した安心して甘えられる関係を容易には信じられず，「抑制型」で見られるような愛着の表現にシフトしたと考えられる。

3．子どもが育まれるために必要なもの

　さて，施設で子どもが育まれていくためには，どのようなものが必要であろうか。施設は入所児童にとって家庭と同様の機能を果たすものである。よって，

まず家庭で子どもが育まれるために必要な機能を考えることが，施設での育みにおいて必要とされるものを理解する道筋になると思われる。和田上（2005）は子どもが家庭で育つ際に提供されるものとして，「安全で安定した場」「愛着関係と人格形成」「日常的なケアと社会化」を挙げている。まず「安全で安定した場」とは，子どもがその発達段階に応じて危険から守られ，安全に日常生活を送れるように大人からの見守りも含んだ，環境的に整えられた場のことをいう。そのような場の中で，子どもは自分の好奇心や自己を表現することができていく。次に「愛着関係と人格形成」とは，養育者との双方向的で情緒的な密接な関係の中で生まれた愛着関係を基盤として，他者への「基本的信頼感」（Erikson, 1959）や相互的なコミュニケーションを育み，将来の人格形成へと結びついていく機能のことをいう。最後に「日常的なケアと社会化」とは，子どもとって必要な依存・ケアをほどよく提供し，発達に応じて自分でできるように方法を伝え，導いていく機能を指す。子どもは，乳幼児期では，授乳や排泄といった生理的な面で養育者に依存し，成長に伴い，しつけにより徐々に自立していく。それだけではなく，依存により不快感情を養育者の関わりによりなだめてもらうことで，情緒的なケアを享受することで感情のコントロールを学んでいく。子どもが物理的・心理的に危機に陥った時には，甘え感情が強くなり一時的に情緒的なケアを多く提供する必要もあるが，ケアを通じて，子どもが危機を乗り越えると，再び社会化に向かうことができる。このようにケアと社会化の機能は，子どもの状況に応じてバランスよく提供される必要がある。

　施設での養育においても，上記の3つの機能によって子どもが育まれるといえるだろう。しかしながら，入所児童には事例のAくんのように困難を抱えた子どもが多く，これらの機能を維持することは実際には容易ではない。そのためケアワーカーには，的確な子ども理解をもとに3つの機能を維持していくために，よりきめ細かい養育を安定して提供することが必要とされる。それは，衣食住といった基本的なところから言葉かけの配慮，生活の中での楽しみの創造といったポジティブな生活を作り上げることに加え，個々の子どもの心理的課題に応じた対応を行うことである。たとえば，子どもと個別に関わる時間を意識的に設定し愛着関係を深めていくことや，年長児には生活場面を定期的に振り返る機会を設けることで，日常の中で見られる課題に取り組んでいくこと

が挙げられる。また，癇癪を起こす子どもには，身体を一定時間抱きかかえる「ホールディング」という方法を用いることで，情緒が落ち着く体験を積み重ねさせる等，時には専門性の高い技術も求められる。また，実の家族との交流や家庭復帰への道筋を調整することや，児童の生い立ちを整理すること，年長児に対しては，施設からの自立のために生活スキルを伝えたり，進路を一緒に考えるといったさまざまな取り組みが行われている。

一方で，心理的課題は激しい感情を伴うため，他児と一緒に生活する場面の中では安全に取り扱うことが難しいものも多い。そこで，入所児童の被虐待体験や喪失体験に対する心理的ケアが必要となってきている。心理的ケアにより，安全な人間関係を通じて彼らが抱えている感情を表現し，体験を統合していくことで，生活場面での行動にも変化が見られ，担当ケアワーカーとの間でも，より養育を享受することができるようになっていく。

近年の社会的養護では，上記のような心理的ケアの視点が重要視され始め，平成11年より厚生労働省児童家庭局からの通達で心理療法担当職員の配置がなされ，平成18年より常勤化が進み，現在も配置が続いている。

4．養護施設での心理職の役割

児童養護施設は生活の場であることから，心理職の仕事は多岐にわたるが，大きく分けて下記の3点に分けられる。

① **心理療法によるアプローチ**

プレイセラピーや面接を行うことで，入所児童の抱えている心理的課題に対しアプローチを行う方法である。安全に子どもの持つ表現を深めていくために時間や部屋，頻度といった一定の構造を作り，生活場面とは切り離した場面で関わりを行う。

② **生活場面に直接関わるアプローチ**

ケアワーカーとともに生活場面で子どもに直接関わることで，より日常の場面に即して介入を行うアプローチである。子どもと個別の時間を持ち，発達状況に即して学習や日常でのスキル獲得を支援したり，居室に入って，集団の中にいる児童に関わり，ケアワーカーとは異なる視点から観察をするな

ど，ニーズに応じてさまざまな関わり方を行う。ケアワーカーと同じ場面を共有できるため，より具体的に話ができることも利点の一つである。
③ ケアワーカーとの連携及びコンサルテーションによる間接的な支援
　①や②のような入所児童と直接関わるアプローチに加えて，ケアワーカーとの話し合いによる間接的な支援も重要な役割の一つである。児童の課題を共有し，各々の役割での関わりを話し合い連携を深めたり，必要に応じて心理職が持つ視点から助言を行う。

上記の役割は重複して求められる場合もあるが，セラピーの枠組みを守るために①と②の役割を分ける場合もあるなど，施設に応じて働き方はさまざまである。また，新規入所児童へのアセスメント会議や，施設内のケースカンファレンスに参加したり，ストレスのかかりやすい養護施設職員へのメンタルヘルスに取り組むこともある。
　ここで，先ほどのAくんの事例を用いて，心理的なアプローチの実例を示したい。

● **事例Ⅱ：Aくんのケース②**

　Aくんには，愛着に課題が見られたため，心理職（以下，事例内はセラピスト）とケアワーカーとの協議により，対人関係の安定と気持ちのコントロールと表現の促進を目的として心理療法が導入されることになった（以下〈　〉内はセラピストの言葉。「　」内はAくんの言葉）。
　初回は，心理療法への導入として，Aくんだけでなく担当ケアワーカーにも同席してもらい，心理療法の目的を共有した。Aくんはセラピストの質問にうなずくのみであったが，自分がカッとなりやすく暴力をふるってしまうことについて，自覚があるようだった。初回セッションの後半には，担当ケアワーカーに退席してもらい，二人きりの時間を設けた。Aくんは，セラピストと二人きりの場面で，警戒しつつプレイルームの中を恐る恐る探索していた。数カ月の間，プレイルーム内のさまざまな遊具を試すように用いてセラピストと遊ぶ中で，Aくんは笑顔を見せるようになってきた。あるセッションで，Aくんはトラの人形を手に取り，動物たちと戦

わせる遊びを開始した．その後のセッションでも戦いが続き，トラが動物たちを次々と殺していった．その戦いの激しさに，セラピストはAくんの持つ強い怒りを感じた．セラピストが，セッションの中で〈トラくんはどうしていつもそんなに怒っているのかな〉と理由を尋ねてみたところ，「お腹が空いたのにご飯がもらえないから，怒っているんだ！」とAくんは答え，セラピストと怒りを共有することができた．しかし一向にAくんの怒りは収まらず，そこで，セラピストは〈どうしたらトラくんの怒りは収まるんだろう．ご飯を食べられればいいのかな〉と動物の人形を使って，食べ物を差し出すことにした．Aくんはトラくんとして，刺々しく「食べ物なんかもういらない．俺は全員殺すまで怒りは収まらない」と食べ物を受け取らず，動物を殺し続けた．セラピストはその時は〈すごく怒っているし，急にご飯をもらっても不安になるよね〉とAくんの気持ちを伝え返していた．次々と動物を殺していくAくんは，一匹倒すと，すぐさま次の動物を出してくるように要求していたが，ほとんどの動物を倒した時，ふっとAくんが，疲れたような悲しげな表情を見せた．遊びとしては，Aくんは行き詰っており，これ以上動物殺しを続けても発展はないように思われた．セラピストは〈これは，魔法使いのシカだよ．このシカは君の好きな食べ物を何でも出してくれるよ〉と少しプレイフルな介入をしてみたところ，Aくんは「じゃあ，スイカ」と食べ物を要求することができた．さらに，〈よかったらレストランに行こう．シカくんが連れていくよ〉とトラくんを誘うと，Aくんは乗ってきて，そこからはAくん自身がコック役を引き受け，トラくんに食べ物を出し続けるという遊びに変わっていった．行きつ戻りつではあったが，徐々にトラくんの刺々しい話し方は和らぎ，Aくんの表情も明るくなっていった．

　また心理士は，上記の心理療法での様子から，担当ケアワーカーにAくんの見立てを伝え，個別の関わりの時間を定期的に設けることや，我慢をさせる時はいつ応じてもらえるか見通しを伝えるように助言し，ケアワーカーとの愛着関係が安定するように働きかけた．そうしたところ，心理療法の展開に伴い，生活場面でもAくんは，担当ケアワーカーに対し，素直に欲求を伝えるようになり，我慢が必要な場面でも癇癪を起こさずにいら

れる場面が増えてきた。母親との関係については，ケアワーカーが児童相談所と連携しながら面会の調整を図ることで，定期的な面会が実施されていた。母親は児童相談所の心理士と定期的に面接を行っており，その中で自分の生い立ちの整理を行い，子どもへの感情を整理しているとのことであった。

　Aくんの心理療法は，セラピストとの関係が少し安定してきたところで，「トラが動物と戦い続ける」遊びを通して，彼の怒りを表現し始めた。ある時，彼の持つ怒りを「お腹が空いたのにご飯をもらえなかった」からと理由付けすることができたことから，甘えを受け入れられなかった体験に対して激しく怒っていることがセラピストとの間で共有された。とはいえ，今までのAくんの経験から，そこで素直に甘えるということは不安や恐怖を伴うものであり，西澤（2008）のいう，「ケアを求めながらも，不安や恐怖などからそれを拒否するといったいわゆる『ケア葛藤』という心理的状態」を引き起こすものであった。しかしながら，ふとしたことから遊びの中で，食べ物をもらい満たされるというケアを体験することができ，徐々にAくんの不安や恐怖は減じていった。日常生活では，担当ケアワーカーがAくんの甘えを引き受けることで，心理療法内で描かれた物語が現実の体験とつながり，より素直に甘えられるようになってきたと思われる。また，ケアワーカーが見通しを持たせて欲求不満に対応してくれる相手であると思えるようになった結果，我慢ができるようになり，感情のコントロール力がついてきた。加えて，母親への支援により，親子の関係が安定に向かっていったこともAくんの変化には大きく影響している。

　Aくんの事例では心理職は，上記の①の心理療法でのアプローチを行うとともに，③のケアワーカーへのコンサルテーションにより間接的な支援を行った。心理療法でAくんのような象徴的な展開が起こるためには，子ども自身が守られているという安心感を持つことが重要である。それには，構造（頻度・時間・セラピー内でのルール等）をしっかり定め，一貫性をもった対応を行うことが必要であり，心理療法を行う枠組みをつくることも心理職の重要な仕事となる。また，事例内にもあったように心理療法だけではなく，ケアワーカーの日常的な関わりや，関係機関の保護者への支

援もAくんの成長にとって大きな影響があり，心理職はAくんを取り巻く現実的・日常的な視点も視野に入れながら働きかけることが大切である。

ここで，もう一つ事例を紹介したい。子どものもつ背景によっては，施設を退所する年齢である18歳まで施設で暮らし，高校卒業の時点で施設から自立をしていくケースもある。退所後は，進学したり就職するなど個々に応じて進路はさまざまである。そのようなケースの場合には，心理職も比較的長く関わりを行うことがある。

● **事例Ⅲ：Bくんのケース**

　Bくんは，中学3年生の男児である。心理療法を導入して数年が経過する。導入当初の主訴は，自分の気持ちを話せずに黙ってしまう，というものであったが，心理療法とケアワーカーの日常の働きかけにより，自分の気持ちを伝えられる場面が増えてきていた。加齢に応じて面接に切り替えつつ，心理療法を継続していたが，中学3年生になったBくんは高校受験に向けて受験勉強を始めることになった。ある時，Bくんが近くのコンビニエンスストアで万引きをしていたことが発覚した。Bくんの話を聞いてみると，学習を始めたところで，苦手科目の学習に困難を示し，生活の中で強いストレスがかかっていたようであった。そのため，衝動的に万引きという形で自身のSOSを表現したのであった。Bくんからはその後，面接の中での相談があり，セラピストとストレスを緩和する方法や衝動をコントロールする方法を話し合うことができた。

　さらに，受験勉強に関しては，生活に入る立場の心理職が，週に一回，学習を見る機会をつくることにした。その中で，数学において内容は理解しているが，計算ができないという点で困難を抱えているということが見えてきた。心理職はそのことを担当ケアワーカーに伝えながら，苦手な部分を工夫し，補う手立てをBくんと一緒に模索しながら学習を行った。

　そのような支援が進むにつれ，日常場面や面接場面では，受験を通して将来への不安や，それに伴って両親に対する感情が語られるようになった。Bくんの両親は他界しており，高校を卒業したBくんは施設を出て自立す

ることが求められる。高校を選択する段階になり，現実的に将来のことを考える必要性を感じる中で，不安と両親への感情が一気に強く湧き出たのである。セラピストは面接の中でBくんの不安や感情に耳を傾け，Bくんが感情に圧倒されないように整理を行うとともに，ケアワーカーとBくんに対しての支援について話し合いを行った。また，日常の中でケアワーカーは，自立後の生活を見据えた高校入学後のアルバイトや貯金といった現実的なプランをBくんと一緒に考えることで，具体的な目標を持てるように支援を行った。また，受験が終わったら，Bくんがかつて住んでいた地を訪ねるといった生い立ちの振り返りを一緒に行うことを計画した。

　Bくんは，施設での生活が長く，心理療法でも長く関わっている事例である。最初の主訴は関わりの中で改善されることもあるが，年齢が上がることで，ライフイベントに応じて再び課題が現れることがある。一方でその課題は，施設で暮らしているという現実や子ども自身のもつ背景を多分に反映しているものでもある。Bくんの場合は，高校受験をきっかけとして問題行動が出現したが，その結果として再度，自分を見つめる契機となった。心理職は，子どもの置かれた状況と背景を総合的に見立て，ケアワーカーと話し合い，連携しながら，自分自身を理解していくために関わっていくことが重要である。また，Bくんの事例に関しては，日常の生活において学習場面でも心理職が関わることで，子どもの持つ特徴に合わせた支援を行った。このような支援により，子どもが達成感や自己効力感を感じ，自信をつける場面が増えることと，子どもの特徴を共有しながら一緒に方法を考えることで，子ども自身の自己理解を促すことができる。

5．最後に

　児童養護施設において，先に述べた「安全で安定した場」「愛着関係と人格形成」「日常的なケアと社会化」の育みの3つの機能を維持し，高めるために，心理援助的な支援が有効であることを，上記の事例を通して述べてきた。すなわち心理職の役割は，心理療法により子どもの感情や体験を統合し，行動のパターンを変えていくことや，生活の中のアプローチにより子どもの特性を把握

し，自信がもてるように取り組んでいくこと，そして，それらをケアワーカーと共有し，日常へと還元していくことが子どもの育みへとつながっていくのである。いわば児童養護施設での心理援助は，「育みを支援する」ということであるといえる。

"育む"という言葉には，『大辞泉』（小学館）によれば「①親鳥がひなを羽で包んで育てる」「②養い育てる」「③大事に守って発展させる」の3つの意味があるという。それら意味から総合すると"育み"とは「大事に包み込み，守り育て，徐々に発展（自立）させていく」営みであるといえる。

心理的援助においては，「抱えること（holding）」（Winnicott, 1970）という概念がよく用いられる。この概念は，クライエントが安心感を抱けるように，構造を設定し，セラピストの関わりにおいて象徴的に包み込むことを意味し，心理療法が機能する鍵となると同時に乳幼児が成長するために重要な養育者の機能であると考えられている。こられは上記の"育み"の意味するところとほぼ共通しており，児童養護施設での臨床においても同様の視点が有用であるということが示唆される。つまり，心理療法をはじめとした心理職が直接関わるアプローチでは，その構造や関係性が子どもを包み込み，守り育てる機能を持つ。さらにその援助は，ケアワーカーが子どもを包み込み，守り育てる関係性を築く支援へとつながり，さらに間接的な支援により施設という場が子どもを包み，守り育てる場所としての機能を高めていくことができる。そのような中で，子どもたちは自身の課題や生い立ちに触れていき，やがて自立へと向かうことができるものと考えられるのである。

以上より，児童養護施設での心理的援助を通して，子どもと家族への心理援助アプローチの一形態を述べてきた。児童養護施設の心理的援助は"育みを支援する心理的アプローチ"という言葉に結集させることができる。"育みを支援するアプローチ"とは，上述したように安心感を醸成するための構造の設定や関わりを基本として，自立に向けて課題に向き合っていくプロセスを支援するアプローチである。これは，セラピーの展開とも類似すると同時に一般的に人間が成長していくプロセスとも重なるものであり，心理的援助の中核的エッセンスを反映した臨床実践に広く応用可能なアプローチであると考えられるものである。

2章　子どもを育む家族を読み解く
…家族への多面的な働きかけ

高島　知子

1．家族特有の問題の見立て

（1）家族の間にある境界

　家族特有の問題を見立てる上で欠かすことができないのが，家族の関係性を読み解く家族療法の視点である。家族療法を大きく分類すると，精神分析的，行動学的，システム的家族療法に分類することができるが，ここでは主にシステムズ・アプローチに基づく理論を用いる。中でもミニューチンの家族構造療法に基づく親子間境界の視点を用いて，親子間にある境界が家族の問題にどのような影響を与える可能性があるかを論じていきたい。

　境界という言葉は，一つの物ともう一つの物の境目を意味する言葉である。これが関係性の中で使われる場合には，目には見えない感覚的な物として「境界」という言葉が存在する。たとえば，人間関係において人は，物事の考え方も感じ方もその人なりのものを持ち合わせており，時と場合によって他者の考えを自分の中に取り入れることもあれば，逆に他者から影響を受け過ぎないよう自ら他者との距離をとる場合もある。このように通常人は適度な境界感覚を持ちながら，状況に応じて柔軟にその固さを変化させることで，自分を見失わずに他者との関係の中で生活できるのである。しかし，この境界が極端に曖昧であったり，極端に厳格であったりする場合，関係性のバランスが崩れ，人間関係の問題という形で現れることとなる。

　これを家族の問題に当てはめて考えると，親子間の境界が曖昧すぎる場合には，一方に生じた問題が相手に影響を与えすぎ，互いが互いの問題に巻き込まれ，問題が複雑化するということが起こりうる。具体的な例を挙げると，幼少

期から子どもが困れば母がすべて解決するような母子密着の関係が続いてきたとする。これは子どもが乳幼児の時代であればさほど問題にはならないが，子どもが小学生，中学生と成長してもなお同じような関係が保たれていると問題である。乳幼児の頃は子どもは自ら解決できない問題を母親に委ねることで安全に生活できるのであるが，成長に伴い，自らの力で問題を解決したり，母親以外の人と関係を築くことで問題を乗り越えることができるようになる。しかし，ここで母親がいつまでも子どもの問題を自分の問題のように受け止めて子どもに代わり解決しようとすれば，子どもは自ら問題解決する力を身につけられず無気力になったり，逆に自立しようとする力が強い子どもであれば，母親へ強い反発を感じて家庭内暴力などに発展する場合もある。これは子どもの成長に合わせて母親が子どもとの境界線の固さあるいは明確さを変化させることができなかった例といえよう。

一方，境界線が厳格すぎる場合，互いの問題に巻き込まれるということは起こり得ないが，逆に互いに支えあうという関係も持たないこととなる。これは家族としての交流自体に支障をきたし，家族がバラバラに分裂している状態ともいえる。この場合，子どもは家族内で満たされない関係を家族の外に求めるようになり，不良グループに所属するなどといった問題が出ることもある。

つまり，境界線が曖昧すぎるのも厳格すぎるのも家族の機能としては問題であり，時と場合に応じてある程度変化の幅はありながらも，偏り過ぎない境界線を保つことが家族が適応的に機能していくためには必要といえる。

(2) 児童虐待について

次に現代の家族の問題について語る時に無視することのできないテーマとして，児童虐待について触れることとする。日本では1990年代に入り，次第に児童虐待が社会問題化し，2000年に「児童虐待の防止等に関する法律」が成立した。「児童虐待の防止等に関する法律」では，身体的虐待，性的虐待，ネグレクト，心理的虐待が児童虐待の定義として定められた。全国の児童虐待対応件数においては，統計を取り始めた1990年度には1,101件であったものが1996年度には4,102件，1999年度は11,631件と年々増加の一途をたどり，統計を開始して約20年後の2009年度には44,210件と20年で40倍になっている。

児童虐待の背景には，①親自身が子ども時代に虐待を受けてきたなど不適切な環境で育ったこと，②経済不安や夫婦不和や育児負担などの生活ストレスが積み重なっていること，③社会的に孤立し，援助者がいないこと，④望まぬ妊娠，育てにくい子など親にとって意に沿わない子であることといった要素が関連しているといわれている。②から④の要素は何らかのストレスに対して親がうまく対処できず，悪循環に陥り虐待という結果に繋がっていると考えることができるだろう。そして，①の要素は②から④のストレスに有効に対処することを困難にしているとも考えられる。これは「虐待の世代間連鎖」という言葉でしばしば説明される状態であり，力による躾を受けて育った親はそれを子育ての方法と学習し，自身の子どもにも同様の関わり方をしてしまうことが少なくない。もちろん虐待の世代間連鎖を断ち切り，子育てに奮闘する親も数多くいることは事実であるが，自身の育ってきた環境が子育てに与える影響は無視することのできない重要な視点と言えよう。

（3）発達障害が背景にある育てにくさ

また，子育てにおける親と子の関係性という視点に立った場合，子どもの特徴が子育てに与える影響も大きい。つまり，知的障害や発達障害，身体障害など何らかの障害があった場合，それは円滑な親子関係を難しくする要因になりうる。特に最近取り上げられることが多いのは，子どもに何らかの発達障害あるいはその傾向があるケースである。親子の関係性というのは，子どもが出生した瞬間にでき上がっているものではなく，新生児の頃からさまざまなやりとりを通して築かれていくこととなる。しかし子どもに何らかの発達障害傾向がある場合，母親が子どもをあやしてもほとんど反応が返ってこなかったり，人見知りや後追いがなかったり少なかったりすることがある。通常は互いの働きかけに応じ合うことで関係性が育まれていくのであるが，発達障害傾向のある子どもはこの部分が弱いところに特徴がある。反応の少ない子どもに対しては，母親も気づかぬうちに働きかけが減っていく傾向にあり，もともと相互交流の力が弱い発達障害の子は，他者との交流の少ない環境に置かれやすく，ますます関係性の発達が促されにくくなるという状況に陥りやすい。ただ，この段階でこのタイプの子どもたちは，むしろ"おとなしくて育てやすい子"と認識さ

れることも多い。

しかし年齢が上がり，保育園や幼稚園，学校といった社会との関わりが増えていくに従い，これまでさほど目立たなかった関係性の問題が表面化することとなる。周囲の変化に注意が向きにくく集団の動きに置いていかれるといった状況や，場の空気の読めなさから集団から浮いてしまうといったことはよくあるケースである。そして家庭では，親が子どもの特徴を十分に理解できていない場合，親と子の間に衝突が生じることとなる。たとえば，子どもに年齢相応に"察して動く"ことを求めるとすれば，それができない子どもに対して，親は"育てにくい子"と感じるかもしれない。そして徐々に不満や不安を募らせ，叱りつけたり罰を与えるようになれば，状況の読めない子どもは混乱を極め，さまざまな問題行動を呈するようになる。こういった場合には，親が子の特徴を理解できるよう親をサポートすることで子どもの問題が解消していくケースは少なくない。

2．子どもと家族へのアプローチにおける技法の紹介

ここでは，実際に家族の問題に対してどのようなアプローチが用いられているか，筆者が比較的利用することの多い技法について事例を交えながら紹介していく。

（1）サインズ・オブ・セイフティ・アプローチ
　　　（Signs of Safety Approach = SoSA）

サインズ・オブ・セイフティ・アプローチ（以下 SoSA）とは，オーストラリアのソーシャル・ワーカーであるアンドリュー・ターネル（Andrew Turnell）とスティーブ・エドワーズ（Steve Edwards）が，1991 年頃から児童虐待対応のモデルのための研究を始め，1994 年そのモデルに「サインズ・オブ・セイフティ・アプローチ」と名称をつけ，その後も現場に適用してきながら発展させてきた技法である。この技法は，児童虐待対応の領域で実践されている家族援助の有効な方法を集約して整理されたもので，理論と実践のギャップを埋めながら発展してきたところに特徴がある。SoSA は専門家がクライ

エントに対して助言・指導するのではなく，クライエントを課題に一緒に取り組むパートナーとして尊重することを大前提としている。そして，家族のもつ強みに焦点を当て，安全面を保つのに利用できる資源を探すことで，家族内の危険因子を減らしていくという考え方が中心にある。

また，SoSA はスティーブ・ディ・シェイザー（Steve De Shazer）とインスー・キム・バーグ（Insoo Kim Berg）が創立した解決志向ブリーフセラピーが背景にあり，原因探しではなく，解決志向の質問を多用するため，親が責められる感覚を持ちにくく課題の解決に積極的に参加しやすいと考えられている。さらに，「スケーリング・クエスチョン（scaling question）」（家庭内の安全や改善の度合いについて，0から10までの数値を用いて評価する尺度）や「ことばと絵（Words and Pictures）」（家族が安全に暮らしていくためのプランを絵本や紙芝居のように"ことばと絵"を使って作る技法）や「3つの家（3 Houses）」（"心配の家・安心の家・希望の家"という3つの家を描き，その中にそれぞれの家についてイメージされることを箇条書きすることで家族の"弱点・強み・目標"を認識する技法）に代表されるように視覚的要素を多く取り入れているため，子どもや知的に低い親にも適用でき，相談機関と家族が共通認識を持ちやすいともされている。

このように SoSA は家族の問題に介入するケースワークの一つの技法であり，心理療法とは異なるが，心理士として家族の問題に関わる際にも，この技法のエッセンスを取り入れることには有意義な面が数多くあるように思われる。

(2) サインズ・オブ・セイフティ・アプローチの要素を取り入れた面接

ここで紹介するのは，幼少期から親の期待に沿って良い子として育ってきた女児が，思春期の自我の芽生えをきっかけに母親と衝突するようになり，暴言暴力といった激しい親子ケンカを毎日のように繰り返すため，母が対応に困って相談を開始したケースである。

● 事例Ⅰ

このケース（A子：13歳）では，当初通常の心理面接の形をとっていたが，

A子は家庭の状況や自らの困っていることについて語ることに非常に強い抵抗があり，面接自体がA子にとってもセラピストにとっても苦しい時間と感じられるようになっていたため，途中からボードゲームなどプレイを中心とした面接に切り替えていった経緯がある。プレイを中心とした関わりに切り替えた結果，それまで言葉を発することや感情を表に出すこと自体に強い抵抗を示していたA子も，次第にゲームの中で喜びや悔しさを言葉や表情で表すようになっていった。そして，回数を重ねるにつれ，感情の出し方はよりストレートになっていき，またゲームが思い通りにいかない場面で発された言葉には，母に向けられている感情ではないかと推察されるような発言も見られるようになっていった。このようにして，セラピストとの間で感情を言葉にすることに抵抗がなくなると，少しずつ家庭の状況についても触れることができるようになり，特にゲームの展開に絡めて自らの思いや母への不満が語られるようになっていった。ここでセラピストは，A子は面と向かって家庭の話題を扱うことへの抵抗は強いが，現状に不満を感じており，それを表現する準備ができているのではないかと感じ取り，ゲームのようにセラピストとA子の間に存在する媒体を用いれば，A子の抵抗を強めずに家庭の話題を扱えるのではないかと考えた。そこでまず，家庭内の安全や改善の度合いについて評定するスケーリング・クエスチョンを用い，A子が現状をどの程度の状況と捉えているのかをセラピストと共有することとした。

　スケーリング・クエスチョンに対して，A子はじっくりと考えてから「6」という数字を示し，その理由について「学校や友達関係はうまくいっているが，母とよくケンカしてしまうから」と説明することができた。しかし，母とケンカをしてしまう理由については「私が悪いから」という考えに留まり，ゲームの時に見え隠れしていた母への不満や自己主張は語られることがなかった。そこで，「ミラクル・クエスチョン（miracle question）」（"もしも奇跡が起きてすべて思い通りになるとしたら，今と何が違う？"という質問をし，クライエントが目指すイメージを具体的に捉えていくSoSAで用いられる技法）を用いたところ，「母が優しく『おはよう』と言ってくれたり，がんばったことを褒めてくれるところが今と違う」と答えるこ

とができた．その後，3つの家を用いると，現在の家庭における不満，強み，希望についても話し合うことができた．さらに，A子が話し合った内容を母と共有することにも意欲を示したため，最終的には母子合同面接の場を設け，3つの家を使いながら母に自らの意見を語ることができた．すると，母はA子が何を考えているかようやくわかったということで，ケンカではなく互いの意見を伝えあい，母子それぞれが具体的にどのような行動をとることで安心できる生活を送ることができるかを話し合うことができた．

このケースでは，暴言暴力という激しい母子のケンカをひとまず治める必要があったが，抵抗が強く，その話題自体を面接で扱えない状況があった．そこでA子が安心してセラピストと関わることを優先させた．するとA子とセラピストとの信頼関係が築かれるとともに家庭の話題に触れることも可能となり，そのタイミングで取り入れたSoSAのいくつかの技法が効果的に働き，結果的に問題の解決へと結びついていったと考えられるだろう．

（3）ペアレント・トレーニング（parent training）

ペアレント・トレーニングとは，1974年にハンス・ミラー（Hans Miller）によって開発され，1983年からはフレッド・フランケル（Fred Frankel）の指導のもとで行われてきたUCLA神経精神医学研究所（NPI）のペアレントトレーニング・プログラムである．日本でもペアレント・トレーニングに関する数多くの著書や訳書が発表されており，多くの相談機関で実践されていることと思う．この技法の具体的内容を要約すると以下のようになる．

まず，子どもの行動を「してほしい行動」「してほしくない行動」「許しがたい行動」の3つのカテゴリーに分類し，「してほしい行動」には「肯定的な注目」を与え，「してほしくない行動」には「注目を取り去る」ことで，「してほしい行動」を増やし，「してほしくない行動」を減らすという注目の力を利用した行動療法である．さらに，これらの基本テクニックを親が身につけた段階で「許しがたい行動」について「ブロークンレコード・テクニック（broken record technique）」や「タイムアウト（time out）」等の「制限の設け方」を学び，悪循環に陥っていた親子関係を改善へと導く．これらは通常2〜12歳

の子どもをもつ親グループに対して行われる。しかし，筆者の関わる相談機関ではさまざまな事情でグループとして実践することが困難な場合が多い。このため，個別面接の中で実践したり，プログラム通りに全てを行うことが難しい親に対しては，プログラムのエッセンスを取り出し，親が直面している問題にその都度合わせて取り入れていくことの方が多い。

（4）ペアレント・トレーニングの要素を取り入れた面接

　ここで紹介するケースは，ややこだわりが強く自分のやり方で物事を進めたい男児に対し，母はより効率的な方法で男児に物事を進めてほしいと考えており，男児が小学校へあがり取り組むべき課題が増えだした頃から日々衝突が生じ始め，徐々に注意する母に対して男児が暴力をふるうようになっていったケースである。

● **事例Ⅱ**

　　このケース（B男：8歳）は，母子並行面接という形をとり，B男にはプレイセラピーを行っていた。その中でB男は自分なりのこだわりを持って遊びを進めてはいるが，セラピストにそのこだわりを認められる体験を重ねるうちに，自己中心的な段階からセラピストにも気を配りながら遊びを展開させていく段階へと変化が見られ，表情や言動にも柔軟性や余裕がみられるようになっていった。このため，家庭でも母がB男への対応の仕方を変えることで母子の衝突が軽減されるのではないかと考え，母面接の中にペアレント・トレーニングの要素を取り入れることが提案された。
　　しかし母面接では，母がB男のためにと思って必死に努力してきたにもかかわらずB男がまったく変わらないばかりか反抗的になっていくことや，父や周囲の無理解など不満を爆発させる語りが続いていた。そのため，周囲の意見を聞き入れる余裕のない現在の母にペアレント・トレーニングを取り入れることは時期尚早であり，それよりもまず母の思いを十分に聞いた上でタイミングを見計らって取り入れた方が効果的だろうと考えられた。このように母面接を続けていくと，母自身が忙しい両親のもとでどちらかといえば放任に近い環境で育ったため，褒めて育てると言われても何

をどう褒めてよいのかわからないといったことが語られるようになった。そこで，母が子を褒められるようになる前に，まず母がセラピストから褒められる体験を重ねることの必要性が感じられた。そのためセラピストは，母が今までにしてきた努力，今現在の努力，子どものことを考えて相談に来ていることそのものに対し，ことあるごとに労い，褒めて支持することを続けた。すると，最初は褒められることに抵抗を示していた母も，徐々にそれらを受け入れられるように変化し，現状への不満だけでなくB男に対する自らの関わり方を振り返る余裕も出てきた。ここでセラピストはペアレント・トレーニングを取り入れるタイミングが来たと捉え，子どもの行動を3つのカテゴリーに分けるところから始めた。すると，当初はB男のマイナス面にしか目が向かなかった母も少しずつではあるがB男の行動の中に「してほしい行動」があったことに気づくようになり，それをきっかけにB男を褒めるポイントを掴むことができるようになっていった。その間面接の中では，セラピストが引き続き母を支持する言葉がけを心がけることで，母もB男の良い所を見つけて褒めていくことに自信をもつようになり，その結果家庭でも母子の衝突は徐々に減っていくこととなった。

　このケースでは，母が不満を爆発させている時期にペアレント・トレーニングを取り入れた場合，母は"押しつけられている感じ"や"自分のやり方を否定されている感じ"を募らせ，面接の継続そのものが危うくなっていた可能性がある。このケースのように技法を取り入れる際には，クライエントがそれを受け入れられる余裕があるかを見極め，受け入れられる段階に至るまでセラピストが導くことが必要とされる場合もあるだろう。

3．親子面接の構造

（1）並行面接と合同面接それぞれのメリットとデメリット

　親子の心理面接を行う際，親子並行面接で行うか，合同面接で行うか，考えるところである。ここでは，筆者がこれまでの経験で感じてきたそれぞれのメリットとデメリットについて論じていきたい。

　まず，並行面接の場合には，親と子それぞれのクライエントに対し，約1時

間という面接時間を存分に使うことができるため，各々の考えやこれまでの経過をじっくりと聞くのには有効であろう。また，親自身の生い立ちから来る子育てへの葛藤など親自身の課題が大きい場合には，並行面接の中で扱っていくことが重要となる場合もある。しかし，互いの面接でどのような変化が起きているかなどには触れる機会が少ないため，実際の親子関係の変化には時間がかかることも多い。

　次に合同面接の場合であるが，これは親子の関係性が面接の場で展開されることから，セラピストもより具体的な介入をしやすく，親子にとってもその場での介入を受けるため，自分たちの課題に気づきやすいというメリットがあるだろう。しかし，親子の力関係に歴然とした差がある場合には，親だけが一方的に話し，子どもがほとんど意見を表明できなくなり，効果的に面接を進められないこともある。また，双方の意見の食い違いが大きい場合には，それぞれの言い分を聞くのに時間がかかり，1時間という面接の枠に収まりきらないこともあるだろう。

　このように並行面接と合同面接にはそれぞれメリットとデメリットがあるため，親と子それぞれのニーズを的確に把握した上で，どのタイミングでどの面接構造を選ぶか吟味することが重要となる。

（2）面接構造の工夫とその効果

　前述したようなメリットとデメリットを踏まえて，筆者は並行面接と合同面接を組み合わせて行うことが多い。特に初回のインテーク面接では親子の関係性を見立てるとともに治療目標をある程度親子で共有する目的から合同面接の形で行う。そして，その後しばらくは並行面接の形をとる。これは，合同でのインテーク面接を受けて親子それぞれが課題をどのように捉えているか丁寧に見ていくとともに，この作業を通して親と子がそれぞれの担当セラピストと信頼関係を築き，クライエントにとってセラピストが課題に向き合う際のサポーターとして認識されることを目指している。特に子どもとの面接では，なかなか言葉にするのが難しい感情をセラピストが汲み取って伝え返すやりとりを重ねることで子どもが自分の感情や考えを言葉としても表現できるようにサポートしていくことを心がけている。このように並行面接を通して，それぞれが課

題に向き合い，自分なりに意見や考えを表現できる段階に来たところで再び合同面接の場を設ける。この段階になると，多くの親子が互いに考えを伝え合い，課題の解決に向けての話し合いを行うことができるようになる。

　並行面接を経た後の合同面接でポイントとなるのが，親と子それぞれの担当セラピストの役割である。基本的には親と子が自らの言葉で意見を伝え合う形となるが，子どもの方に表現したい気持ちがあってもうまく言葉として出てこないような状況がある。このような場合には，子ども担当のセラピストが子どもの表情などから気持ちを察し，「今，ムッとした表情になったのは，お母さんの言葉が自分を大事にしてないように感じたからかな？　それとも違う？」などとそれまでの並行面接で繰り返してきたようなやりとりを用いることで，子どもが気持ちを言葉で表現しやすいようにサポートすることができる。また，親担当のセラピストが親の心情を代弁しながら子どもに質問をしたり，また逆に子ども担当セラピストから親に同様のことをすることもあるが，これは，親子が直接意見をぶつけ合うのに比べ，一定の距離感が生まれるために親子が課題を比較的冷静に見つめられる機会であるように感じられる。このスタイルでの合同面接では，親と子がそれぞれの担当セラピストにサポートされる感覚を持ちながら課題に向き合うことができるという点で親子のみでの話し合いとは異なる。このようなタイミングで合同面接を設けると，その段階での親子の課題が明確になり，その後の面接で取り組むべき内容が見えてくることが多い。その結果により，再び並行面接の形をとることもあれば合同面接のまま進めることもある。

　面接の構造はそれぞれのクライエントのニーズに合わせてさまざまな工夫が可能と思われるが，このような並行面接と合同面接を組み合わせた構造は，特に親子の面接を行う際の選択肢の一つとして持っておいてもよいかもしれない。ただしこの場合，言葉でのやりとりが中心となるため，子どもの年齢としては小学生高学年以上のある程度言語表現が可能なクライエントを対象と考えた方がよいだろう。

4．家族の課題に介入するセラピストの役割

　ここでは，家族の課題に介入する際のセラピストの役割について事例を交えながら論じていきたい。

● **事例Ⅲ**

　　ここで紹介するケース（C子：9歳）は，母子家庭のため幼少期から母が仕事等で余裕がなく，十分手をかけられずに育ってきたという経緯があり，C子はその満たされなさを解消するために次第に万引きや深夜徘徊といった問題行動を起こすようになっていった。ただ，当初は母子並行面接が行われていたが，しだいに母子の来所意欲に差が生じ始め，途中からほぼC子のセラピーのみが続けられることとなった。
　　C子は警戒心が強く，プレイルームのおもちゃの遊び方がわからずに困った状況に出合っても，決してセラピストには頼ろうとせず，あくまで自分で解決しようとし，結局うまくいかずにおもちゃを壊しそうになるという状態が見られた。ここで見られた状態はC子が家庭で見せている姿そのものであると感じ取ったセラピストは，万引き等の問題行動は周囲にうまく頼れないことからくる満たされなさを解消するためのC子なりの手段なのだろうと捉えた。そしてセラピーでは，C子に"困った時に頼れば助けてもらえる"感覚を繰り返し体験してもらうことが必要なのではないかと考えた。このような考えの下，C子のふとした仕草や表情から"困っている""相手をしてほしい"など小さなサインを読み取ってはそれに言葉や行動で応じるという関わりを積み重ねていった。するとC子は徐々に甘えやわがままといった形でセラピストへの要求を示すようになってきたのである。また，この頃から頻繁に"家族ごっこ"をするようになり，その中でC子はセラピストに子ども役をやらせ，自らは母親役を演じて物語を進めるようになった。家庭生活の再現ではないかと思われる物語の中で子ども役を演じたセラピストは，C子が感じてきたと思われる寂しさや虚しさ，母への期待と期待が裏切られる無力感などを肌に感じることとなった。ま

た，この"家族ごっこ"では一貫して"私はお母さんが大好き。でもお母さんは私のことが嫌いなの？"というC子の母に対するメッセージが込められているように感じられた。そこで，慎重にタイミングを見極めた上であるが，C子に対しセラピストが感じたことを伝えてみることとした。するとC子はそれを認め，"母に嫌われているかもしれないと思うと怖い"という思いが語られた。

　この間，母に対しては来所を求める働きかけが続けられていたが，C子とのセラピーがここまで進んだ段階で，ようやく母の来所が実現することとなった。そこでセラピストは母との面接を設け，C子とのセラピーで行われてきたこと，C子の母に対する思いを母に伝えてみた。すると母からは，「C子が大事だと考えるあまり甘やかさずに育ててきた。でもそれがC子にとってはかわいそうなことだとようやく気づいた」という内容が涙ながらに語られた。セラピストは母にこの話をC子にもしてほしいと頼み，C子を交えた合同面接を行うこととした。そこでセラピストは，その場でうまく言葉にできないC子に代わり，セラピーを通して受け取ってきたC子の思いを母に代弁する役割をとることとなった。すると，セラピストの言葉を受けて，C子からも直接母にこれまで抱えてきた思いを伝えることができ，母からもC子を大切に思っているということを伝えることができたのである。その後，母は忙しく余裕のない生活の中でも，これまでに生まれてしまった互いのすれ違いを解消すべく，C子との時間を設けるようになり，C子の問題行動はほとんど見られなくなっていった。

　このケースは，子ども担当のセラピストがセラピーを通して子どもの思いを受け取り，代弁者として母に伝えることで親子関係の改善に大きな役割を果たしたケースである。もちろんケースによってその意味を吟味しながら行うことが不可欠となるが，セラピストがクライエントの代弁者あるいは翻訳者のような役割として家族の課題に介入することが重要な意味をもつことも多くあるだろう。

3章　子どもの心理臨床における親子並行面接

光宗　あゆみ

　子どもの心の問題を扱う相談機関では，当事者の子どもだけでなくその親にも別の担当を用意し，並行して継続的な面接を行うことが多い。この形態を親子並行面接といい，多くの場合子どもに最も近いところで日々関わる母親が登場する。

　本稿ではこの親子並行面接についてとりあげ，まず筆者が日頃考えていることを整理し明確にしてみたい。どちらかというと親面接に寄った視点で論を進めることになるかと思う。次に事例を交えながら親子並行面接で実際におこる事象について紹介し，考察を加えたい。

1．親子並行面接の特性

(1) 親面接に臨む際の心構え

　筆者の経験でこんなことがあった。ある小学生の事例で，筆者が母親担当を務め，並行面接を開始したばかりの頃，父親が乗り込んできたのである。父親は口調こそ丁寧だが，その態度は「大事な家族にわけのわからないことをするな」とばかりに，敵対心をむき出しにしたものであった。筆者は子どもの問題について見立てを伝え，解決のために親子並行面接が役立つのだと意を尽くして説明した。父親はなかなか納得せず，結局2度筆者のもとを訪れた後にようやく「おかしなものではないことがわかりました。家族をよろしくお願いします」と言い，帰っていった。

　その後の面接でさらにわかってきたことだが，この母親は主体性が薄く，家のことは全て父親が主導権を握っていた。母子に並行面接を開始したことが，

父親にとって把握しきれない事態であったため，父親を刺激したのだろうと思われた。このように考えることで，この事例の背景について理解する手掛かりを得ることができる。しかし，この時まず筆者が感じたのは，心理療法とはこうして父親を動かすほどに家族の力動を揺さぶるものかという素朴な驚きと，こうした家族の必死な思いを真摯に受け止めなければという自戒の気持ちであった。

　子どもをとりまく環境の中でも，家庭は子どもにとってとりわけ大きな影響力を持つ。問題を現しているのは子どもでも，その背景に親のパーソナリティの問題，家族の成員間の力動の問題，代々続く世代間のひずみなど，家族の問題や病理が関係していることは少なくない。子どもの側に立つと親や家族の方が問題を引き起こした悪しき原因のように思えることも多い。しかしながら問題は複数の要因から引き起こされている場合も多く，そう単純に一つの事柄だけに責を求められるものではない。また親や家族にもそうならざるを得なかった理由があるだろう。そもそも親や家族が悪者にされて傷つくのは子どもである。問題を問題として冷静に認める姿勢は必要だろうが，親や家族のせいにし，安易な因果関係におさめることは，まったくもって子どものためにならないことが多い。親面接を行う際には，このことをよくわかっておく必要がある。親担当は，まず親の同伴者として，あくまでも親を支えるという視点を持つことが重要である。

　親はどんな思いで相談機関を訪れるのだろうか。子どもの問題であって自分に原因はない，自分の方こそ子どもに苦悩させられていると訴える親もいるだろう。学校が悪いと主張する親もいれば，親としての関わりを失敗したと過度に罪責感を抱いている親もいる。子育てについて周囲から叱責され傷ついている親もいるであろう。このように表面上の現れはさまざまであっても，親というものは，内心では自分の子どもへの関わりについて何か責められるのではないかという思いを抱いているものである。他にも，子どもの問題を前にして，日々の対応に疲労していたり，失望感，戸惑い，苛立ち，悲しみ，焦り，不安など，さまざまな感情がないまぜになっていることが多い。そして子ども以上に緊張して，あるいは警戒心さえ抱きながら，意を決して相談機関を訪れているかもしれない。親担当は，まずそうして勇気を出して訪れたことを支持し，

そのような親のありようを受け止めることから始めることが重要である。これは，親面接にとどまらず，すべての心理療法におけるセラピストの基本姿勢であろう。子育てについて非難や評価をされず，自分の気持ちに耳を傾けてくれる，その上で共に問題に向き合ってもらえる。そうした親担当との関係によって，親自身が安心して問題に取り組めるようになることが，ひいては親の子どもへの日常的な関わりに自然と変容をもたらし，子どもに還元されていく。親を問題視して加害者とみなすのではなく，子どもに日々関わっている親に子どもの問題解決に協力しあうキーパーソンになってもらうこと，そして親自身も含め，子どもに影響を及ぼしている環境を変容させていくことが，親面接のねらいである。

（2）親面接の役割・親への関わりのポイント

このようなねらいの他にも，親面接（親担当）はさまざまな役割を担っている。まず，子どもに関する情報を集める役割である。子どもには遊戯療法が行われることが多く，遊びによって表現される内的世界に同伴することが，子面接では最も重要になる。そのため，現実的な情報が子どもの面接からは得にくい。そこで親面接が情報収集の役割を主に担うのである。生育歴，家族歴，家庭や学校での様子，家族をはじめとした周囲の対応，主訴である問題の変容など，さまざまな情報が事例理解に役立てられる。

また，情報を聞き取るだけでなく，子どもについての情報を親へ伝えることも親面接の役割である。とはいえ，子面接の内容をそのまま伝えるべきではない。それぞれの面接で秘密が守られると保障されているからこそ，親も子もセラピストを信頼して心の内を表せるものだからである。また，仮に子面接の内容がそのまま伝えられても，親がその意味を十分に理解することはなかなか難しい。さらに，遊戯療法では攻撃的な遊びやネガティブな親イメージが展開されるような遊びも多く，内容によっては親が受け止めきれないからでもある。親に子どもの情報を伝える際には，子面接の様子や親面接で得た情報などに基づいて立てた見立てを，親に役立つよう翻訳して伝える。たとえば，親が理解できず困っている子どもの言動の意味，セラピーの意義やプロセスの説明などである。また，具体的な助言をすることもある。なお，子どもへの見立てと同

様に，親や家庭環境に対する見立ても必要で，その親，その家庭に理解できそうな内容，実行できそうな助言を伝えることが大切である。ただあまりに心理教育的すぎる説明や助言ばかりになってしまうことには注意が必要でもある。セラピストに教わって親が身につけた子どもへの関わりより，親が真剣に子どもに向き合いながら試行錯誤の中で自然と身につけた関わりの方が，より深く子どもの心に届くものである。親面接は，セラピストが親を教え導く場ではなく，セラピストが親と共に考え，親と共に子どもの成長を見守る場であるべきである。

　さらに，子どもが通う幼稚園や学校，他の専門機関などとの連携や協働が必要なこともある。子担当が子面接に専念できるよう，親担当がその役割を引き受けることが多い。時に，学校と家庭との関係が上手くいっておらず，連携を迫られることもある。そのような場合，親担当は，何が起こっているかを冷静に見極めて対応にあたることが大切である。

　そもそも子どもがセラピーを受けるためには，親の同意や同伴など，親の協力が不可欠なことが多い。親面接で，親にセラピーへの理解を促して意欲を維持させ，子面接を中断させないようにすることも大切である。親がそうして協力的に取り組んでくれること自体が，子どもにとって意味をもつことも多い。

（3）親子並行面接の構造が持つ「器」としての機能

　伊藤（2010）は，親面接者について「子どものプレイルームにおける心の作業をさらに大きな器で守っているというイメージ」と例え，親面接は「『子どもに内在している力』を親と共に信じる場」であるとしている。この「器」という視点は，筆者の日頃の考えとも合致し，これに触発され筆者なりにさらに考えをめぐらしてみた。

　前項で整理した親面接の役割をみても，確かに親面接（親担当）には，子面接あるいは子ども自身に対し，守り，支える「器」としての機能が一貫して存在する。前項で挙げた，情報収集をはじめとする親面接（親担当）の役割のいくつかは，子面接の場を存続させたり，子担当が他のことに惑わされず子面接に専念できるよう保障するといった表層的なレベルで，子面接や子ども自身を守る「器」として機能している。これとは別に，親面接を通して親が洞察を得

ることで，そのありようや子どもの理解に変容が起こり，親自身も子どもを受け止める「器」として機能するようになる時には，親面接（親担当）は，より深いレベルでそれらの変容を起こし，受け止める「器」として機能しているといえるだろう。このように考えると，親面接（親担当）の「器」としての機能は，質的に異なる次元にわたる多層的なものと考えられる。

　さらに横断的な視座に転じてみると，「器」という機能は，親面接（親担当）だけでなく親子並行面接の構造全体に備わっているものではないかとも考えられる。親子並行面接では，一つの事例に，子ども，親，子担当，親担当という4人の人物が関わり，その4者間に交錯して関係性が生じ，複雑に影響を及ぼし合いながら，セラピーが展開していく。この構造の複雑さは，親子並行面接ならではの特徴といえるだろう。個人療法（セラピスト）を「器」に例えて効用を論じることはよくなされることと思うが，親子並行面接においても同じく，まず子面接（子担当），親面接（親担当）それぞれは，単体で「器」として機能する。しかし，たとえば親面接（親担当）は，子面接（子担当）と並行して存在しながら，先述のように，多層的な次元で，子面接や子ども自身に対しての「器」にもなっている。また，子担当と親担当が協議を重ね，事例理解を深めれば，それも事例に対する「器」として機能する（これに関しては，後に事例を挙げて述べる）。他にもいくつもの「器」が想定されると思うが，ともかく親子並行面接の構造全体に，多層的な次元をもつ多くの「器」の機能が重なり合うように存在し，互いに作用しあい，変容を起こし，受け止め合っているのではないだろうか。そして，その構造の中で最も外側に位置し，構造全体に対して俯瞰して関わりながら大きな「器」として受け止めているのが，親担当といえるのではないだろうか。

2．事例に見る親子面接

● 事例Ⅰ
【事例】子ども：A子さん，小学2年生　母親：Bさん
【主訴】場面緘黙，お漏らし，不登校
　　A子さんには，人目がある場面で，口を利かず，動作も固まり動けなく

なるといった場面緘黙の症状が幼稚園の頃からあった。また学校においても家庭においても尿を漏らすという問題もあった。小学校に上がって社会的な行動を求められることが増えると，場面緘黙の症状でＡ子さんが困る場面も増えた。２年生になったＡ子さんは徐々に登校を渋るようになり，ついには不登校になってしまった。それを機に学校に紹介され，筆者の勤める機関に来談した。Ａ子さんとＢさんには親子並行面接が行われることとなり，筆者はＡ子さんの担当となった。

親担当からの話によるとＢさんは多弁であった。自分の辛い境遇や苦労について共感してもらえる場を初めて得たという風で，家庭でいかに困っているかを切々と語ったそうである。確かに語られた家庭の様子は大変で，父親は人づきあいの苦手な人で何度も転職を繰り返し，家庭の経済事情は頻繁に困窮していた。またＡ子の姉も不登校で，父親が仕事に就いていない時期には，家族全員が何日も家に閉じこもるといった奇妙な事態に陥ることも少なくなかった。Ｂさんの話から決して広くはないと思われる家に，家族全員が閉じこもっている様子を想像すると，かなり窮屈な状況と思われたが，不思議と家族間の衝突は少ないようで，「肩を寄せ合うように」という表現はこういうことを指すのかと思わせるものがあった。

Ａ子さんとＢさんの関係はとりわけ密で，一日中行動を共にしていた。Ａ子さんは家庭ではお喋り，頑固，我が儘にも思えるほど気の強い一面があったが，ＢさんはＡ子さんの我が儘にも耐え，いまだ続くお漏らしの始末をするなど，献身的に尽くしている様子であった。

Ｂさんの話からは，家族の誰もが社会と繋がることに困難を抱えていることが窺えた。Ｂさん自身も決して社交的ではなく，２人の不登校児の母親として学校との連絡などを懸命に頑張っていたが，その気苦労が切実に伝わってきた。親担当は，この家族全体が持つ問題の重さを痛感し，孤軍奮闘するＢさんをともかく支えなければと強く思ったそうである。

一方Ａ子さんは，プレイセラピーでもほとんど言葉を発することはなかった。どうしても必要な時にだけ，聞き取れないほどの小声で，ポソリと単語を漏らす程度であった。表情も固いままだったが，遊んでいる最中に思わずゆるみ，笑みがこぼれる場面も少しずつ増えていった。Ａ子さんが

最も熱心に行ったのは人形遊びで，親役割の人形がいない家に，多くの子どもの人形が住んでいるというストーリーだった。その子ども達が危険にさらされたり困難に巻き込まれたりしつつ，どうにか暮らしていくという遊びが，黙々と繰り広げられた。A子さんが展開する無言の遊びは，A子さんの内的世界を非常に的確に表しているように筆者には感じられた。固まって口を閉ざし，とても静的な印象のA子さんの内面に，これほどエネルギー豊かな世界が動いているのかと驚かされることも度々であった。人形遊びは登場人物や場面を変えながら続いたが，そのうちに困難な場面で解決を手助けする役割の人形が登場するようになっていった。

　しかし，A子さんの症状は頑なで，変化はなかなか現れなかった。ある時，担当同士でこの事例の協議をしている際，意見がぶつかることがあった。少し険悪な雰囲気になったが，大切なことのように感じられたので，時間をとってさらに協議を続けることにした。感情を忌憚なく話し合う中で，互いが相手のセラピーの進み具合に対してもどかしさと不満を感じていること，さらに相手にわかってもらえていないという苛立ちを感じていることがはっきりしてきた。そして，どうやらこの事態は，A子さんとBさんの間で起こっている感情がそのまま担当者らに投映されて生じたのではないかという仮説に至った。つまり，親担当が子担当の筆者に感じた不満や苛立ちはBさんがA子さんに抱く感情であり，筆者が親担当に感じたそれはA子さんのBさんに対する感情ではないかという仮説だった。A子さんとBさんの母子密着の問題については，担当者間では以前から話し合われていたが，A子さん自身やBさん自身がその状態に困惑している様子は表面上に現されておらず，むしろ双方が（そして家族全体が）望んで密着状態を作り出しているような印象だった。しかしこうして担当者らが対立してみると，母子双方がお互いから離れられず，かつ手放してもらえないという膠着した状態の奥底に，相手に対する怒りが存在すること，密着状態が実は非常にアンビバレントなものであることが感じられた。その離れられなさ，閉塞感，怒りがそのまま担当者らに投げ込まれ，互いのセラピーにネガティブな感情を抱かせ，意見が衝突したのだろうというのが率直な話し合いで得た理解であった。その視点であらためて眺めると，この

事例の重要なテーマが，生の実感を伴って担当者らに迫ってくるようであった。その後もこの親子面接は長く続くことになったが，この時に担当者間で起こった出来事は以降もこの事例に対する根本的な理解の手掛かりとなっていった。

① **A子さんの症状の持つ意味**

　社会的な場面で，喋らない，動かないという場面緘黙の症状は，A子さんにとって自分と世界との境界の内側に，もう一つ内界の境界をつくって閉じこもるようなものだったと考えられる。さらに不登校で実際に家庭へ閉じこもることで，その守りはより強固なものになっていた。そうして何重にも城壁のような境界を作って閉じ込もり，自らを守らなくてはならないほど，A子さんの自我は外の世界に脅かされていたと考えられる。また，A子さんだけでなく，家族全体が社会と繋がることができず，内へ内へと閉ざす病理を抱えていた。おそらくこの家族にとって社会は，生きにくい，脅威的な世界として体験されており，社会と断絶して内に閉じこもり，不自然なほどに家族が身を寄せ合っていることで，なんとか安定を図って生き延びている状態だったと思われる。母子密着の問題も同様で，A子さんとBさんにとって分離することはそのような怖い世界にただ一人出ていくこと，一人で取り残されることに他ならず，互いにとって到底耐えがたい恐ろしいことであったと思う。

　また，お漏らしの症状は極端に閉じこもることの対極にあり，いったん放出するとまるでコントロールが効かないことが象徴的に表わされている症状と理解できた。A子さんは家庭では頑固で我の強い性格とのことだったが，そのような激しい感情表出とも重なる症状だった。また，Bさんがお漏らしの始末に翻弄されていることも，この親子のありようを考えると，意味のあることなのだろうと思われた。

② **担当者間で起こったこと**

　心理療法において転移や逆転移を理解する時，たとえば成人の個人療法では，クライエントとセラピストを軸に考えていく。しかし親子並行面接においては，事態はもっと厄介なことになる。1節で述べたように，一つの事例

に，子ども，親，子担当，親担当という4人の人物が関わり，影響を及ぼし合ってセラピーが進んでいくからである。この複雑さが，親子並行面接ならではの特徴であることは先にも述べたとおりである。

　A子さんとBさんの事例で担当者間に起こった対立は，この4者間の関係性のうち，母子間の葛藤をそのまま担当者らが体験するという出来事であった。親子並行面接に携わったことのある臨床家であれば，程度の差はあれど，同様の経験をもつ者は少なくないのではないだろうか。こうした事象について河合（1986）は，「治療者間に生じる葛藤は，多くの場合，クライエント自身の葛藤や，クライエントを取りまく家族間のダイナミズムなどを反映させている」「困難な事例というのは，そのような葛藤をクライエントが自ら背負い対決してゆくことができないものであり，治療者はいわばそれを肩代わりして，治療者間の問題として引き受けるようなところがある」と述べている。確かに，葛藤をきちんと葛藤として抱えるという行為は，ある程度の心理的健康さがないと難しい。A子さんとBさんの家族が陥っていた密着状態は，自らは葛藤を自覚することができないほどに混沌とした状態だったのだろう。担当者らが代わりに体験させられて初めて，ようやく形をもって見えてきた葛藤であった。

　この出来事は事例理解を深める機会になったが，理屈で「考える」理解とは別次元の，生に「感じる」実感であったことが，大きな意味を持っていた。だからこそ担当者らは腑に落ちて事例を理解することができたのだろう。親子並行面接に限らず，心理療法において，セラピストが自らの感覚を手掛かりにして事例を理解することは少なくない。セラピーを通して自身に起きてくるさまざまな感情に対し，セラピストが常に敏感にアンテナを張ること，それを抑圧したり歪めたりすることなく正直に受けとめる姿勢が大切である。また，そうした感情がたとえネガティブなものであっても，事例理解のために，担当同士が「腹を割って」話し合えるような関係を日頃から構築しておくことも大切であろう。

● **事例Ⅱ**
【事例】子ども：C男君，小学2年生　　母親：Dさん
【主訴】不登校

　　C男君の不登校は，学年途中で担任が変わったことを機に始まった。しかし母親Dさんによれば，それ以前にも何度か登校を渋っており，担任のことより，Dさんの仕事の部署替えのため，家庭で母子が過ごす時間が減ったせいではないかとのことであった。

　　C男君は外出ができなくなっていたため，面接にはDさんだけが通ってくることになった。「C男がイライラしている時の接し方を知りたい」というのが，当初Dさんが筆者に求めていた事柄であった。家族背景は，きょうだいはおらず，両親，Dさんの父親との4人暮らしだった。

　　C男君は，顔色を敏感に窺って気を遣うような大人びた面もある一方で，不登校になってからというもの，家に閉じこもり，イライラして物に当たり，Dさんに対して甘えたり我が儘を言うことが増え，特に夜はDさんと一緒でないと眠れないなど，退行した状態になっていた。

　　不登校のC男君を抱えながらの仕事と家庭の両立は，Dさんにとって大変だろうと思われたが，当初Dさんはその苦労をまったく表に現さなかった。C男君がイライラして暴れても怒らず，優しく諭して聞かせるという風であった。筆者には，そんなDさんが物わかりが良すぎるように思え不思議だった。「子どもは子どもで大変でしょうけれど，母親は母親でまた大変ですよね」と尋ねると，Dさんも認めたが，「C男を傷つけてしまうのが怖くてぶつかれない」と語られた。子どもが問題を現した時，良い母親であろうとするあまり，このように腫物に触るような対応になってしまうことは少なくない。そうした時に，どうすれば良いかという表層的な助言をしても意味がないことが多い。母親がしっかりと自分の核をもって子どもに対峙するような関わりを引き出すことが大切である。筆者は「腫物を触るような対応は，C男君も敏感に感じ取るものです。Dさんだって気持ちをそのまま出すことがあっても大丈夫ではないか」と伝えた。するとその次の回で，筆者の言葉を受けて，八つ当たりするC男君に思わず手を

あげたことが，Dさんから報告された。「やってしまった」と思う反面,「すっきりした思いもあった」と本音を語り，自分の心配をよそに，その件以降Ｃ男君が少し落ち着いたと報告された。またこれをきっかけに，必要な時には遠慮なく叱るようになったとも語られた。その後Ｃ男君は，学校には行かないものの，友達と遊ぶようになり，閉じていたＣ男君の世界は少しずつ開き始めたようであった。

　ある時Dさんは，Ｃ男君の内向的で完璧主義な性格について考えるうちに，実は自分も似た性格なのだと自分自身の内省につなげ，そこから自然とＤさん自身の過去の話になっていった。子どもの頃に母親を病気で亡くし，母の死後は長女の自分がしっかりしなくてはと涙を見せず気丈にふるまってきたことが語られ，明るい人と言われるがそれは自分が弱みを見せられないから，思春期前に母親を亡くしたので本当は母親がどんなものかわからない，自信がないまま子育てをしてきたのだと涙を流しながら告白された。筆者は，明るく大らかなＤさんが，Ｃ男君に対しては恐る恐る関わる態度にずっと疑問を感じていたが，その理由がようやくわかった気がした。筆者の前にいるＤさんはとても儚げで，母を亡くした思春期前の少女の姿を彷彿とさせた。

　その後Ｄさんは，不登校の背景にあるＣ男君の性格について「Ｃ男は本当に言いたいことを言えない性格だから辛いのだと思う」と理解するようになっていった。筆者には，弱みを見せられず気丈に生きてきたというＤさん自身と重なって聞こえた。

　ＤさんのＣ男君への関わりは徐々に変容していった。「気を遣わず気持ちをぶつけるようになった。嘘を言っても仕方ない」など語り，Ｄさん自身が自分に正直にいられるようになったようだった。同時に子育てに対する自信のなさは感じられなくなっていった。不安や焦りを口にすることはあったが，Ｄさんからは，自分がやっていくしかないのだという覚悟のようなものが感じられた。

　やがてＣ男君は徐々に登校しはじめ，一進一退を繰り返しながらも，少しずつ登校できる時間が増えていった。Ｄさんとの面接では，仕事の悩みや夫婦間の悩みなど，Ｄさん自身の問題が語られることはその後もあっ

が，やはりC男君の問題と関連づけて話題にされた。会社で昇進話が出た時には，「最初は自分が仕事で多忙なことがC男の不登校と関係していたはずだが，驚くことに，いつのまにか私の仕事がC男にさほど影響しなくなっている。C男と関係なく，私自身のために仕事の仕方を考えても大丈夫みたい」と語られた。そして，「C男にあまりエネルギーをかけなくても，私もC男もそれぞれやっていけるようになった。いつのまにかC男は逞しく成長した。私自身も完璧主義がゆるみ，楽になった」と振り返るようになった。その後間もなくして，C男君は毎日元気に登校できるようになり，数年間続いたDさんとの面接は終了した。

Dさんを介してC男君の面接を何度か勧めたが，結局来談には至らなかった。家庭ではDさんがC男君の世界にとことんつきあっていることが報告されていたが，その関わりは見事でそれで十分であったとも考えている。その最たるものが母子で多くの植物や小動物を育てることで，C男君とDさんが自分達の育て直しをしているかのようで，とても印象に残っている。

① **問題の当事者が現れないことについて**

C男君とDさんの事例のように，問題の当事者である子どもが現れず，親だけが相談に通ってくることは，主訴が不登校やひきこもりの場合に時折みられることである。親子並行面接という本稿のテーマとは少しずれるが，あえてこの事例を取り上げた。問題を現している当事者が登場しなくても，親面接だけで事例は展開するものである。面接に訪れた人が対象者であるという視点で，筆者はDさんとの面接を続けたが，Dさん自身の変容に伴い，家庭においてDさんがC男君のプレイセラピストの如き役割を発揮するようになり，筆者としても非常に感慨深いものがあった。来談しないという行為をもってC男君自身がDさんを治療者として選んだようにさえ思える。しかし一方で筆者はDさんを通して間接的にC男君に出会っていたようにも思う。1節（3）で親子並行面接の構造が持つ「器」の機能について考察したが，この事例の場合はDさんがC男君を支える「器」となっていく過程を，さらに大きな「器」として親面接が支えていたのではないかと考えている。

② 母親面接は誰のためのものか

　親子並行面接における母親面接が，子どもの問題解決を助けるためのものか，母親自身の自己実現を目指す心理療法であるかは意見が分かれるところである。たとえば鵜飼（2010）は，親自身の心理療法になりそうな時には「主訴のすり合わせと軌道修正が求められ」，必要に応じて「他機関や他の相談者に紹介し直す」べきだとしている。河合（1986）は，親面接は「事例によって相当異なるアプローチを必要とする」としている。さらに「深い問題をもった人に心理療法を行うときには，それ相応の混乱や acting out などが生じる」ため「子どもの治療と重なるときは，家庭内の混乱を大きく」するとしながらも，「子どもに焦点をあてながら，母親に対してはもっぱら支持的な態度で接していると，子どもの治療が進展すると，母親がにわかに話を深めてくることがある」とも述べている。橋本（2000）は「母親面接の目的や構造は定まりにく」く，それは「母親が子どものための存在か自身のための存在か，という母親自身のもつ，アイデンティティの定まりにくさ」から起こると説明している。そして，母親の語りの過程に「母子の境界の不分明な中間領域」があり，「母親によって語られた『子ども』は，母と子の境目が不分明，意識レベルと無意識レベルの境目も不分明な話題であるからこそ，象徴性，複合的な意味を担」うため，「治療者は象徴の二重の意味を保ち，語られているのは母のことか子のことかと構造化せず聴かなければならない」と述べている。

　上記のいずれの意見にも傾聴に値する部分があると思うが，この命題について，筆者は簡単に二元論で結論付けられるものではないと考えており，主に河合，橋本の意見に賛同している。

　ここで，C男君とDさんの事例を振り返ってみたい。当初，C男君とDさんは，互いの顔色を窺いあうように接する親子だった。後にDさんが語るように，二人とも感情を表に出せない性格であるため，そうした親子関係が築かれていたのだろう。しかし，DさんがC男君に思わず手をあげるという出来事を機に，Dさんは徐々に感情を出し始め，それを受けてC男君も落ち着き始めている。優しくても何を思っているかわからない母親よりも，叱られても素の母親がわかる方が子どもは安心するものである。その後Dさんの語

りは，過去の母親の死を巡るDさんの傷つき，その体験が現在の「弱みを見せられない」性格を作っていることなど，Dさん自身の内面の告白へと向かった。さらにDさんは，自分自身への内省と繋がるような「C男は本当に言いたいことを言えない性格だから辛いのだ」というC男君に対する理解に至っている。Dさんは，過去の出来事を語ることで，受け止めきれなかった傷つきをようやく自分のものとして引き受けることができ，さらにそのことがC男君への深い理解に繋がったのだと考えられる。その後，Dさんの子育てに対する自信のなさは影を潜め，C男君も徐々に登校するようになっていった。事例の後半には，DさんとC男君の心理的距離ができてきたこと，お互いが成長したことなどが語られている。その前段階として，家庭において二人で植物や小動物を育てる作業をしていたのだが，お互いが結びついて自分たちの育て直しのような作業をした後に分離を果たし，個として独立した関係へと進んでいったのだと思われ，非常に感慨深い。

　こうして事例のプロセスを振り返ると，Dさんは，自身の内面の話とC男君の話を重ねながら語っており，両者は不可分な関係にあるように思う。過去の傷つきを引き受ける作業は，Dさんにとってc男君の不登校をもってして，ようやく向き合えた大切なテーマであっただろう。そしてその体験を通してこそ，C男君への理解が深まり，関わりに変容が起こっている。このように考えると，母親面接で扱うべきは，子どもの問題解決か母親の自己実現かという命題自体に疑問が湧いてくる。事例への見立てによってその釣り合いは考慮されるべきではあるが，両者は相容れないものではなく，母親面接は，子どものためのものでもあり，かつ母親のためのものでもあるといえるのではないだろうか。

4章　子どもの心理援助
…箱庭療法の効果的な適応

西山　葉子

　子どもの心理臨床において，プレイセラピーも箱庭療法も，全てその子の心にあるイメージを遊んでいる。ゲームですらもイメージである。長く子どもと会ううちに，プレイセラピーや箱庭は，その子の夢に治療者も参与させてもらうセラピーであると思うようになった。

　子どもにとっては，箱庭もまた遊びの一つであり，遊びの流れの中で箱庭を作ったり，砂場として使ったり，箱庭と遊びを行き来するようにしながら，その子が「私」として生まれ，苦しみを生きなおし，新たな物語を紡いでいく。そこでは治療者は，その子の生きている世界（イメージ）に入って，共に傷んだり，時にはぎりぎりの直球勝負をし，時にはただ圧倒されながら共にそこに居る。しかしそれらは，痛みや傷も含めて心に真に迫り，深い印象や響きを残す。

　それがなぜ，セラピーであるのかについて考察し，効果的な適応についての一考察としたい。

1．箱庭療法という技法について

　箱庭療法（Sandspil, sand play technique）は，1929年，ロンドンにおいてローエンフェルト（Lowenfeld, M.）が子どものための心理療法の一手段として考案した「世界技法（The World Technique）」に端を発する。その後，彼女に教えを受けたカルフ（Kalff, D）がスイスで，ユング（Jung, C. G.）の分析心理学的心理療法を取り入れ成人にも効果のある治療法として「Sand Play Therapy」を確立させ，発展してきたものである。日本では1965年に河合隼雄がユング研究所に留学中にカルフに教えを受け，「箱庭療法」として日本に

紹介し，心理療法に導入された。以後，理論的研究・考察を深化させながら発展させ，今日に至っている。日本にはそもそも庭園などの文化があり親しみやすいものであったこともあり，現在では精神科クリニックや病院，小児科，教育相談所や児童相談所，児童養護施設，カウンセリングセンター，個人療法家にも広く普及した。子どもだけではなく大人にも効果的に用いられており，広くイメージを扱う心理療法の場面で利用され，また極めて卓越した位置を保っている方法である。

日本の子どもの心理療法では，プレイセラピーが適応されることが多く，多くの場合プレイルームに箱庭が置かれている。

2．創ることと癒すこと
——なぜ箱庭が置かれることでよくなるのか

ユング（1937）は「こころは日々現実を生み出している。この活動はファンタジーとしか表現しようがない」と述べている。イメージこそが我々の現実を創り続けており，心が変われば世界も変わる。

たとえば，子どもが「お母さんは寝ている。子どもの怪我に気づきません」という箱庭を作ったとしよう。この時，実際のお母さんがこの子に関わらず，無関心であることの表現（外的現実の表現）であると考えるより，この子の心の中の「母なるものが眠っている」という在り方が，子どもにとってはリアルな現実として傷を生み続けていると考える。そして「眠っている母なるもの」と「それに対する子どもの傷」は，箱庭に「置かれた」ものであると同時に，セラピーの場に，治療者と子どもに，さまざまな形をとりつつも「置かれ」，生きさせられるもの（イメージ）となるのである。

（1）夢はそれ自体解釈である

ユングは「イメージはひとつの全体としての心的状況の圧縮された表現である」「ファンタジー・イメージは，自らの必要とするものをすべて自らの内側に含んでいる」（1955）と述べ，ユダヤ教のタルムードという経典からの引用で，「夢はそれ自体の解釈である」（1938）と述べている。このことが，"なぜ箱庭

が置かれること，遊ぶことで，心の解決や治癒がもたらせるのか"という問いへの一つの答えである。

田中康裕（2002）は，先のユングの叙述をもとに「心理療法においてはあらゆるものがそれ自体の解釈であり，あらゆるものをそれ自体の解釈として見てゆくことが心理療法の本質」であり，「夢を『外側』から眺めるのではなく，その『内側』へと飛び込んで行く，巻き込まれていく。このような主体的な営みを通してだけ，夢は自らの解釈をわれわれに開示して見せる」という。

癒しの起源としての古代ギリシャのアスクレピオス神殿に見られるインキュベーション（原義は孵化）において，ただ神殿に籠って夢見ることが癒しであったように，本来，解釈はそのイメージの外にいる他者から投与されるものではなく，イメージ（夢や遊び，箱庭，心理療法のプロセスに生起するあらゆる「出来事」）の方からやって来るものなのである。

子どもだけではなく治療者も共に，箱庭が置かれること，遊んでいること，それ自体に入っていって動かされ，襲われ，曝され（感激したり，打たれたりすること），その流れに委ねられることが求められており，そのことによって我々の意識が共に動かされ，変化していくこと（イニシエートされること）が，セラピーの本質なのである。心が変わってゆくということは，そのイメージに曝された者にだけ起こることであって，そこに曝された治療者と子どもと同時的に起こるのである。

（2）表現として

あるイメージは，それが自分の内に留まっている限り心の真実とはならず，手放し，表現したからこそ，そのイメージが動きたい方向に自律的に動き出すという側面ももち合わせている。また箱庭の場合それを治療者と一緒に「見る」体験が，心の中に違った意味を伴って浸透し直し，リアリティとして生命力をもつ。

だからこそ，箱庭に置かれたものが何かひっかかる時に，葛藤や拮抗の感じがダイレクトに体験され，子どもは自然と試行錯誤を要求される。それを置くのをやめたり，違和感があるのにそれを置かずにいられなかったり，埋めて隠したり，仕切り（境界）を作って異界として置いてみたり……いかに一つの箱（世

界）の中に置くか置かないのか。それこそが，後述の「布置を生きる」こととも関連する重要な心のプロセスなのである。

　何とか「おさめる」，あるいは「どうしてもおさまらない」という動きが起こってきて，それでもそのセッションの終わりには，「終わり」にしなくてはならず，一度終わることもまた意味を持つといえよう。ここで大事なのは，子どものそれらの体験が治療者の心にどうおさまっているかである。とはいえ，おさまりが悪いのが悪いという訳ではない。その「おさまりの悪さ」を共に体験すること，また治療者が「おさまりの悪さ」をちゃんと受け止めていることがなにより，次のイメージ（出来事）が展開する契機ともなるのである。

(3) 布置（constellation）を生きる

　「布置」の本来の意味は「星座（constellation）」である。まるで満天の夜空の幾多の星が互いに連関し，星座として我々にまとまりのあるイメージを形成し，意味を持って浮かび上がってくるように，無意識から遊びや箱庭を通して治療者と子どもに降り立ち，巻き込まれる幾多のイメージの全体的な連関（象徴的な意味）が布置である。川嵜（2004）は，箱庭を「ただそこに何かを置くものではなく，置かれたものの連関を通して，治療者やクライエントをも含めた，ある関係が布置されるものにほかならない」と述べ，「箱庭で生み出されているイメージは，布置の運動であり，大気の循環のようにそれらが動いていく」ことで，それまでの心の在り方が壊れ新しい在り方が生まれる。そのような布置の運動であるイメージを，治療者と子どもは生きさせられるが，それは意識的に何かを「する」というよりは，二人に「起こる」ように体験される。

　それは，日常世界の延長ではなく，そこに開いた「裂け目」のようなところに生じる。それだからこそ，箱庭の「枠」のような運動を守る場（器）が必要なのである。

　そしてそれは固定化され，形を持ったイメージだけではなく，井筒（1991）のいう意識のゼロポイントであり，仏教でいわれる「空」，大極であり無極であるもの，空っぽであると同時にコスモロジカルな動きそのものであるものをも含む。それらはまた死の感覚にも通じると筆者は考えているが，心理療法が変容の過程であるならばこうしたプロセスは一瞬一瞬が「死と再生」であり，

そのような感覚に開かれていることこそがイメージの変容を守る舞台に成り得るだろう。

3．子どもの心理療法における箱庭の諸相

そもそも箱庭とは，「何もない」かつ「何でもある」場であり，そこに何かが「置かれる」その一瞬一瞬がイメージの躍動であり，まさにダイナミックな布置の運動である。どのように動いていくのか，事例をもとに深めていきたい。（以下，事例中の「Th」は治療者の略である）。

● 事例Ⅰ："私"が生まれるということ

4歳のA子は，日中もおもらしが続くことや，幼稚園に慣れず先生の指示に従わない，友達がおらず，行きたがらないため，困った母親が治療機関に相談し，筆者とのプレイセラピーが開始された。別機関で軽度発達障害の診断を受けており，母親も子育てが大変で，注意するとキイキイ反抗するA子につい手をあげてしまうことが語られていた。

A子は，最初からピリピリとした他を寄せ付けない緊張感があり，寄り添おうとすると過敏に反応し，混乱と怒りとでギャーと叫ぶ様子に，Thも緊張し，触れると傷つけてしまう痛みにいつかこの子と安心して手をつなぐことができるだろうかと感じていた。

初回，母親と別れてプレイルームに入ったA子は，Thがいないかのように一人で箱庭の砂を触り，「海の砂？」と呟いた。砂を握ってさらさらと落としてみる。ふと，乳母車のミニチュアを「赤ちゃんの乗る物」と手に取り，ピンクのモンスターを乗せてビュンビュン走らせた。乳母車は砂に埋まってしまう。ミニチュアのある棚を見て「家がない！」と叫ぶ。「これは？」とある家を指差すと「入れない！」と，モンスターを入れようと思ったようだ。電話ボックスを家の代わりにし，A子はモンスターを入れる。再び「道がない！」と叫ぶ。ThはA子のイメージに近いものを聞きながら紙に描いて作り，A子はその道を家の前に並べようとしたところ，突然「おしっこ!!」とギャーと騒ぎだしたので，慌ててトイレに抱えて

いって手伝いながら用を足すことができ,「よかった」とA子もThも一瞬ほっとするところからセラピーは始まったのである。その後も,箱庭で,動物やキューピー,注射器等が雪(砂)に埋まり,出て来るという遊びをする。

　第4回,ふと「これ(砂)きらきらしてる。この中(箱庭)に入ってもいい?」とThを見た。ThがOKすると,嬉々として裸足になって箱庭に自ら入った。「気持ちいい。海みたい」と言いながら砂の上に座り,小さな足に「雨よ」と静かにさらさらと砂を降らせた後,砂の上に足跡,手形をつけた。「ここ海」と水色の部分を掘って出し,広げ,自分は砂側に座り,海に魚を泳がせる。A子がいる砂(大地)の側には,木をしっかり植え,キリンの親子がその実を「むしゃむしゃ」と食む。再度,子どものキリンは埋められてしまうが,「いないよ。でもいる。どこにいるか」とThに問い,それを出して見せてまた埋めてしまい,今度はThに「探して」と言う。Thが探し,見つけるのを真剣に見ていた。そして再度自分の足を埋め,「出来た」と満足そうに箱庭の中で立ちあがった。つぎにそこからすーっと足を出してそのまま箱庭を出て床に立つと,ふっと「抱っこ」とThに手を差し出し,Thに抱かれている。

　最初に箱庭を見つけた時,何かを作るというより,砂で遊ぶ子どもは多い。砂に触り,掬ったり,さらさらとこぼしてみたりと砂の感触を味わい,戯れる。握ったり,山にしてみたり,手形を押してみたり……そこで手触りや砂の冷たさ,さらさらという音,重さや軽さなど,身体的で感覚と感性のあふれ出る場へと入っていく。安心感や何かに包まれている感じ,同時に思い通りにはならないものと戯れ,そこにあるリズムや勢い,湧き上がるムーブメントを身体を通して体験しているのである。あるいは,ベースの弱い子ども達とっては,砂のまとまらなさや柔らかさが不安を喚起するものでもあるので,そのためらいをThとともに味わったりする。これらはまだまばらでまとまりがなく,瞬間のきらめきのようでつかみどころがない体験ではあるが,それが「私」が立ち上がる源泉となり,やがては「私」の物語と展開していくのである。

　A子にとって,Thと触れ合うのは怖ろしいことだったが,砂とはすん

なり触れ合うことができ，そこにミニチュアを置くことで，A子の世界を展開することが可能になった。母なる海のイメージが，抱かれる赤ちゃんでありモンスター（A子自身，この世に生まれた人の子というよりは，未だ生まれ得ないモンスターであったのだろう）を生み，それが走り出すが，乳母車を押してくれる母親はおらず，乳母車とモンスターは砂に埋もれてしまう。

　最初から，「ないない」と訴えるA子は，自分自身の存在が「在る」のか「ない」のかわからない混沌とした世界におり，そんな状態のまま他者に近寄られてしまうと，ただでさえおぼつかない自分や世界が取り返しがつかないほど傷ついてしまい，壊れて無くなってしまう怖さがあったのだろう。しかし，砂に触れ，まだまとまりは持たないがエネルギーが動き，うねり出し（海，A子を抱えて走る乳母車），方向（道）を持った。が，すぐに「おしっこ出ちゃう」となり，その動きを抱える器が今はないが，Thに助けられて用を足すことに見られるように抱えてくれる器を持ち，そこにA子が生まれ得る可能性が動き出したといえよう。

　ミニチュアを埋めたり出したり，何かがいたのに消えてしまう，また出てくるという遊びを通して，「在ること」と「ないこと」を確かめていたのではないか。

　そして，第4回，しっかり「在る」存在として，A子が箱庭の中に入り，Thにそれを見せた。裸足で大地にしっかり足をつけ，木が根付き，キリンが「食べ」る。そして「いないいないばあ」をするように，「いないけどいる」キリンをThに探させている。それは，目に見えなくてもちゃんといる「存在」としてのA子であり，いなくなってもちゃんと探してもらえる存在としてのA子ではなかったか。「存在」するA子が自分でこの世に生まれ直したのである。そして海からこの世に生まれたA子として，箱庭の中からThもいるこの世に降り立った時，一人で立つことの心細さを感じ，そこで初めてThにふっと抱かれることができたのではないか。最早期の「生まれる」テーマをA子と共に生きたこの時，初めて筆者はひりひりする緊張感ではなく，時間を忘れて遊びに没頭していた。この後から，来所時の表情が柔らかくなっている。

また箱庭に入ることでA子が海や大地と融合することと，海と陸が別れ，A子が他の誰でもない「私」として Th に発見される（分離）ことは同時に起こったが，河合俊雄（2010）は，発達障害の子どもの箱庭の砂の遊びを紹介し，その砂遊びを通して融合（一体感）が起こること，と同時に分離への動きが起こること，その中で主体が発見され，成立することの大事さを述べている。

　A子は，発達の問題と，ベーシックな部分での母親との関係の難しさもうかがわれたことから，「私」を人に発見されたり，自分で「私」を実感する（生まれる）ことが怖ろしかった。混沌とした世界にあるかなきかのようにいることは，傷の痛みもまた混沌の中に埋もれていけるからである。A子がA子としてこの世（大地）に着地し，生まれることは，一方で，子どもが母から切れることで私として生まれてくるように，傷つく主体としてあり続けることでもある。

　A子はその後，水の中にいろんな色の絵の具を混ぜて，その中に粘土の塊を落とし「なくなった」と言う。「取って」と Th に探させ，Th が筆を箸のようにして探すと，「A子がやる！」と自分で濁った水から粘土を箸で掴み出し，それを砂に埋めてかきまぜて再度取り出し，「からあげだよ」とニコッとした。それは神話のように，絵の具で創った混沌（カオス）をかきまぜ，そこから世界が生み出されるという宇宙創造であり，人間の存在の最もベーシックな部分である。ベースの弱い子どもはカオスからやり直し，自分が生まれ直す必要があるのである。

　A子がA子として「在」り，他者と関係する痛みと傷が布置され，それをめぐるせめぎ合いの中で，A子が生まれるプロセスは起こってきたが，筆者自身，何かをしたという感覚はあまりない。この動きは，A子と Th との間に布置された無意識の「何か」（第三のものであり，ユング派はこれを「魂」と呼ぶ）によって，ともに心理療法のプロセスという舞台の上に引っ張り出され，役割を担わされて「演じる」（布置を生きる）ことを余儀なくされ，そこから生じた変容のプロセスなのである。

● 事例Ⅱ：「毒」から「薬」，そして「本物」「宝物」へ

　小学校3年生のB子は，「先生が怖いとか，話せないことを話したい」と母親に頼んで，自らセラピーの場に来た不登校ぎみの女の子である。「嫌なことがあるとお腹が痛くなるの」と学校の先生やクラスメイトについての不満を真剣に語るのだが，それが「クラスで『静かにして！』と言う子の方が煩い！！」等，ネガティブなパラドキシカルさのあるジョークのように話したりして，クリエイティブさが感じられる個性的な女の子である。否定（ネガ）は彼女の持ち味でもあるが，否定が強いことで生き辛いというのもありそうだ。否定は常に実体を失くすものでもあるからである。

　「甘いのよりポテトチップスが大好き」と言いながら，箱庭で魚も川も雪に降られて埋まり，スーパーも腐ったケーキも桃太郎も砂の山に埋まり，何でも埋めていたB子である。桃太郎（ヒーロー）に対して，B子はアンチヒーローなのだ。

　ところが，第7回，箱庭の砂を「砂糖かな塩かな」と逡巡するようになった。いつも辛口なB子の中に砂糖が動き出したのである。砂糖は，甘い，包まれるものであり，否定に対して実体があるものである。一方で，（玩具の）ジュースをThに「はい」と渡し，Thが受け取って飲むと「毒だよ。騙される方が悪い」と言う。次に「毒を消す薬よ」と別のジュースを渡し，再度Thが飲むと「毒だよ。もう仕方ありません」と言うのであるが，毒と薬が逡巡する感じ，毒が薬に変わる可能性を秘めていることを感じさせていた。

　第19回，「何か埋めるから探してね。宝探し。何かは秘密」とThに見せずに箱庭に山や花壇を作り，何かを隠す。「花壇はダメだよ，探しちゃ」と仕切りを作り，花壇以外の場所をThに探させるが，"いかにも"跡のついた山などいくら探してもない。「花壇でしょ？」とThが言うと，「ないよー」と言いつつ，花壇からビー玉をごろごろ出して見せる。「ある！」と言ったThに，B子はニコニコっとし，それからくすっと笑って，棚から「本物はこれ」と別のビー玉を手に取ったのである。「宝物」「本物」なるものが，出てきたのは初めてであった。何か否定だけではないリアルな

「本物」がＢ子の中に生まれてきたようだ。

そして，第20回，Ｂ子は棚から小さい女の子を選び，「温泉だよ」と箱庭の砂に頭だけ出して埋める。「実は毒，皮膚から入って身体の中に入って壊しちゃう毒だよ」と言うので，Ｔｈが女の子になって「出してー」と言うと，「ダメ！」と上から蓋をし，その上に魔女を立たせた。「うっせーんだよ！　こうしてやる！」といつになく激しい。別の場所に，缶に砂を入れて新しい温泉を作り，キューピーが入る。「こっちはほんとに温泉なの。毒消しの温泉」と温泉の中にビー玉を埋めて「これが大事」と言う。そして，毒温泉と毒消し温泉をつなぐ道を創る。そしてＢ子はもう一つ，別の場所を掘って石で囲んだ。「実はこれが"本物の"温泉なの。湧いてきている」と言い，毒消し温泉から本物の温泉に続く道を創ったのである（写真1）。そして最後に，最初の毒につかった小さな女の子は巻貝の中に入れられ，「閉じ込められた」と言って，そのセッションは終わった。

写真1

辛さや雪，腐ったケーキとそれらの延長としての毒とは，否定するというＢ子の在り方そのものであったのだろう。しかしそれを遊ぶ中で，塩に対して砂糖が，毒（否定）に対するアンチテーゼとして薬（否定の否定）が新たに生まれ，さらにはその先に第三の道として，「本物」であり「宝」であるものが，リアリティを持ってＢ子の中に動き出している。そして「本物」が「湧いて」くると同時に，女の子を抱える器である巻貝も生まれている。

しかし，Ｂ子が逡巡することに見られるように，「否定」というスタイルですり抜ける（それは，嫌なこともすり抜けられると同時に，自分を守

ったり抱えてくれるポジなものも同時にすり抜けてしまう）ことで，自分を保ってきたB子にとって，「本物」が「在り」，抱えてくれる器（温泉・巻貝）ができるということは，求めていたことでもあるが，怖いしんどいプロセスでもあった。だからこそ，第20回の最後は，女の子が「（貝に）閉じ込められる」とやや否定的なニュアンスでB子には感じられていたのだろう。いくら本物で宝であろうと変化するのは苦しいことなのである。受け入れがたいものがイメージからやってきて，自我がこれまでの自分を守ろうとせめぎあいが起こる時，そこには「死」に対応するようなものが動いているのである。

　ここで，「本物」「薬」「器」とそれをすり抜けたい「否定」「毒」とのせめぎあいは，ThとB子の関係にも布置され，生きさせられることになり，この後，B子はセラピーに来ることにアンビバレントになって「ここ，やめたい」と言うこともあった。ThはB子のしんどさを感じながら，そこをB子がどう生き抜いていくのかに寄り添い，会い続ける中で，B子は「昔，意地悪な子に追いかけられて，すごいひどい怪我をしたんだ」と，昔の自分の怪我について怒りながら話すようになってゆく。今生きているB子の実感が出てきて，「失われた私」を取り戻してきたのである。

● **事例Ⅲ：台風を生き残るもの……"僕の戦艦を守って"**

　C君は，小学校入学前に両親が離婚し，それまで父親から暴力を受けていた小学2年生である。同じように暴力を受けていた母と妹と3人で暮らすようになると，些細なことで家でパニックを起こして暴れたり，暴力をふるうようになってセラピーの場に来た。

　初回，C君はどこにいても不安で落ち着かないといった様子で遊びも転々とし，動き回っていた。戦艦を手に取り，箱庭に置くが「危ない」と埋めて山にし，山の上に小舟を乗せて「下にあるって気づいてない」と呟く。戦艦を砂から出して仕切りで囲み，その囲いを破るかのように魚が2匹向かっている。「檻がいるよ，動物には。人間にはおうちがあるでしょ」「でも檻は逃げないように入れるんだよ」と，柵で檻を作ろうとするがうまく作れない。最後に檻の柵を使って家の形を作り，「おうちだよ」と言い，

「貧乏って知ってる？　何も食べられない貧乏じゃないよ」と言ってその場を離れた(写真2)。来所について聞くと「C君が意地悪だから」と言う。Thが「C君も悲しいのでは？」と言うと，「そう！　したくないけどなっちゃう」と話した。

　C君にとって，守ってくれるはずの家と閉じ込められる檻とが混同して混乱しており，そのため，「戦艦」も「家」なるものもとても貧困であった。ちゃんと生きられてない分，その戦艦はスイッチが入ると暴れ出してしまう。この戦艦をどうするか。以後，布置された戦艦「暴れるもの・危ないもの・破壊」と家「守って欲しい」のせめぎあいが，遊びやかかわりでダイレクトにやり合うようなセラピーが続く。

写真2

　トランポリンやスケボーで壁に激突する等危ないことをし，うまくいかないことがあると玩具を壊したり，壁に頭をぶつける等の自傷になってしまう。それらはとても胸が痛み，Thも冷静ではいられなかったが，C君が虐待というあまりに破壊的で自分の中に納まりきらず，乖離させるしかない体験をいかに自分のものとしていくことができるのか，そのためにこれは必要なプロセスであった。震災後に地震遊びをする子どもが多く見られ，地震という自分を超えた体験を自分の体験として受け止め直して乗り越えていったように，自分が受けた体験をもう一度主体的・能動的にやることで，自分の体験になっていく。それは，見てくれる人，ともに傷む人がいることが守りになって，痛みを越えて自分の体験になってゆく。自分の体験にならない時，PTSD症状として反復するのである。

　第38回，C君は箱庭で「僕の街」を作る。花や学校や駅があり，新幹

線も走る豊かな町となったが，突如「台風だあ！」と台風が荒れ狂い，町はすごい力であっという間に掻き回され，壊された。Th が息を詰めて見守っていると，C 君はふと，「これだけはバリアがあって大丈夫だった」と五重の塔だけ，元の場所に戻したのである（写真3）。

台風という人間を超えた破壊的なものを C 君が主体的に遊び，そしてその中でも生き残るものがあったことは大きい。それが五重の塔であったのも非常に意味深い。五重の塔は高く上へとそびえ立つ。尖がった男の子的なものであり，怖い父親を思わせるものでもあり，C 君を暴れさせ，それを出すと周囲からは否定されてしまうものでもあるが，同時に守りとして堂々と立っているものでもある。今まで C 君がうまく生きてこられなかったものがこのような形で結晶したのだと思われた。

写真3

その後，「暴走族だ」と壁に激突するのを怒って止めた Th に，「わざとやっていると思うの？」と真に迫り，「どうして欲しい？」と聞くと，「止めて」と答え，"禁止でない受け止めでありブレーキとなるもの"（家や守り）をぎりぎりのところで Th に要求し，それを体験していく。この時，まさに戦艦であり暴れる父のイメージと，それを否定しとじこめる檻としての母のイメージが，C 君と Th に布置し，ぎりぎりの対決をさせ，その動きこそが，C 君の中の戦艦と柵とのイメージの在りようを変えていくのだ。また「学校でスケボーやって怪我して痛かった。そしたら少し淋しくなった」と語るようになり，これまで体験できなかった「怪我せずにはいられないくらい暴れ出すもの」と「傷つき」を C 君が自分のものとしてちゃん

と生き，それ故のかなしみも実感のあるものとなってきているようであった。やがてC君は「大工さんやる」と釘をトンカチで打ち，木製の家造りに取り組み始めた。

　最初に柵で閉じ込めておかねばならなかった戦艦は，柵がC君を禁止せず受け止める家へと変化していくことと同時に，C君にとって否定されるばかりのものではなく，C君を「大工さん」としてクリエイティブに生かすものへと変化していったのである。

＊　　　＊　　　＊

　これまで見てきたように，治療者と子どもに布置されたイメージの内側に巻き込まれ，起きてくることにとどまることで，布置が動き，イメージが変化し，子どもの心が変わっていく。それまで症状や傷でしかなかったものが，子どもを癒し，生かすものに変わっていくのである。しかし布置の運動によってまさに治療者と子どもがともに揺り動かされるため，表現されるイメージとともに，治療関係やそこで起こること自体もがたがたしたり，揺れや苦しみを生きることになるが，そこを生き抜くことがまた次の布置・イメージの変化を生むのである。

　現代は，イメージや物語を紡ぐことの価値が見失われ，その本質的な力が弱められている。インターネットの普及によってそれは加速され，何でも可視化し，操作できるものであるかのような感覚を強めている。インターネットの虚構の世界で，何か手ごたえを求めてやりとりをしながら，ボタン一つで消え去る脆さの中で，重さのない闇に足をすくわれて空しくなっている子どもも多い。生きた人間，生きた心という実感が希薄になっており，その結果，「物語」はまるでないかのように扱われたり，紡ぐことができずバラバラになったまま，「作り物」化され，本物がわからなくなっている時代である。

　そんな現代で，心理臨床の課題は自然科学的な発想でイメージを殺してしまうことなく，バラバラになった心のかけらを一つ一つ大事なものとして聴いていく，遊んでいくことを通して，「私」の「物語」を紡ぎ，生きた物語が力を取り戻すことではないかと思いながら，日々の臨床に取り組んでいる。

5章　身体表現
…身体から心へのアプローチ

近藤　春菜

1．現代と身体

（1）身体と演劇

　人は日常的に複数の非言語的手がかりを用いて情報を伝達し合っている。なかでも，声，表情，ジェスチャー，リズムなどの多くは身体を媒体としており，特に第一印象はこの身体表現に左右されることが多い。たとえば声の大小が「積極的」「消極的」などの印象を，表情が「明朗」「陰鬱」などを左右するように，その場の状況にこのような要素が合わさった結果，相手に「雰囲気のいい人」や「合わない」などの印象を与えるのである。文化的な違いはあるものの，こうした印象はおそらくどこの国に行っても大差なく，人間は本来言葉がわからなくても通じ合える手段，身体共通言語を持っているのである。

　しかし現代では，ますます言葉のスキルばかりが重視され，身体言語についてはなかなか目を向けられずにいるのが現状である。そのため，いくら言葉を巧みに操れるようになったとしても，それとは裏腹に身体が意図と反したメッセージを発していたり，もしくは身体がメッセージを発していることにすら気付かずに過ごしている人が案外多いのではないだろうか。

　筆者が演劇を始めたのは12歳の頃である。学生時代は日本の大学で臨床心理学を学びながらずっと英語劇に熱中していた。その後，ロンドン大学大学院で身体表現学を修めるとともに，パリのルコック国際演劇学校に所属しながら身体表現を最大限に活かした演劇「フィジカルシアター」とそれが人に与える影響について深く探求する実践をつづけ，現在でも日本を初め世界各国での公演を継続している。こうしたプロセスを経て，身体が素直に表現していること

はたとえ言葉がわからずさまざまな違いを抱えていても、そこにいる人々に確実に伝わる、つまり身体で語っている表現に目を向けることは、よりよい相互理解につながるということを実感するようになった。そして、人間としての身体共通言語の基盤を共有することにより、逆にお互いの「違い」への価値も見いだされ、尊重に繋がることも確信することができた。

したがってここでは、これまで積み上げてきた実践を振り返りながら、「身体表現」に焦点を当て「身体」から「心」にアプローチする方法を考えてみることにする。

（2）バランスの崩れた身体

現代社会の中で「個」を持ち続けることは難しい。社会的に必要な場面では苦手な人ともうまく付き合う技を身につけねばならず、「個」を消して、その場に応じた仮面をかぶる。これは、ユング（1928）のいうペルソナであり、「一人の人が、何者として現れるか、ということに関して、個人と社会との間に結ばれた、一種の妥協」である。仮面をかぶることにより「その人は名前を得、肩書きを手に入れ、職務を演じ、これこれの人物となる。これはいかにもある意味では現実だが、当人の個性、ということからいえば、二次的な現実、単なる妥協の産物に過ぎず、その形成はしばしば当人よりもむしろ他の人々の方が多く関与している」（C. G. ユング、1928）というように、あくまで社会生活を送るうえで必要な折り合いである。

たとえ社会に適応するために必要な仮面をつけていたとしても、自分に戻れる場所があるのであれば問題はないだろう。実際に社会的仮面に押さえつけられた反動で、それ以外の場面では強烈な個性や創造力を発揮している人もたくさんいる。しかし恐ろしいのはそのバランスが崩れたときである。自分を言葉でごまかすことはできても、感じる心や身体は嘘をつけない。忙しすぎて自分を振り返る時間がないだけでなく、社会的な仮面をつけている時間のほうが圧倒的に長くなってくると、「個」の欲求を抑えつづけて無理をしつづけた身体や心には過剰なストレスがかかり、体の不調、心身症などの形として後で必ず現れてくるのである。そのような例に以下の2つの症状が挙げられる。

① ペルソナの固着

　たとえば，日々の忙しさにより無理をしたまま時間だけが過ぎ，さらにその状況に適応するために「これこそ自分の幸せなのだ」と自分で自分に言い聞かせるようになってくる。その結果，いつからか被っていたはずの仮面に操られ出す。面をつける前の自分の顔を忘れ，便宜的につけていたはずの社会的な仮面や表面で繕っていただけのはずの言葉に支配されてくるのである。自分への無理がある日突然限界に達してしまい，自分でも理解不能な行動に陥ってしまう例に，クラスの人気者が突然キレたり，明るいイメージのアイドルや優秀なキャリア人が突然自殺することなどが挙げられる。また，長年「ペルソナ」として振る舞い続けた者に突然肩書きが必要なくなった時，自分が何者なのかがわからなくなる。会社を辞めた途端に家での自分の振る舞い方がわからない，突然の変化に全てを失った気がしてしまう，生き甲斐が見つけられないなど，気づいたら変化に対応できない自分になってしまうのである。

② 言葉と身体の乖離

　たとえば，高いお金を払って観た劇がとてもつまらなかった。がっかりしているところに，嬉しそうに客に挨拶をしている演出家に会ってしまった。本音とは裏腹に，作り笑顔で「とても素敵な劇ですね！」と言う。このような苦い思いは誰もが味わったことがあるだろう。顔では笑っていても，その言葉を生み出すために身体や心にはものすごい葛藤が生まれる。必死に無難な言葉を発しても，身体のどこかがむずむずして冷や汗をかき，「大丈夫だったかな」という不安感が生まれる。

　本来「嘘をつく」ということはとても苦痛なことであり，本当に心が動いた時とは明らかに身体や心の状態も違う。また，その結果に生まれてくる言葉も全然違うものになってしまう。本当に感動したとき，相手に伝えたい言葉は素直に具体的に出てくるのに，葛藤がある身体からは一言をひねり出すのが精一杯である。すなわち言葉とは本来，何かを感じ，身体での反応が起こり，それに対して何かを伝えたい想いが湧き上がってきてこそ自然に生まれてくるものなのである。それは，赤ちゃんのように未熟な言語であっても，伝えたい心や身体と素直に結びついていれば相手にまっすぐ伝わるものであ

る。

　しかし，社会の中では周りに合わせるために，本心では思ってもないことを言わなければいけない場合も多くある。それは社会の中で処世術として必要かつ有効な場合もあるだろう。相手を思いやり遠回しな言葉を選ぶ，相手に気に入られるように期待に応える言葉を探す，どうでもいいから適当に話を合わせる，など人は成長するにつれて自分の本心を伝えるよりも，状況をみて状況に合った言葉を選ぶことを学習していく。しかし，自分でその状況に甘んじていくと，そのうちに言葉だけがぺらぺらと出てくることに慣れてくる。このシチュエーションではこういうことを言えば良い，この相手にはこのようなことを言っておけば良い，など処世術「スキル」が一人歩きし，プロになってくる。こうしている内に，言葉を発する側も，受け取る側も，言葉と身体の乖離が起こり，気付いて立ち止まった時に自分の本当の声，腹からの欲求がわからなくなるのである。その身体と言葉が一致していない状態は，歪みとなって身体に表れ自分自身の心のストレスを引き起こすだけではなく，副次的な重大な問題をも引き起こす。

（3）子どもへの影響

　高度な言語コミュニケーション活動になれば，わざと裏腹，反対の意味のことを言うこともある。しかしそれは，文化的背景を共有しているか，もしくはよほど前提となる信頼関係が成立している場合にしか通用しない。特に外国人，子どもには通用せず，身体表現と一致していない言葉は相手に混乱を招いてしまう。たとえば，親が子どもに対し言葉で「愛している」と言っても心では無関心な場合，身体では，必ずどこかで心に従った表現をしている。その場合子どもは心と結びついて歪んだ身体表現を敏感に感じ取る。一度に送られた2つの異なるメッセージは，子どもの心に混乱を引き起こし，何を信じればよいかの根拠を奪うのである。

　また，本心に結びついていない言葉は簡単にぶれる。状況に応じてころころと言うことが変わるため，周りから見るとその人物の「一貫性」「芯」がない。ぶれている本人は自分が流されていることすら自覚していない場合が多いため，自分の発言やその影響についての責任感も自覚もない。言うことが常に変

化する大人の態度に子どもは振り回され，混乱し，対応できないまま置いていかれ，結果的に人に対する強い不信感，ひきこもりや発達障害などの二次的な障害を引き起こす原因となる。子どもは自分を周りの世界から遮断し，また，自分を守るために言葉を抑え，社会の中での生活を送るのが困難になっていく。

(4) 身体表現へ目をむけることの重要性

　以上に挙げた例は，善し悪しではなく，激しく移り変わる現代社会に対する個々の適応の変化のプロセスである。そしてさまざまな問題は，身体と心の歪みから引き起こされるという見方もできる。多様な価値観が入り混じる時代であるからこそ，社会の中で自分自身を見失うことなく個人が自分自身の価値観を，揺るがぬ「軸」としてもつことが求められている。それと同時に，激しい変化に対応していける「柔軟性」も必要だ。「軸」と「柔軟性」は相反するものではなく，軸がしっかりしていればおのずと柔軟性は育ってくるものである。親が「軸」をぶれさせることなく，どれだけ子どもと柔軟に向き合えるかということの重要性はここにある。そのためには今，言葉以上に自分の「身体」と向き合い再発見すること，身体が表現していることを読みとる力，そして身体から心へとアプローチしていく方法が必要とされている。

2．身体へのアプローチ

(1) 身体の癖に気づく

　人は，知らず知らずのうちに自分を基準にして周りの世界を見ている。自分が「標準」で，偏っているのは他の人だと感じる。しかし客観的に見てみると，一人一人に習慣，教育，文化的価値観などによって気づかぬうちに構築されてきた「癖」があり，体格も姿勢もそれぞれ全然違う。全ての人が偏った個性を持つ「キャラクター」なのである。たとえば，いつも鞄を左の肩にかける習慣のある人は，鞄を持っていない時にでも右の腕ばかりを大きく振る。また，どこかケガをしたことがある，痛めている場合は自然にそこをかばう歩き方が身につくようになる。歩き方一つとってみても，誰一人として同じ歩き方の人はいないように，家庭や社会環境，教育，経験，運動など全てが影響してその人

の「個性＝歴史」を形成し，その癖こそが人間としての魅力を生み出している源泉ともいえるのである。

　しかし裏を返せばこれは個々の抱える「偏り」でもある。身体の癖は，考え方や感じ方の癖にも繋がっており，極端に偏った日常パターンや癖は自然に身体を固め，考え方，心に密接に関わっている。人は皆それぞれ，歩き方や身体の癖が異なるように，考え方や感じ方もまったく異なるものなのだ。

　自分が抱える偏りに気づかないと，相手にもその偏りをムリに押しつけるなどの問題が起こってくる。本来人はそれぞれ異なり，そのようにまったく異なった価値観の人々が共同で作業をしていく際には，「自分」が基準点ではなく，自分も「偏り」を持った一人のキャラクターであること，自分自身の「偏り」の特徴に気づくことが，一つの知恵となり，自分を支え，他者を尊重する軸となっていく。

　ではどのように自分の偏りを探るのか。そのためまずは，偏りのない，自分の身体に一番素直な状態である「ニュートラル」な状態を探すというアプローチが挙げられる。

（2）「ニュートラル」な状態を探す

　時代の流れや生活環境の変化に応じて自分の立場，役割，価値観なども常に変化していく。ニュートラルになっている身体の状態を体得しておけば，変化やその都度自分に生じる偏りを認識するための身体の「軸」として機能してくれる。「ニュートラル」な身体の状態とは，骨格が一人一人違うのと同様に一人一人それぞれ違う。どちらに偏るわけでもなく歪みのない，個々の身体，骨格に一番素直な状態である。その「ニュートラル」な状態を再発見し，どちらかに偏ってしまった時にはその場所にいつでも立ち返れる，という安心感が心の安定に繋がり，常に自分を内省して「軸」を持つ助けになる。また自分の身体を知り，少しずつ意識的に動かしていけるようになることで，赤ちゃん，子どもの頃から本来持っていた柔軟性を取り戻し，リスクを取る勇気の基盤にもなる。今まで，できないと思い込んでいたことへの無限の可能性が広がっていくのである。

　ではどのようにその状態を探るのか？　その際に，中性面「ニュートラルマ

スク」が助けになる。「ニュートラルマスク」は，ルコック校において文化的背景や価値観が大きく違うアーティスト達が，文化的特徴や国，言葉の壁を越えて普遍的な身体共通言語を探る，という目的で長年研究されて生まれた。

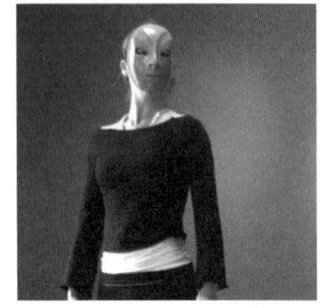

(3) 仮面によって仮面を外す

　日常生活でのコミュニケーションをとる際に，相手の身体をまじまじと見ることはほとんどない。大抵は顔や目を見る，もしくは時々目を合わせる程度だろう。その際には，相手の笑顔など顔の表情や表面的な特徴から相手の感情表現などを判断する。しかし，身体は表情や言葉とは違うメッセージを発している場合も多く，そこにこそ重要なメッセージが表現されているのである。また身体は時として，動物的に相手との関係性を瞬時に決めてしまう。たとえば，威嚇しあいながらコミュニケーションをとる文化背景を持つ西洋の人々の身体と，謙遜しながら協調関係を探っていく日本人の身体が出合った場合，その身体表現の違いだけで動物としての上下関係が決まってしまう。要するに，ふんぞり返る癖のある人と猫背の人が一緒に何かをするときに，自分達は対等に振る舞っているつもりでも気づかぬうちにその身体的特徴に二人の関係性は支配されていくのである。

　特別な表情がなく，目と口の部分が大きく開いて全てのバランスがとれたニュートラルマスクをつけると，人の視線は自然に身体へと注目するようになる。人の目は，アンバランスなものに惹きつけられるのと同様に，仮面をつけると自然に長年の癖や感情により歪められた身体が浮き彫りになり，そちらに視線が集中するのである。

　また仮面をつけることによって人は，日常の中で自分を守って来た作り笑顔やペルソナの面などに頼ることができなくなり「仮面をつけることによって日常の仮面を剥がされる」という体験をする。そこには同じ中性面をつけているにも関わらず，「自信なさそう」「楽しそう」「年老いている」など，つける人の身体の状態により一つの同じ面がまるきり違う表情になるのである。

ニュートラルマスク

ニュートラルマスクをつけることによる人々のリアクションもまた，多種多様である。

たとえば自我が強い傾向の人は，自由を奪われた気がして窮屈でむしり取りたいという反応を示す。または自分が突然裸になったような気がして恐怖を感じる人もいる。一方で，日々自分を抑えがちな人は，逆に解放され自由を得た，と感じる。また，仮面をつけて実際に動いていくことで，力が入りすぎて固まっている，力が抜けすぎていて軸がない，動くリズムが速すぎる，遅すぎる，など，表面的には見えないさまざまな偏りや癖が顕著に表れてくるのである。ニュートラルマスクをつけ，自分では思いもよらないさまざまな反応を体験するプロセスを経ることにより，自分自身を再発見していく。本来持っている自然な状態に出合い，意識することにより，いつの間にか偏ってしまった自分の身体的傾向や歪みに気づいていくのである。

また，ニュートラルマスクをつける過程では，自然と自分の身体が，仮面と同じバランスのとれた中立状態を発見していく。和辻（1935）が顔面について，「人の存在にとって核心的な意義を持つ物である。それは単に肉体の一部分であるのではなく，肉体を己に従える主体的なものの座，すなわち人格の座に他ならない」と語り，また仮面の持つ力については「面は元来人体から肢体や顔を抜き去ってただ顔面だけを残した物である。然るに，その面は再び肢体を獲得する。人を表現するためには，ただ顔面だけに切り詰める事は出来るが，その切り詰められた顔面は，自由に肢体を回復する力を持っている」と言うように，仮面はとても強い力を持つ。最初は仮面と身体が一致せずに，歪んだ身体が浮き彫りになっていても，ニュートラルマスクをつけてさまざまな動きをしつづけるうちに，身体のほうがその面に合う身体を体得し，徐々に身体のバランスが整ってくるのである。

骨の仕組みが人それぞれ違うのと同様に「ニュートラル」な状態も，それを発見していくプロセス自体も多種多様である。しかし，大抵は自分のお腹の辺りを支点として身体のバランスが均衡にとれている状態を発見していく。全ての方向から均等に引っぱられているようなイメージであり，テンションが高すぎるわけでも低すぎるわけでもない。足を開きすぎても閉じすぎてもない。過度にリラックスして緩んでいる状態でも，緊張して固まりすぎている状態でも

なく，適度な緊張状態のとても心地のよい身体の状態である。そして身体が安定して整ってくると，自然に心も安定した状態へと導かれていく。心は落ち着き，神経は研ぎ澄まされ，周りの世界や全ての方向に開かれている。子どものような素直な目で物事が新鮮にうつり，興味深く，何にでもすぐ反応することができる。

　また，個人的な癖の削ぎ落とされた「ニュートラル」な身体からは，人種，文化，言語などの違いを越えて共有できる，人間としての普遍的，根源的な表現が表れる。それは，言葉で説明しなくとも，喜びは喜び，哀しみは哀しみとして，とてもシンプルで素直に人々の心に響き共感できる，深い部分での人間の共通言語なのである。また「ニュートラル」な状態を各々が発見し，近づいていく過程を共有することこそ，あらためて他者との違いを発見し，尊重するための重要な役割を果たす。同じ場所にいても，一つの「ニュートラルマスク」を軸にして，人々の多種多様な身体や感じ方，プロセスが露になる。その過程は皆違う。普遍的な共通言語を共有すると同時に，「人は皆違う」からこそ面白い。その「違い」を尊重し合うことでこそ，新たな発想が生まれていくのだ。そのような，あたりまえだが忘れがちなことをあらためて共有し，体験により共通理解していく基盤を創っていくこと，それこそが「軸」と「柔軟性」を築くことにつながる。

3．身体から心へのアプローチ──身体から心を理解する

　自分自身の歪みが取れ，「ニュートラル」な状態を見つけると，同時に他の人の偏りも如実に見えてくるものである。たとえば，Aくんはクラスのお調子者として通っているが，実は猫背で首が前に出て腰が引けている，無理やり作っている笑顔の裏にはとてもおびえた身体が現れているなど，普段話す言葉からだけではなく，身体からのメッセージを読み取り，何が偏りどこに無理があるのかを把握できるようになってくるのである。

　心の在りようは身体からの影響も大きい。特に内面的問題を抱えていなくとも，環境的な要因がなくても，その身体の状態に感情が支配され，自分でも意識せぬまま固まって癖となり「内気な性格」「マイナス思考」に結びつく。同

じ姿勢を毎日繰り返すことにより，少しずつそれに合わせた筋肉が作られ，そして習慣が身体の歪みとして歴史を刻んでいくのである。たとえばよく電車の中でポータブルゲームに夢中になっている子どもの姿をみる。回りの世界などお構いなしで，他の人をおしのけてまでも我先に！　と席をとり，ゲームを始める。どこにでもゲームを携帯し，一日に何時間も背中を丸めて首を前に突き出して熱中する。完全に自分の世界しか見えておらず，身体を観察しても，猫背で丸まり自分の世界に閉じこもっている。

　猫背気味で首が前に出た姿勢は，本人にとっては無理がなく自然な身体の状態として定着しているように感じられても，一方では確実に心の形成に影響を及ぼしていく。まさに，身体が心を支配するようになるのである。その偏りはさらに歪みとなり，さまざまな葛藤を抱えた身体へと発展していくのだ。このように形成された身体の癖や歪みが極端になり，複雑化してくると，無気力，非行，さらには境界例，分裂病などという形で現れてくる。

　またその反対に，わざわざ意図的に気持ちの切り替えをせずとも，身体の姿勢を変えただけで気持ちが変化することもある。たとえば下を向いて涙が出そうな時に，心を切り替えるために上を見上げて深呼吸してみる，などは誰もが体験したことがあるだろう。このように，心や感情は，自分達が頭で理解している以上に私たちの身体と密接に関わっており，人は日常的に無意識にそれをコントロールしているのである。

　そのような身体が引き起こす心の状態を理解するために，身体がどれほど心への影響力があるかということを，体験を通して知っておくことは重要だ。「相手を理解したければ実際に相手になってみること」しかないとしても，あえて身体の状態を相手に近づけてみることで発見できることは多い。そのため，それぞれのニュートラルな状態を発見した後では，あえて身体を偏らせ，さまざまな身体の状態が心に与える変化を体験してもらっている。無意識に行っていた身体による心の変化を，意識的に再体験して理解していくのである。自分がさまざまな身体を体験することにより，言葉だけではない，身体からの想像力やアプローチが広がり，相手の身体の状態が引き起こす気持ちや表現を理解していくことが可能になる。

4．実践例——身体に焦点を当てたワークショップ

（1）実践例① カウンセラー，教師，保護者などを対象とする
ワークショップ

　私はこれまで，教育や心理臨床などの現場に関わる人々を対象にワークショップを数多く実施してきた。そこでは一時的に日常の「役割」から離れ，自分自身を見直し，癖や偏りに気づいてもらうことを目標としている。たとえば，子ども達と関わる現場では，不登校，いじめ，非行などの問題行動や身体的症状を表す子ども達が後を絶たない。彼らがどのような問題を抱えているか，言葉ではうまく伝わってこず，教師や親などは，どのように子どもと接するべきか頭を悩ますことが多い。しかし，追い詰められた子ども達の心の声は，実は言葉以上に身体や行動を通じて多くを物語っているのである。そのため現場にいる大人は，まずは自分達を点検し，身体から人を見る目を研ぎ澄ます必要がある。

　そもそも役者の仕事とは，さまざまな人物の状況に共感し，自分の体験を遥かに越えたストーリーや感情を観客に伝えることである。自分の演じる「キャラクター」を客観的に見つめ直し，共感し，自分がその人物になりきって観客に全身全霊でストーリーを伝えていく。その際にキャラクターに対して善人や悪人などの評価はせずに，人間としての魅力や，そのようにしか振る舞えなかった必然性を探っていくのである。そのためには，役者がまずは澄んだ目でキャラクターを見られる，偏りのない「ニュートラル」の状態を再発見することが大切なトレーニングの基盤となる。実はこうした視点は，直接人に関わっていく心理臨床現場や教育現場でも求められている。

　現場で相手に対する際には，常に自分がニュートラルな立場でいられるかどうかが大事なのである。なぜなら，たとえ対象となる子ども達やクライエントの偏りや癖を指摘しても，カウンセラーや先生が自分で自身の偏りに気づかなければ，そのフィルターを通してしか相手を見ることができないからだ。またはその反対に，自分でも気づかぬ間に偏った見方や考え方をする相手に影響を受け，問題を深めてしまうこともある。コミュニケーションとはアクションと

リアクションが間断なく繰り返される情報の交換であり，対象となる人々の問題に取り組む以前に，日々直接関わる自分達こそが，相手が受け止められるボールを投げているのかどうかを確認することが大切である。

自分自身の持つ癖や偏りに気づき，ニュートラルな身体の状態を体験から知っていくことにより，少しずつ相手の身体が発しているメッセージを読み取ることができるようになる。すると相手に対して，より自然に，的確かつ客観的なアドバイスができるようになる。

また自分自身の偏りに気づき，ニュートラルな状態を知っていることは，知らぬ間に相手に影響されないための支えにもなる。なぜなら，人は思っている以上に周りに影響されてしまうものだからである。たとえばカウンセリングの際に，目の前にいる人が固まっていると，知らぬ間に影響を受けて自分の身体も固まっていく。または，緊張している人を見ていると自然に自分も緊張してくる。そのため，たとえば相手が硬直していると気づいた際には，あえて自分が深呼吸をし，意識的に姿勢を変えてリラックスするなどのアプローチをしてみる。もちろん，直接相手の身体にアプローチしていく方法論もある。しかし，まずは人と関わる自分自身が自らの身体と向き合うトレーニングを積み，相手を受け止められる状態になることが重要である。「あなた自身が，この世で見たいと思う変化とならなければならない」とガンジーの名言にもあるように，相手を変えようとする前に，実際に現場に関わる人々が自分の身体の状態を敏感に感じ取り，身体に効果的に意識を配っていくことが，相手の安心できる場づくりに繋がり，そして何よりも，相手の変化へと繋がっていくのである。

（2）実践例② 役者，学生，社会人などを対象とするワークショップ

私が主宰するアユリテアトルでは，役者や学生，社会人などのためのフィジカルシアターワークショップを定期的に行っている。目的は演劇での表現力を上げていくことにあるが，あくまでも「身体」と「心」の一致した感覚や動きを体験してもらうこと，「言葉」以上に「身体」を媒体としたコミュニケーションに注意を向けることを課題とし，参加者に合わせたプログラムを構成している。

● 事例：身体と心の一致の発見

　Xさんは，高校を卒業して数カ月家で過ごしていたが，パニック障害と対人恐怖症の診断を受け，進学も就職もせず将来に不安を持っていた。ワークショップへの参加は，高校の担任からの紹介であった。

　長い髪の毛をみつあみにしたXさんが初めて会場に現れて以来，ひと際目立つ存在であったのは，黒い上下の服を着た者ばかりの中で，たった一人真っ白な上下のジャージを着ていたからである（注：身体に焦点が当たるよう，予め稽古着は無地の黒にするようにとの指示をしていた）。これは，以後4年間に渡り，どのワークショップにも休みなく参加し続けたXさんが着ていた服装であり，他の参加者とは無関係に「白」でなくてはならないXさんなりの意味があった。

　Xさんは自分自身の問題を「常に完璧でないとだめだと感じている」と訴えた。「完璧」であることの基準は，他者との比較や評価とは関係なく，あくまでも自分自身の判断によるものである。他の参加者が皆黒い服装で談笑する中で，一人白い服装でいることがどれほど目立ったとしても，それ自体は意に介さないようであった。

　こうした思いは学校や日常生活においても，Xさんをおびやかし，強い自尊心とは裏腹に常に「完璧ではない自分」を意識し続けることになり，捉えどころのないアンヴィバレントな状況に捉われているようにも見えた。

　実際にワークショップが始まると，初めは身体を動かしてもぎこちなく，緊張感が高くてすぐに息切れをした。他の参加者を観察しているだけの時間も多く，最後まで会場にいられず早退してしまう日もあった。「自分自身のペースで動かせばいい」ことを伝えても，そのペース自体をつかむことができず，無理をしては突然動けなくなり一人で会場の隅でうずくまる姿もよく見られた。担任が勧めるままに参加したワークショップは，何らかの目的のために，というよりはむしろ，身動きの取れない自分自身に出合うためのものであったと思える。

　ファシリテーターを務めたアユリテアトルのメンバー3人は，この際に

評価を下すことはせず，なるべくニュートラルな状態で皆に接するように務めた。そのためワークショップでは，特にXさんの問題に触れ，意識的なプログラムを組むことはしなかった。また特にこうした問題について話し合うようなこともしていない。ファシリテーターの，「そのままを受け止める」という空気は，自然に他の参加者にも広がっていった。

その結果，他の参加者もXさんのありのままを受け止めながら，できる範囲で共に演劇創作ができる道を積極的に探っていくようになった。第1回目に実施した一連のワークショップ（5日間）が終わった時，丸く輪になって皆が感想を述べ始めた時に，Xさんはすっと手を挙げ小さな声で「ここに通うことが心地よく暖かかった。本当に来てよかった」と発言することができた。そして，その後4年間という長期に渡り，Xさんはアユリテアトルのワークショップには参加し続けるようになった。

ワークショップで取り上げるプログラムでは，準備運動から始まりゲームなども含め，さまざまな方法で身体を動かしていくが，「表現の仕方に正解はない」というのが一貫した考え方である。したがって，どのような状況設定や課題であっても「お手本」はなく，参加者の「今，ここ」での感情に左右された即興が全てである。主体は参加者でありファシリテーターは，参加者の要求や力量に合わせてさまざまな成果が得られるよう促すことが役割なのであって，プロセスこそが何よりも重視される。

もともとは役者のためのワークショップであるため，後半の時間はその日の課題に沿って，皆の前で発表する時間を持つ。しかし，これも強制されることはなく，発表するもしないも参加者の自主性に任せている。「自分自身」がありのまま受け入れられることが常に保証されているのである。

またワークショップでは，最終日に小グループで創作した演劇の発表を行うことが常である。ここで大切なのは「チームワーク」であり，考え方や価値観が実際にぶつかり合う中での作品創作を体験することが目的である。4年間を通しXさんは，このグループワークで「上手下手」といった基準ではなく，一人一人の個性がぶつかりあい，また協力し合うことで思いがけない発想が生まれてくることに驚き，また楽しむようになっていった。他の参加者に比べ，初めの頃はぎこちなかったXさんの動きが，作品

の中では絶妙な味わいを醸し出すことも体験を通して発見したのである。

ところで，Xさんが感じる「完璧」とは何を意味していたのだろうか？みつあみと白い服，静かで小さくはあるが淀みのない凛とした声，うつむき加減でありながらまっすぐに立つ姿からは「学校」や「家庭」という枠の中で何の問題も起こさず大人から見れば優等生で過ごしてきた様子が伺われた。しかし，高校卒業という巣立ちの時を目前に揺らぎが始まったのである。

「白い服」は，まさにXさんのイメージする「完璧」な姿を表現しており，先生や保護者を含め，大人が認める「良い子」の象徴ではなかったのだろうか。実際にチームでの演劇創作では，他の人の意見に耳を傾け提案されるまま指示に従い，個性を「ぶつける」というよりはむしろ，皆に「合わせる」ことを楽しんでいた。役割を与えられ動きを指定されることでやっと安心して動くことができるのである。

一方Xさんにとって，一人で皆の前に立ち，即興などの発表をするためには「完璧」という自信の裏づけが必要であり，誰からの指示も得られない状況では何を良いとするのかわからず不安になる。しかし，他の参加者の発表から実際に自分が目にするのは，「正解」でも何でもなく，ぎこちなさや照れ笑いも含め，参加者一人一人の異なる「個性」に過ぎないのである。それに気づくプロセスが，Xさんにとって大切であったように思う。少しずつ身体が柔軟に動くようになる過程は，まさに自分自身で抱えている息苦しさから自由になっていくプロセスでもあった。

4年を過ぎた頃，ある日突然Xさんは，トレードマークであった長いみつあみをばっさりとショートに切り，真っ白な上下のジャージを脱ぎ捨て黒いTシャツとパンツという姿で練習場に現れた。その姿はまるで，長い時間繭の中に閉じこもっていた蚕が羽化した瞬間のようでもあった。

＊　　＊　　＊

生きるということは偏りができることである。その偏りこそが個性であり，その人らしさ，魅力である。全ての癖や偏りを排除した「ニュートラル」な人間などは存在しない。「ニュートラル」な人間になることを目指すのではなく，自分が常に立ち戻ることのできる指標として，自らの「ニュートラル」な身体

と心の状態を探り，再発見していくことが重要なのである。自分の基準があれば，盲目的に何かを信じて流されてしまうのではなく，物事に対して常に冷静に対処することができる。自分の偏りを理解すれば，他の人との「違い」を否定しなくてもすむ。むしろそこから，「個」として違うことの豊かさ，尊さに気づいていくことができる。そして「違い」を尊重する土台ができれば，相手の領域を侵すことも自分を守りすぎる必要もなく，違う価値観を持った人間が互いにぶつかり合いから新たな発想を生みだしていく基盤ができる。皆が「出る杭」になり，出る杭同士が協同で創造していく。それこそが，無限の可能性を広げていくことへの始まりなのである。

II部　生徒，学生へのこころのサポート

　中学3年の男子生徒が，幼い頃から現在に至るまでの自分自身のことを，長時間かけてぼくとつと，しかも懸命に語ってくれたことがあった。
　幼稚園のときはすでに，自分は皆とは違う独特の雰囲気を醸し出しているということは感じていた。確かに楽しそうに遊んではいるが，動きのテンポや興味の向かう方向が皆と微妙にズレていてぎこちなかった。ただ当時はそれを，特段気にかけるようなことはなかった。独りで遊んでいても淋しくなかったし，むしろ没頭できていたからである。これが小学生になると少しずつ様相が変化していく。教室では先生の指示で生徒は動くのだが，それに興味や関心がもてないときは頭の中を素通りしてしまうし，そもそも人に動かされるのが嫌いだった。それゆえに先生にはよく叱られたし，保護者会で母親も注意を受けていたようである。だからといって反抗しようとする気持ちもなかったので，そのうち，言われるままに身体を動かしてさえいれば何も叱られることはないと悟り，感情のない機械仕掛けの人形のように振る舞っていたという。
　彼のことは以前にある場所で何回か見かけてはいたが，実際に話をしたことはない。あの日，いわば初対面の私の目をまっすぐに見据えたまま，思いつめた様子で「僕の話を聞いてください」と率直に訴えてきたときの真剣さは鮮明な印象として今でも残っている。
　小学生でギャング集団が形成される3〜4年生では，親友はいないがなんとか男子集団に混じっていられるよう努力したので，外れることは少なかったという。「一人だけ，波長が合う友達がいたので救われました」と懐かしげである。やがて柔軟なコミュニケーションをとるのがむずかしい彼がからかいの対象になったり，いじめがエスカレートするようになったとき，さんざん考えた末に，

親に頼み込んで合気道の道場に通わせてもらった。すぐに強くなるわけではないが（なりたいとも思わなかったが），合気道に通っているというだけで自分に手を出す男子は激減した。からかいやいじめを受けてニヤニヤ笑ってはいても，内心，怖くて怖くてたまらなかったのである。

　そしてもう一つ，彼の心をずっと悩ませていたのが苦手な教科のことである。すでに小学低学年の頃から，自分にはよくわからない勉強があるということは気づいていたそうである。そして学年が上がるにつれ，国語の文章題，算数（数学）の応用，社会科系の科目にはかなり苦手意識が身についてしまった。だからといって，彼は何もしなかったわけではない。わからないところは，誰にも知られないように家でこっそり何回もおさらいをしてきたという。これは小学低学年からずっとつづけていることである。わからないから何回も同じことをやって叩き込むしかないと思った。でも同じ問題がまた出たときは解けるが，少しでもひねってあったりするともうわからなくなってしまう。

　そんな彼のことを親や教師は，もっと落ち着いて勉強しなさいと言う。中学生になると批判や介入は生活全般にまでおよび，勉強しないでテレビ・ゲームにばかり熱中するな，ポルノ・サイトなんか見てると高校にも進学できなくなる，と枚挙にいとまがない。成績を上げるために塾や家庭教師をつけてくれるが，もともと苦手なものはいかんともしがたく，成績を上げる要領など教わってもわからないし，意欲も湧かないのは当然である。そんなとき，思いつめたように「勉強のこと，友達のこと，ずっと頑張ってきたけど，少しもうまくいきません！　誰もわかってくれないし，これから僕はどうすればいいんですか！」と心からの悲痛な叫びである。これには心の底から揺さぶられた。

広汎性発達障害や注意欠陥・多動性障害，それに学習障害などの総称である発達障害に該当する子どもは，文部科学省の調査（2002）では小中学校の通常学級に6.3%はいると推定している。そこで教育界では以前からさまざまな対応策がとられてきたが，最近では大学でも発達障害の学生に対する新たな試みが学生相談所を中心に実施されるようになった。ただ，彼のように自分の能力のアンバランスな偏りを抱えながらもこれを受けとめ，何とかやっていこうと努力している子ども一人ひとりの様態をありのままに把握し，個別に的確な援助をしようとしているかは甚だ疑問である。子どもの側からすれば建前や観念だけではなく，本当に純粋な関心を自分に寄せてくれているかどうかである。発達障害に限らず，心理臨床は障害や問題の改善そのものよりも，まずは悩みを抱えたその人の援助に主眼が置かれなければならない。

　先日，偶然にも彼の母親とお会いする機会があった。すでに大学3年生になっている彼はたくさんの不安を抱えながらも，自分に合った職場に入社できることを第一に就職活動に励んでいるという。

（神田久男）

1章　小学生へのスクールカウンセリング
　　…場所の感覚と多文化共生の視点から

金　順慧

1．場所の感覚，空間の経験

(1) 映画監督ヴィム・ヴェンダースのまなざし

　A Sense of Place——直訳をすれば「場所の感覚」。2006年5月，立教大学で行われたヴィム・ヴェンダース (Wim Wenders) 監督講演会のテーマである。講演の中で氏は，映画を突き動かしているもの，つまりは映画作りの原動力になっているものとして，place への眼差しの重要性について熱く語った。place は日本語に直せば「場所」「空間」「土地」などということができ，sense は「感覚」「感触」などといえる。語る人，聞く人によってとらえ方が異なってくる不思議な響きの言葉である。「場所の感覚」「土地の感触」など幾通りにも訳すことができるが，ここでは便宜的に「場所の感覚」と表現することにする。氏は場所の感覚に根づいていない映画は失敗を免れないとし，物語への原動力はあるが場所の感覚を失った多くのアメリカ映画を批判した。氏の代表作である映画『ベルリン・天使の詩』は，氏が8年間アメリカに住んだ後ドイツに戻って作られた作品であるが，守護天使である主人公や映画のストーリーはベルリンの街，土地が喚起させてくれたものだという。氏によると，場所に私たちが属しているのではなく，私たちに場所が属しているのだそうだ。
　一映画ファンとしてミーハーな気持ちでヴェンダース監督の講演会を聴きに行った私ではあったが，「場所の感覚」という自身にとってはまったく新しい概念との出会いに興奮したことを覚えている。しかし当時はまだ心理臨床の世界に足の指先をほんの少しつける程度しか触れておらず，カウンセリングの実践経験もまったくなかったため，小さな思考のヒントが種として植えつけられ

た程度であった。あれから6年という歳月を経て，豊富とは到底いえないものの心理臨床の実践を積んだ今，あのとき蒔かれた種が多少なりとも成長し芽を出したのではないかと思う。前置きが長くなってしまったが，本章ではこの「場所の感覚」という観点から小学校のスクールカウンセリングについて，クライエントが現実に生きる place である学校の中で行う相談活動の特徴や意義についてとらえていくこととする。

(2)〈空間＋経験＝場所〉

「場所の感覚」という考え方は，現象学的地理学や環境学の中にも登場する。地理学者イーフー・トゥアン（Yi-Fu Tuan）の場所論では「最初はまだ不分明な空間は，われわれがそれをもっと知り，それに価値をあたえていくにつれて次第に場所になっていく」と述べられている。つまり単純化するなら，〈空間＋経験＝場所〉と定式化される。心理学においても，子どもの成長発達における安全基地としての母親の存在や，セラピーの枠組みとしての場所・空間の概念はすでに馴染みが深く，とりわけ地域援助の中核でもある学校臨床においては欠かすことのできない視点なのである。

(3) 学校の場所性を活かす

私はこれまでまったく特色の異なる2つの小学校にスクールカウンセラーとして勤務した経験がある。個人臨床において一人として同じクライエントがいないように，学校もまた一つのまとまりのある単位として捉えるとき，当然のごとく一つとして同じ学校はないのである。学校臨床では児童・生徒，保護者のアセスメントだけでなく，学校そのもののアセスメントも重要となってくる。個人のクライエントをその家族や生育歴から広く深くアセスメントしてゆくように，学校もまたその地域の特色や歴史，教育理念，風習などから多面的に複層的にアセスメントしてゆくことが重要である。学校アセスメントの中には，学校を構成する成員である児童・保護者・教職員間の関係性なども含まれる。

場所の個性が異なれば，その場所に生き，学校を風景として眺める子どもたちとのかかわりも異なってくる。ある学校は，教室が常にオープンな雰囲気で，校長先生が各クラスの授業風景を見回るのが日課となっていた。校長先生だけ

でなく，保護者や地域の学校関係者なども希望すればいつでも授業を見学することができ，子どもたちも大人に見られることに慣れていた。その中でスクールカウンセラーである私も，ひらひらと蝶のように教室を訪問し，子どもの様子を見たり，授業の邪魔にならない程度に子どもたちと会話を交わしたりしていた。開放感に溢れたアットホームなこの学校では，子どもたちもまたひらひらと蝶のように自由に相談室に訪れた。

　また別のある学校は，コンクリート造りの重厚感と歴史のある校舎を持ち，教室や教員室など各部屋の機密性が高いという特徴があった。授業時間中はひっそりと校舎内が静まり返り，休み時間を知らせるチャイムと同時に教室から涌き出る子どもたちの声でいっぱいになる。私はこの小学校で初めてのスクールカウンセラーとして着任したため，文字どおりゼロから相談環境を作ってゆくという重責を負うこととなった。まず初めに着手したのが相談室作りである。相談できる場所がなければ，カウンセラー稼業は勤まらない。面接用の椅子からカーテンの色まで，養護の先生や事務員さんらと相談しながら一つ一つ慎重に選んでいった。機密性の高い校舎の構造はプライバシーを重んじる相談室には最適の構造で，小さいながらも安定感のある隠れ家的な相談室が完成した。カーテンは他の教室であまり使われていない色を選び，防音・防寒効果もある絨毯敷きの床面で特別室らしい雰囲気を演出した。ピンクやベージュといったやわらかい色合いや，木の家具などで親しみやすさを出しつつも，一歩足を踏み入れれば教室とはちがう新鮮な空気を味わえるような空間づくりに励んだ。相談室の外の壁にはイラストや色を多用した掲示物を貼り，さりげなく子どもたちの目を惹くように工夫をこらした。相談室内には子どもが気軽に遊べるように簡単なボードゲームやお絵かきセット等も用意した。また学校側の厚意により箱庭療法セットも設置させてもらえた。相談室は教室棟とは少し離れた校舎の隅，保健室のすぐ近くに用意された。保健室への来室の多い児童は心理的なサポートが必要な場合も多く，養護教諭との密な連携は不可欠である。また，普段から人の往来の多い場所に相談室があると，落ち着いて相談できなかったりプライバシーを守れなかったりする恐れがある。多くの学校では空き教室等を相談室として使い，カウンセラーが意見を言えるケースは少ないと思われるが，相談室のロケーションもまた相談環境作りに欠かせないポイントであるこ

とは確かだ。ハリー・ポッターの魔法学校ホグワーツにある「必要の部屋」のような，普段は気づかないけれど必要を感じている子どもの前には現れるような場所でありたいと思う。

2．子どもとのかかわり

子どもとともに"在る"時空間

　小学校の一日は目まぐるしく過ぎてゆく。スクールカウンセラーとして勤務を始めて間もない頃，小学校特有の時間の流れになかなか順応できず戸惑いを感じた。授業時間は1コマ45分を採用している学校が多く，授業の合間に5分～15分程度の休み時間がはさまれる。給食の時間ともなると教室はまさに戦争状態で，正確さとスピードが要求される配膳，放送や音楽を聞きながらの食事，おかわり争奪戦を経て片付け作業に入る。実に忙しい。分刻みにチャイムの鳴る小学校のタイムスケジュールは校門の外の時空間と明らかに異なる。

　学校という複層的な時間構造の中で子どもたちの姿を間近で見ていると，時間の流れの妙をことさらに感じる。おぼつかない足取りで身体より大きなランドセルを背負った1年生から，大人顔負けのおしゃれを楽しみファッション雑誌の話題に花を咲かせる6年生まで，みんな同じ「小学生」なのである。子どもの場合，時間の流れがそのまま成長の過程を表し，身体だけでなく心も知性もぐんぐん伸びていく。夏休みを終えてひさしぶりに子どもたちに会うと，ひとまわり大きくなった身体や急激に大人びた表情にどきっとすることもしばしばである。発達段階でいえば児童期にあたる6歳から12歳の子どもたちの6年間は爆発的な成長エネルギーを秘めており，学校全体にそのエネルギーが充満している。place，ここでは"空間"という訳の方がしっくりくるかもしれないが，空間は常に時間の概念と対の関係にあり，空間の中に時の流れを感じ，時の流れの中に空間の匂いを感じさせるものである。

　このような時空間の中で，スクールカウンセラーはどのように子どもとの「今，ここ」を共有するのだろうか。

　まず，個人療法のカウンセリングやプレイセラピーとの大きな違いの一つに相談時間の短さがあげられよう。私が勤務している小学校では児童のための相

談枠として，中休み，昼休み，放課後の3つの枠を設定しており，相談時間はいずれも15分前後である。もちろんケースバイケースで授業時間中に相談したり，下校時間後に相談したりすることもできるが，基本的には小学生の本分である授業時間を尊重し，児童には休み時間を利用して来室してもらうことになっている。

　一般的な個人療法が1コマ50分であるのに比べると15分という設定は非常に短い。この15分をクライエントである子どもにどのように位置づけてゆくか，スクールカウンセラーが臨床家たる所以はここにあるのではないだろうか。

　学校という場所はとにかく人が多い。いつもどこかに誰かがいる。なかなかひとりでゆっくりと息をつける場所がない。不安を抱えていたり，集団生活にストレスを感じていたりする児童にとって，15分でも外部と隔絶された空間で過ごせる時間は非常に貴重である。あるいは，学校の中でしっくりと自分の居場所を見つけられず常に落ち着かない児童にとって，決まった曜日の決まった時間に決まった場所に必ずいるカウンセラーという存在が，確かな対象として映ることもあろう。

● 事例Ⅰ：Aくん

　　小学校3年生の男の子・Aくんは転入早々，毎日相談室に現れた。休み時間や放課後はもちろんのこと，給食前や清掃前の時間など1～2分でも隙間時間があれば相談室にやって来て，大好きなゲームの話をした。天真爛漫で人懐っこい顔立ちのAくんは転入早々からクラスの人気者で，その一挙手一投足が注目されていた。しかしAくん自身は学校生活の多くにほとんど興味を示さず，クラスメートの名前を覚えることもなく，授業中はいつもぼんやり上の空であった。Aくんの瞳がいきいきと輝くのは，給食の時間とゲームについて話す時だけであった。相談室での過ごし方も自由奔放で，他の児童が相談をしている時にも入室を求めたり，決められた相談時間を過ぎても退室を拒んだり，カウンセラーの勤務日を知らず誰もいない相談室の前に座り込んだりと，相談室の枠組みを理解してもらうのに非常に苦労した。担任から得た情報によると，Aくんは両親の別居後，父親の元や母親の元で住まいを転々としながら転校を繰り返し，現在は母親

と2人暮らしであるが母親は不在がち，生活リズムも不規則とのことであった。相談室のソファでだらりとスライムのように寝そべるAくんを見て私は，根を張って踏ん張れる足元がないまま，確かな対象を感じられないまま，Aくんは時間的にも空間的にも「ここだよ」と自分の身を定めてもらった経験が圧倒的に少ないのではないかと感じた。そうしたAくんと並んで一緒にスライムになりながら，ゲームの話をし，ともに時間を過ごした。Aくんはバーチャルな街中を登場人物が駆け巡るアクションゲームが大好きで，その光景を鮮烈にありありと語ってくれた。同時に，私は根気強く相談室の利用時間や約束事などの枠組みをAくんに説明し，理解を求めた。連続性のある，守られた枠組みをAくんに感じてもらい，その枠組みの中でただただともに在ろうと努めた。そうしたかかわりの中で徐々にAくんは学校生活にコミットしていくかに感じられたが，転入からわずか1カ月で家庭の事情により学校を去ることになった。あっという間の1カ月であった。

3．保護者とのかかわり

(1) もう一つの place──家族・親

　かくれんぼ遊びに象徴されるように，子どもには狭い空間や隠れられる場所を好む性質がある。校内を"散歩"していると，どうやって入ったのかと感心してしまうほどの狭い空間に入り込んでいる子どもによく出くわす。下駄箱と壁の間の30cmほどの隙間や，スロープ下の隙間など，その学校ならではのお決まりのかくれんぼスポットがあるものである。隠れるわけでもなく，ただその隙間におさまることだけを目的としている場合も少なくない。
　イーフー・トゥアンは，幼い子どもの情動と場所の結びつきについて，幼い子どもには「自分たちの大きさとつり合う場所にいたいという欲求があるのではないか」と述べている。幼い頃，テーブルの下にもぐり込んで人形遊びをしたり，狭いテントの中で一夜を過ごすことにわくわくと心躍らせたりした経験が誰しもあるはずだ。トゥアンはまた，子どもにとって母親が最初の場所になると指摘している。瞬間瞬間の印象から成っている乳児の世界では母親が最初

の永続した独立した場所であるし，後になると子どもは，母親を避難場所であり，頼りになる物理的・心理的安楽の源泉であると認識するようになるのである。場所には安定性と永続性というイメージがあり，母親はそれを表している。したがって子どもは，支えとなる母親がいないと漂流してしまうのである。

● **事例Ⅱ：Bちゃん**

　Bちゃんは小学校1年生の女の子。2学期のある時期から学校へ行くことに強い不安を示すようになり，毎日母親とともに登下校をするようになった。なんとかがんばって登校はするものの，休み時間になるとBちゃんは保健室を訪れ，授業開始のチャイムが鳴っても教室に戻れなかったり，クラスで給食をとることを拒み保健室で過ごしたりすることが度々あった。「何が嫌なのか」「何が怖いのか」と家族や先生が理由を訊ねても言葉は出てこず，ぐっと唇をかみしめてぽろぽろと大粒の涙をこぼすだけであった。

　くしくも毎日学校に"登校"するようになった母親は，養護教諭の勧めでカウンセラーのもとに相談にやってきた。話をするうちに，毎日子どもと登下校をともにし，先の見えない状況の中でも奮闘しておられる母親の姿に自然と敬意が湧き，それを言葉にして伝えた。それから母親はカウンセラーの勤務日には必ず登校時と下校時に相談室を訪れるようになり，母親に連れられてBちゃんも相談室に顔を見せるようになった。

　Bちゃんは学校の中でたびたび姿を消した。隠れ場所はトイレの個室やスロープ下など多岐におよんでいたが，共通するのは空間の「狭さ」であった。狭い空間にぴったりとおさまっているBちゃんは，大人が声をかけると耳をふさぐように頭を抱え込み石のように身を固くして縮こまった。母親との面接では，Bちゃんが狭い場所に身を置くことで不安から身を守ろうとしているのかもしれない，焦らずBちゃんが安心を感じて自ら離れてゆくのを待ちましょうと話した。

　校内では，保健室と相談室がBちゃんの背後でいつでも戻って来られる避難場所として機能し，担任教諭にはBちゃんへの声かけを増やしてもらい彼女をリードし引っ張っていく役割を担ってもらった。そうしてBちゃ

んをとりまく学校の成員が役割分担をし，やんわりと包み込むように安心できる場所作りをしてゆくと，次第にBちゃんの態度もほぐれていき，段階的に通常の学校生活に戻っていくことができた。

（2）もう一つの世界への中継点としての場所

　Bちゃんの事例では，"問題"を体現している子ども自身とのかかわりよりも，その母親と密なかかわりを持てたことが印象深く残っている。文字どおり，毎日学校に"登校"していた母親と朝夕定期的に面談を行い，細やかに学校や家庭での子どもの状況について話し合うことができた。心身ともに疲弊している母親を支え，Bちゃんが安心できる環境を整えていくことが重要と考えた。子どもにとっての安全基地であり，避難場所である母親とカウンセラーが関係性を築くことができたため，相談室というそれまでBちゃんにとって未知であった場所が学校内での安全基地・避難場所として認識されたのではないかとも考えられる。

　狭く暗い空間というのは，母親の胎内のイメージにもつながる。不安にさらされた子どもが赤ちゃん返りをして母の胎内に戻るイメージは心理臨床において頻出の事象である。しかしこのとき，狭く暗いその空間は胎内という閉ざされたイメージとしてだけでなく，産道のような2つの空間をつなぐ中継点としてのイメージをも併せ持つのではないだろうか。空間という概念を発達段階に置き換えると，葛藤状況は常に，一つの発達段階から別の発達段階へと移行しようとするときに起こってくるものであるし，言いかえれば，新しい自分を生きようとするときの生みの苦しみでもある。たまたま隠れた古い衣装ダンスが異世界・ナルニア国への入口になることもあろう。新たに足を踏み入れた未知の世界は常に人にとって異世界であり，脅威であるが，経験を積み重ねることでその場所は自分の世界となり得る。カウンセラーは暗く重い絶望の深海にクライエントとともに漂いながらも，どこかでいつもその先の光を見据えていなければならない。

4．教員とのかかわり

（1）連携・コンサルテーションの多様性

　スクールカウンセラーの主要な業務の一つに教職員との連携・コンサルテーションがあげられる。個別のカウンセリングの他に，教職員との情報交換に費やす時間がカウンセラー活動の中心といっても過言ではないほどである。カウンセラーが最も連携を多くとるのは，養護教諭と学級担任，副校長（教頭）などの管理職教員であるが，学校という大きな組織は他にも専科の教員，警備員，主事，事務員，ボランティアなどさまざまな役割の人々で構成されている。自治体や学校によっては，スクールコーディネーターや特別支援員，巡回相談員など学校外から派遣される職員もいる。多様な肩書と専門性をもった教職員らが共存する学校組織の中で，カウンセラーは多面的に人間関係を観察し，働きかけていくことが求められる。

　ある子どもについて理解しようとつとめるとき，カウンセラーは学級担任だけでなく，なるべく多くの他の教職員から情報を集めることが望ましい。ある子は，算数の授業ではおしゃべりが止まらず落ち着きがないかもしれないし，図工の授業では素晴らしく製作に集中しているかもしれない。ある子は，休み時間はクラスや校庭で遊ばず，主事さんとのおしゃべりを楽しんでいるかもしれない。先生の中には学校に長く勤める生き字引のような先生がいて，1年生の頃の子どもの様子や当時の担任との関係，家庭の遍歴などについてつぶさに教えてくれることもある。

　教員との連携で重要なポイントは，何よりも子どもの利益・福祉のために，教育の専門家と心理の専門家が二人三脚でよりよい道を探していくというスタンスである。教員とはバックボーンの異なるカウンセラーが，独自の観点から意見を述べ，見立てを伝えることが求められる。誰が，何を，どのように，どれくらい"問題"と感じていて，それに対し目の前の先生がどの程度，どんな風に困っているのかに焦点を当てていくことが必要となる。先生と話しながら，カウンセラーはその子どもを臨床の観点からぐるぐると見まわし，浮かんできた率直な疑問を先生に投げかける。そうするうちに先生自身の中でもその子の

イメージがこれまでとは少し違った輪郭で見えてきて，新たなアプローチのヒントが見えてくることがある。こうした作業を丁寧に続けていくことで，先生と子どもとの間の関係性，あるいはクラスの力動に変容が生じてくるとすれば，カウンセラーとしても非常に喜ばしいことである。

（2）集団と個

　カウンセラーと教員との専門性の違いはもちろん，心理学と教育学という専門領域のちがいといえるが，端的に"集団と個"のとらえ方のちがいともいうこともできる。学校は子どもが社会性を学ぶ最も大きな集団であり，教員は勉強だけでなく，集団生活の中で人間関係や社会を子どもに学んでほしいと指導に励んでいる。一方，臨床家であるカウンセラーは常に目の前のクライエント個人を尊重し注目している。この対比関係の中で，教員は集団ばかりを見て個人をまったく見ていないのではないかという誤解が生じることがある。しかし私はスクールカウンセラーという仕事に就いて，先生方が大変きめ細やかに，熱意を持って，一人一人の子どもを見ていることに驚いた。教員とカウンセラーの専門性の違いとは，集団の側から現象を見るか，個人の側から現象を見るかの違いなのではないだろうか。

　集団というフィルターから子どもたちを見るとき，しかもそれが集団を統率する学級担任という立場から見るとき，どうしても子どもたちはAくん，Bちゃん，Cさんと並列されてしまう。そのとき，集団の側からではなく，子ども個人の側から現象を見るというフィルターのシフトチェンジを提供するのも，教員へのコンサルテーションのひとつといえよう。

● **事例Ⅲ：Cくん**

　　Cくんは小学校5年生の男の子である。Cくんには自分で自分の髪の毛を抜く癖があり，家庭でのストレスが抜毛行動に影響しているとも考えられていた。ある日，いつものように担任とCくんについて情報交換を行っていると，おもむろに先生が「まあ，Cくんよりも大変な子はいっぱいいるからね。うちのクラスのDくんやEさんはもっと家庭で苦労しているよ」と言った。私は一瞬我が耳を疑った。そしてこの先生は一体何を言ってい

るのだろうと憤りすら感じた。心理臨床家は目の前のクライエントが苦しいといえば全力でその苦しみに寄り添おうと努力する。病態水準や症状の軽重度について比較することはあっても，目の前のクライエントの苦しみを他のクライエントと比べて軽んじることは決してない。思わず先生への批判が口をついて出そうになったが，はたと冷静になって考えてみた。先生は担任として30人の子どもたちと相対しており，直前の発言は，5年1組という集団のフィルターを通して見たCくんに対する担任としての自然な感想なのであろうと解釈した。そこで私は思い直し，カウンセラーとしての専門性から，一人の独立した個人としてのCくんという観点から，Cくん個人のフィルターから覗き見た世界について，担任の先生と意見交換を続けた。

5．異文化にルーツをもつ子どもたちとのかかわり

（1）私はどこから来たのか

「先生はどこから来たのですか？」

小学校のスクールカウンセラーとして従事して以来，何度となく子どもたちから投げかけられたこの質問。そのたびに「私はどこから来たのだろうか？」とゴーギャンのような根源的な問いを自らに投げかける。その答えはいまだみつからない。実際には，子どもは私の外国人っぽい名前から，よく海外旅行先で交わされるような，"Where are you from ?" "I'm from Japan." というような会話を期待しているだけなのであろうが。

私は在日コリアン3世として日本に生まれ育った，いわゆる「オールドカマー」である。生まれながらに2つの民族的・文化的背景をもち，物心ついた頃から「自分は何者なのか」という問いに常に直面してきた。単一民族国家という"神話"を抱き，島国としての歴史をもつ日本では，「私は外国人だ」と感じるよりも「私は日本人ではない」と感じる場面の方が多い。そうした日本的文化の中で，私はいまだに初対面の人に名を名乗るとき，ほんの一瞬ためらいを感じてしまう。

（2）みんなちがっていて，みんなすばらしい

　日に日に国際化の進む日本では，異文化をとりまく環境は確かに変わりつつある。最近では，異文化間コミュニケーションや多文化共生といった用語が多用されるようになり，国籍や民族にとらわれない文化の等価性や対等性を重視した地域社会の共存がうたわれるようになった。

　今日，日本に入国する外国人は長期的には増加傾向にあり，外国人登録者数は2011年末現在約213万4千人で日本の総人口の1.67％を占めている。そのうち，公立の小・中・高等学校等に在籍している外国人児童生徒数は2011年5月現在約7万3千人であり，これらの公立学校に在籍する日本語指導が必要な児童生徒の数は，2010年9月現在で約2万9千人にものぼる。その内の多くが，永住者や特別永住者，中長期滞在者であり，日本国籍に帰化をした潜在的な外国ルーツの人々もいる。そうした現状の中，外国にルーツをもつ子どもたちを巡っては不就学や差別，いじめの問題もクローズアップされ，日本社会は真の多文化共生を実現する必要性に強く迫られている。「みんなちがっていて，みんなすばらしい」と，誰もがあたりまえに思えるような社会になればと願う。

（3）"公立のインターナショナルスクール"

　私は以前，公立のインターナショナルスクールと呼ばれるF小学校にスクールカウンセラーとして勤務し，自らのアイデンティティが震えるような体験をした。F小学校は外国人の多く居住する地域にあり，在籍する児童の過半数が「外国にルーツをもつ子どもたち」であった。「外国籍の子どもたち」といわずになぜそのようなまわりくどい表現を用いるのかと疑問に思ったが，それはこの地で起きている複雑多様な多文化的状況に起因していると知った。この地域では国際結婚している住人も多く，日本国籍であっても大人も子どもも異文化の背景をもっていることが多い。したがって，父親が中国籍であるから中国人，日本語を話すから日本人，フィリピンで生まれたからフィリピン人というように，国籍や民族，言語など単一の型にはめて子どもを分類することはできないし，まったく意味のないことなのである。中には，日本人の実父母をもちなが

ら韓国人の養父母ときょうだいの中で暮らす日本の名前をもつ子どももいた。

　F小学校の中では日本語，英語，中国語，韓国語，タイ語，タガログ語，スペイン語が自由に飛び交い，子どもたちの髪も肌も色とりどり，各教室には必ず5か国語で案内が表記されていた。図書室にはあらゆる言語・文化圏の本が並び，資料室には各国の民族衣装や楽器が所狭しと展示されていた。F小学校は日本語教育の分野で全国でも有名な先進校でもあり，日本語指導の必要な児童を所定の時間に原学級から分け，別室の日本語学級でレベル別の授業を行う。日本語学級の授業以外にも，生活科や給食など，学校は折に触れて子どもたちに異文化との触れ合いを意識した取り組みを子どもたちに提供していた。教職員は全員日本人であったが，公立のインターナショナルスクールの異名にふさわしく，自主的に外国語を学び，児童や保護者とのコミュニケーションに役立てていた。

（4）異文化適応・言語・アイデンティティ

　児島明は著書の中で，ニューカマーの子どもたちの適応過程についてそれぞれ，「異文化適応」「言語」「アイデンティティ」という観点から検討している。

　第一に，文化間移動により2つあるいはそれ以上の文化状況を生きざるをえない子どもたちが直面する問題として，異文化適応の問題がある。日本の学校あるいは日本社会においては，意図的・無意図的に働く強力な「同化圧力」があり，それが異文化を背景にもつ子どもたちが自文化を自由に表現する機会を奪い，自己の否定的な評価に結びついている可能性がある。一度でも異文化に放り込まれた子どもは，異文化の中にいても自文化の中にいても自らのもつ"異質性"から逃れることができない。その"異質性"を受け入れ，自らの血として肉として付き合っていく"生き方"を模索していくのである。

　第二に，言語の問題がある。子どもたちは日本語学級において日本語指導教員のもと日本語の習得に励む。柔軟な子どもの脳は水を吸うスポンジのようにみるみる日本語を覚え，それにともないクラスメートとの友人関係も広がりと深まりをみせていく。しかし，教員へのアンケート調査によれば（川口，2008），日本語での会話力と日本語で教科学習内容を理解する能力は別のものであると多くの日本語指導教員が懸念していることがわかっている。ここには，

「学習思考言語」が大きくかかわるとされる。会話言語とはちがい，言語による独立性の高い「学習思考言語」は習得に5年を要するといわれ，現状の日本語指導ではいまだカバーしきれていない。日本語学級を卒業した子どもたちが原学級での勉強についていけず劣等感を募らせている現状は確かに存在し，その原因は子どもの真の学力によるものとは限らない。

　第三に，アイデンティティの問題がある。異文化接触は否応なしにアイデンティティを意識させられる状況である。とくに子どもたちはアイデンティティの形成が未完成であるがゆえに，大人以上に影響を受けることになる。アイデンティティ論の生みの親であるエリクソン（Erikson, E. H.）もまた，ドイツのなかで半ユダヤ人として育てられ，常に境界，境目に生きていた人であった。内的に不安が強く不安定であると，アイデンティティは硬直し，他者を排除していこうとする。ナチスのユダヤ人迫害が代表的な例である。一方で，内的に安定し充実している場合には柔軟性が出てきて，他者に対して寛容になるという。

（5）カウンセラーのまなざし，アイデンティティ

　カウンセラーは異文化を背景にもつ子どもたちとどのようにかかわり，どのような媒体から理解を深めていけるのか，もう少し具体的に述べていくこととする。

　まず，子どもを理解しようとするとき，子どもとの関係性を深めようとするとき，イメージが非常に大きな助けとなる。F小学校の相談室の壁はいつでも子どもたちの作品で埋め尽くされていた。相談室がお話をするだけでなく，絵を描いたり，折り紙をしたりしてもいい場所だということが子どもたちに認知されていたので，日本語を話せない子どもでも気軽に利用することができた。子どもたちは皆素晴らしいアーティストで，そのカラフルな色使いやリズミカルな描線には彼らの文化的特徴がよく表れていた。言語によらない，プレッシャーの少ない表現媒体として描画が功を奏し，その中で子どもたちは自分をあるがままに自由に表現し，カウンセラーもまた彼らをまるごと受け入れることができた。

　第二に，子どもの呈している"問題"を自動的に異文化的背景に帰結しない

ことが重要である。子どもを理解する上で，その子のもつ異文化的背景やルーツは当然検討されるが，安直にその点と点を結びつけるのではなく，心理発達的視点や家族関係などパーソナリティ形成の全体からみることがカウンセラーには求められる。子どもの異文化的背景というのも，結局はその子を構成するパーソナリティ要因の一つであることを忘れてはならない。彼らに何らかの"問題"が生じると，どうしても周囲はその子の文化的背景を考えてしまう。表面的にはカルチャーショックと解釈されるものでも，丁寧にアセスメントを行っていくと，分離不安を抱えていたり，心的外傷を体験していたり，発達的なアンバランスさがあったりすることもある。

　第三に，日本語学級担当教員との連携・コンサルテーションの重要性をあげたい。川口（2008）のアンケート調査においても，外国人児童生徒に対して母語でのカウンセラーや心理的なサポートの必要性，外国児童生徒の精神面の不安定さなどを，日本語学級の担当教員が強く感じているという結果が出ている。異文化の中でもがき苦しむ子どもたちを言語学習の場面で直接に見ている日本語学級の先生は，子どもの状態に対して学級担任に比べて"困り感"が強く，思考の発達やアイデンティティ獲得のためにも母語と自文化を学んでほしいという意識も高い。

　ますます国際化の進む日本社会において，異文化間カウンセリングの需要は今後確実にニーズを増してくるはずだ。また，異文化というのは，何も外国とのかかわりに限ったことではない。日本には古来より，アイヌ民族，琉球民族が暮らし，同和問題の歴史も根深い。これまでもこれからも帰国子女は文化の狭間で揺れ動くであろうし，海外で暮らす日本人も多くいる。

　人の心の中に場所があり，文化があり，歴史がある。多様化する社会の中で，われわれ心理臨床家のアイデンティティの在り様もまた変わってくるのかもしれない。

2章　生徒の個別相談から見えてくる心理援助のキーポイント

上田　貴臣

　昨今の学校支援・学校臨床・スクールカウンセラー（以下，SC）のあり方や，それらがいくつかのパラダイムシフトを経てきた経緯などについてこれまで多く論じられてきている。すでにコミュニティ援助やネットワークづくり，予防・啓発活動，緊急支援といったものを重要視する動向が今日の心理援助のあり方となっていることがいえるだろう。

　ここでは，生徒との一対一のやりとりに再度焦点を当て，継続的な関わりの中で援助者が一人の生徒への支援をどのように考えていくのかを捉えていく。取り上げる相談事例は，内容としては決して特殊なものではない。学校という現場でもしばしば出合うものであろう。また，特定の理論や技法に特化して論じているわけでもなければ，いじめや不登校といった問題の種類に沿って事例を紹介するというわけでもない。ここでは，継続的に関わった事例という形で筆者が体験してきたことを取り上げながら，心理援助のいくつかの側面をその過程とともにたどってみる。特徴的なケースを通じてモデル化するのとは異なり，援助過程の端々に見えるいくつかの切片に焦点を当てつつ"生徒"と呼ばれている人々への心理援助について考えたい。なお，"生徒"とは，いわゆる学校における中学生から高校生を指している。

1．学校という環境で心理援助を行うということ

　筆者が SC として務めている学校は，中学校から高校までの生活を同じ校舎の中で過ごす中高一貫校とよばれる学校である。まだ身体的にも表情，振る舞いにも幼さを残した中学1年生から，もうほとんど大人といっていいような雰

囲気をまとった高校3年生までがいる。それらの生徒が一堂に会する場を目の当たりにでもすると，"生徒"と一口に呼ばれているうちにこんなにも変わっていくのかと，そのすさまじさに驚かずにはいられない。そのような変化の渦中にいる当事者たちは，日々自分自身の変化に振り回されながら，また同時に学校生活の内外で生じるさまざまな出来事や関係性，苦難等，いろいろな問題にも直面しなくてはならない。今日において，そのような"生徒"と呼ばれる人々への心理援助活動についての考え方や実践は多岐に広がりを見せている。ここで扱う心理援助の形態はそのうちのごく一部分にすぎない。

　学校という場はいうまでもなく，生徒と教師という存在が対になって構成されている。SCはその周辺に位置する異様な存在である。学校の中で自然と共有されている考え方や立場，経緯等といったさまざまな要素が，教師や生徒各々の行動や考え方に影響を与えている。一方で，教師や生徒一人一人のとっている行動や考え方もまた全体的な雰囲気に絶えず影響を与えている。そのようにして全体的なものを把握しながら，また個々別々の人々に目を向けていくことは，心理援助を行う前の段階で必要な作業である。なぜなら，問題を抱えた個人の周りにいる多様な他者の存在は，学校における心理援助の第一の資源となり得るからである。何らかの問題を抱えていたとしても，生徒本人が自身の問題と向き合えるようになると，身の回りにいるキーパーソンを主体的にみつけていく。SCが学校でできることというのは，そのような生徒のもつ主体性が発揮される形で，もしくは損なわれない形で支える働きであり，問題と向き合う責任を生徒自身が引き受け，身の回りの援助資源を利用できるまでの必要な手助けにあるというのが筆者の考えである。以下に，問題を抱えた生徒が相談過程で主体性を取り戻していきながら，自身が巻き込まれていた問題と向き合うようになるまでを事例を通じて見ていく。

　ある時，高校1年生のA君という生徒から相談の予約が入る。どのような相談なのだろう……と相手に会う前からさまざまな想像を膨らましてしまうが，ひとまず「個別的な相談を求めているのだから，こちらもきちんと誠意を示しながら始めなければ」などと思いながら面接の日時を指定し，相手を待つことにする。

　ちなみに相談室において1対1で話をする関係というのは，やはり特殊な関

係であることを念頭に置いておく必要がある。生徒と会うのは相談室でだけでというわけにはいかず，当然のごとく学校内のいたるところで生徒と出会ってしまう。A君とも，保健室で偶然居合わせたり，廊下ですれ違ったりすることがあるが，そういった場でのA君の様子はとてもよそよそしく他人行儀な印象をもった。挨拶をしても目を伏せて会釈したり，足早に立ち去ったりする様子からは，A君との関係はあくまで相談室の中だけで成り立っているものであり，当然ながら秘密のもののようである。相談室の外での出会い方というのにも気をつけてみる必要があるというは，あたりまえのことではあるのだが，学校という場で相談活動をすることが独特であることをあらためて感じさせられる（※以下，事例における筆者の一人称はSCとする）。

2．話を聞く——アセスメントの在り方

まずは生徒の話を聞くところから始まる，とはよくいうものの，心理援助においては話し始める前から既に相互作用ともいうべきものは始まっているものである。相談室を訪れたA君は，動きはカクカクとしていてぎこちない印象を受ける。肩肘に力が入っていて，相当な意気込みを感じる。SCは"なんとかしたい"というA君の思いの強さを感じ，それを共有しながらも，落ち着いて話ができるよう話のペースを整えていく。

よく出入りしていた保健室の勧めを受けてやってきたというA君の主訴は，「最近，気持ちに余裕がなくなっていてなんとかしたい」というものであった。面接の冒頭においては，関係の薄い話が冗長になされたり，ぼそぼそと話したかと思うとそれ以上語れなくなったりして，問題に関する話を避けていることは生徒の相談においてもよくあることである。A君の場合は「勉強のこと，部活のこと……他にも最近本当に思うようにいかないことばかりが続いているような気がして……」と言いながらも，自分の性格や人生観と結びつけて話をする傾向があった。問題について具体的に聞いていくと，「部活では自分が経験者なので，他のメンバーの面倒を見なければいけない。でもそのための余裕がなくて，イライラしてしまう」「私は人と比べてはっきりした性格で，昔から人とうまくいかないことは多かった。気にしない性格だったのに，最近はそれ

もできなくて」「これはストレスを溜め込みやすくなってるんですか？　怒りを感じやすくなったと思う」とA君から見えている問題の見え方を説明し始める。〈余裕がないとき実際にはどうなるの？〉と尋ねると，すれ違いざまに肩がぶつかった人をにらみつけてしまったり，あるいは「危ないだろ！」と怒りをぶちまけてしまったという話がいくつか出てくる。「以前だったらそんなことはしなかったのに。どうして……」と眉間にしわを寄せている表情からは，切迫した緊張感が漂ってくる。〈相談しようって思うのには勇気が要ったと思う〉と伝えながら，相談しようと思った経緯を詳しく聞いていくと，定期テストの成績があまり良くなかったのだという。もともと勉強には一生懸命なようで，非常な努力をしている。しかしながら，努力に見合った結果が得られずに苦しんでいるという。どうやら，成績のことでは親からも厳しく言われているらしい。

　さて，ここでどうするか。さまざまなテーマが出されたように思われる。「精神的な余裕がない」という訴えの中には，感情のコントロールが効かない自分に対する不安が含まれているように思われる。実際に，他者に対して怒りを表出してしまうこともあるようで，その戸惑いもまたA君を苦しめているようである。また，「トラブルはつきなかった」というように長期的な対人関係上の問題を抱えている懸念，学習に関する問題，認知・発達に関する問題，家族に関する問題，自己やアイデンティティに関する問題をはじめとするさまざまな領域で，SCの思いはめぐらされる。

　ちなみに，学校におけるSCのいわゆる相談機能は，かなり限定されたものと考えるべきである。というのは，冒頭でも触れたように，クライエントである生徒にとって何が一番適切な援助になるのかを判断し，コーディネートしたりつなげていくということが役割としての比重が高まっているからである。たとえば，精神科的な問題が懸念されれば，クライエント本人や保護者，学校への理解を得ながら病院につなげていく段取りを検討していったり，不安定になった際の対処（たとえば，落ち着ける場所の確保等）の設定，学校の中であるいは学習や生活面での配慮や調整が必要な場合にはその支援が実現可能かどうかについても，保護者・学校や関係機関との間で連携を模索していくことになる。つまり，"学校の中の相談室"という立場で扱い得る問題の種類と限界に

ついて，SC自身理解し予測・見通しを早いうちにもっておく必要があるということでもある。A君についても，抑えきれない怒りを感じたり振る舞いをしてしまうこともあるということが主訴になっている点からは，本人の自覚の程度に応じて現実的な対応を検討する必要も考え得る。

しかしながら，SCはまだA君が辛うじて言葉にできた一部分の体験を耳にしたに過ぎない。話を整理しA君の主訴に沿ったアセスメントを行うために，SCはここでPOMS（短縮版）を実施することにした。そのPOMSについて少し説明しておく。これは，過去1週間の気分としてどれくらい当てはまるかをチェックしていく質問紙である。"不安―緊張""抑うつ""活気""怒り―敵意""混乱"の5つの尺度で高低が点数化される。たとえば，「気が張り詰める」「気持ちが沈んで暗い」「生き生きする」等の質問が，30項目（短縮版）ほどある。尋ねられるものは持続的な気分に関するもので，結果によって精神疾患を直接問われるようなものではない。生徒としてもあまり抵抗感なく，率直に回答できるように思われる。また質問紙も複写式になっており，その場ですぐに採点したりグラフにして示すことができるというのもここでは利点である。

初回面接では行き詰った思いを話すだけで終わるのではなく，その思いが何かしら輪郭を持った形になることでその後の語り方が変わってくることがある。あるいは，張り詰めたような空気の中で対峙したとしても，SCと生徒とが共に眺められるようなツールが2人の間に置かれることで，お互い少し気持ちが楽になるものである。心理援助におけるアセスメント・ツールには，このような内面の外在化であったり双方向で共有を図るという点において効果的な要素があるように思われる。これは質問紙でも描画でもそれ以外のどのような手法においても同様と思われるが，生徒との間でどのようなものを選ぶかについては，ある程度SCの配慮とセンスが求められる。

A君にも質問紙に回答してもらい，結果を2人で見ながら話し合ってみる。本人の語った通り，"怒り―敵意"の点数がきわめて高く出ており，A君も「やはり……」とあらためて噛みしめている様子。"緊張―不安"や"疲れ"も高いことがわかると，「一日中はりつめている」「夜には疲れて寝てしまう。でも朝起きるのはつらい」と話しながら一日をどのように過ごしているかが，徐々にわかってくる。〈それは確かに検査に出てるよ〉と伝えることで，クライエ

ントの感じていることはそのように SC も受け取っていることを示すことになる。あるいは，生徒本人もしくは SC の中で結果に違和感のある部分についてさらに尋ねてみることで，新たな見方が生まれる場合もある。A 君の辛い状況や思いが語られる中，今回のこの検査では"活気"の点数については平常が保たれていた。これについては SC も，また A 君自身も意外な結果として受け止めていた。

　話しぶりから自分の問題に取り組もうとする意識の高まってきた A 君。何かしらできることがないか知りたいようであった。ここで SC は"宿題"を出すことにした。A 君の生活は，漫然とイライラを積み重ねながら「一日中張り詰めた」ままの"変化の少ない毎日"として体験しているように思われた。まずは，どんなことでどの程度イライラしたのだろうか，それに対して自分がどうしたのだろうか，その結果どうなったのかについて簡単に記録を作ってみることを提案したところ，A 君は「それならできます！」と意気込んで帰っていく。

3．生徒の生きている多様な文脈に出合う

　生徒の話を聞いていると，一人の生徒といってもいかに多様な文脈のなかで生きているかに驚かされることがある。たとえば，学校では生徒，家庭では子どもとして単純に考えてみる。"生徒"であるときには"子ども"は影に退く。生徒として振る舞い，生徒らしい顔つきをしている。家庭にあるときには，"子ども"であって"生徒"ではない。学校では見せない顔をしていて，子どもとして考えものを言う。人はそれぞれの文脈に応じた生き方を，日々特に疑問に思うこともなく過ごしている。それが，出会う人の数だけさまざまな文脈ができる。一口に生徒といっても，実にさまざまな面を持ちながら，それぞれの文脈に適した生き方をするよう日々刻々と迫られて生きているという見方もできる。特に思春期〜青年期にある生徒の場合，そういった文脈間の断絶や混乱は激しいものを感じる。普段は一人の"生徒"として自然に過ごしていられても，ときとしてさまざまな文脈がこんがらがった状態で思い悩んでいることがある。学校生活の中ではあくまで"生徒"として生きることが求められているのは当然のことながら，それでも悩める一人の"人"としている（いられる）異

なる文脈を必要とする局面がある。今回の支援にあたっては，そのようなさまざまな文脈としてあることがA君にとってのSC・相談室の役割であると思われた。

　A君の訴える「気持ちの余裕のなさ」は生活全般において彼を悩ませているようであった。初回面接では，ただただ問題に巻き込まれ翻弄されているような語り方が主であったA君。教室にいても，部活に行っても，電車に乗っていても，家にいても，テレビを見ていてもネガティブなことばかりが起こるような気がする。一方，これまではそれぞれの文脈が干渉し合うことなく適切に対処していたはずの自分の内面に違和感を感じ始め，自己の中で激しく感情の波が動いており，「こんなのは自分ではない」と自分自身の内面に言い聞かせる。A君は自分なりに自分の体験を語っていく。A君の語りを聞きながら，SCはA君に宿題を提案した。自分の体験を観察するという課題である。イライラした出来事をどう捉えたのかをリストアップし，それに点数をつけ，その後に自分のとった行動についても記録するというものである。先に断わっておくと，これを読む限りでは「これはいわゆる認知行動療法ではないのか」と感じられるかもしれないが，ここでSCは認知行動療法を適用したわけでもなく，このような手法が有効だと述べようというわけでもない。前述のように，A君にとっては，自分の体験していることが外側からも内側からも，次から次へと降りかかってくるように体験されている。強烈さや深刻さは伝わってくるものの，一つ一つの体験が実感に乏しく，さまざまなことを話しているのにまるで同じ話を繰り返しているようにも感じられた。まるで，台風の只中のレポーターというイメージであった。そこでA君には，自分の体験を少し距離をおいて眺めてもらうことにした。つまり，上記のような手法は，そのための心理的な作業を支えるアイデアの一つであった。

　A君は面接室に来ると，まずは"宿題"として書き留めてきたメモをパッと出してくる。その労をねぎらいながら，一つ一つ2人でメモを眺めては振り返っていく。そのような作業を数回繰り返していくうちに，ピックアップする出来事が微妙に変化してくる。毎回，5〜10個ほどの出来事がリストになっているのだが，なかでも家族とのやり取りの中で経験する怒りが大きく目立つようになる。「この辺は点数にすると高めだし，なかなか収まらないですね」と，

クライエント自身もそのことについて気づいているようであった。すると，ある日の面接で，A君が語り始めた。苦しげな面持ちで語ったことは，「家族がうまくいっていない」ということであった。数カ月前に親が入院するという出来事がきっかけとなり，それまで潜在していた家族内の問題がわき出てくるようにA君には感じられていたことが明らかになる。そのような状況に嫌気がさして，家に帰ることを毎日ためらっているのだという。親の不調がまるで自分自身の不調であるかのような苦しさ，このまま家族がバラバラになっていくのではないかという不安，自分にできることはないかと責任感のようなものに突き動かされるように一生懸命になって模索していながら，自分自身のしていることでかえって心配をかけるという不甲斐なさ等，さまざまな思いに板挟みになっている様を語っていく。

　余談にはなるが，昨今の保護者の離婚や失業，それに伴う経済面の不安定さ，それに親がうつ病をはじめとする精神疾患に罹患することで生活が一変するという事態はそれほど稀ではない時代にあるという印象をもつが，そのことを契機に，同調するように調子を崩していったり，自己破壊的になっていく子どもも少なくない。自身の内的な自立へ向けて日々成長している生徒にとっては，どのような変化であっても家庭の変化は大きな危機として体験されるものである。

　A君の語りは，家庭という文脈の問題が彼の上にいかに大きな影響を及ぼしているかということをあらためて示していた。A君が「これまでずっと胸につかえてきた部分」であるという内容が語られ始め，A君の中で絡まりあっていた問題の糸が徐々に緩み始めたようにも感じられた。しかし，ここで援助者としてのバランスと慎重さをあらためて突き詰めて考えなければならない。このような過程は，これまで潜在していた情緒的な問題も含めて一つ一つが鮮明に体験し直されることになる。生徒によっては再び傷ついたり打ちひしがれたりしかねない。そういった契機にあっては，援助者としてもほどほどな聞き方と技法を行使しながら生徒を支えていく必要がある。

　また，継続的に関わることで，生徒の問題の背景にある事柄がつぎつぎと浮き彫りになっていくことがある。そのたびに理解が拡がったり見立ての色合いが変化していくことは往々にしてあることで，むしろそこで援助者自身の認識

を再認識していく柔軟性が求められる。学校の中で援助を行う SC としては，ここで学校（組織）としての対応を検討していく可能性や必要性であったり，面接の内外で何が必要になるかが問われることになる。たとえば，保護者や家庭の問題を背景にもつ生徒の相談においては，問題の性質によっては学校（担任）や関係機関に働きかけて保護者に積極的にアプローチしていく必要がある場合もある。クライエントを支えるために必要な知識と理解を保護者に求める場合であったり，何らかの事情で養育的な環境が実現できない場合などには社会的な資源につなげていく道筋を検討しなければならない場合もある。外部的な動きだけではなく，生徒の学年・年齢によっては，家庭を離れ自立的な環境を整えていくために必要な知識や道筋を整理し伝えていくなどケースによってさまざまあるだろう。このことによって，当初の主訴を中心に生徒と結んできた関係をあらためて問い直す局面に援助者は直面しなければならないのである。

　いずれにしても，あくまでクライエントである生徒を中心にした支援の可能性を検討していくということに尽きるのはいうまでもない。心理援助の出発点である生徒という主体を置き去りにして進んでしまうことは避けなければならないが，目の前にいる生徒が生きる多様な文脈に出合うことで援助者の中でもさまざまな思いや考えが繰り広げられる。それに伴い SC 自身が葛藤しながら心理援助の文脈を折り合わせていく一例を見てきた。このような局面において，SC 自身が置かれている文脈をきちんと把握しておくためには，職員間で日常的にコミュニケーションを図りながら学校・組織という文脈の中で主体的に生きていることが肝要である，と筆者は常々反省している。

4．生徒の主体性につながるチャンネルの多層性

　前節までで見てきた過程は，A君との心理的な作業のなかで中核となった一部分について取り上げながら検討してきた。しかし，実際には多様なチャンネルを通してやり取りがなされ，生徒の主体性に働きかけている。

（1）繰り返し自分の状態を確認していくこと

　アセスメントの段階で，自分自身の状態を何らかの形でアウトプットし，再

認識していくことは 2 節において述べた。A 君とは何回かに一回のペースで POMS を使用しながら，本人の"気分"の様態を形にして確認していた。A 君の中で「つっかえていた」部分が語られると同時に，主訴であった"怒り"の度合いは減少傾向を見せていた。一方で，"疲れ"や"混乱"に関する項目がやや高めに現れるようになった。この結果については，A 君の心理的な変化としてさまざまに解釈可能ではあるが，大切なことはその結果を 2 人の間でどのように眺め，受け留め直していくかという点にある。ある時は，「イライラしなくなったんだな」と A 君自身が受け止め，〈どのように違うか〉と尋ねれば「受け流せるようになった」出来事も，「実はこれはどうにも許せない」という出来事なども，さまざまなエピソードが情緒豊かに語られるようになる。また，「疲れているのは，試験が近いからということでしょうか。勉強の仕方が悪くて，焦ることもある」と思い当たるところから話し始めたりする。当初は「そんなことするような人間じゃ」と自分自身にある種の断絶を感じていた A 君は，自分の状態と環境との相互作用をありありとした感覚で吟味しながらつなげていく。

　同じものを繰り返していくことで，過去のものと現在のものとを並べて見ていくこともできる。絶えず"深刻な今，現在"に張りついて一コマ一コマであった意識にも変化を促すきっかけになることがある。つまり，"時間"というものが流れるように体験されることで，過去と現在がつながり未来に開けていくことにつながる。A 君の場合，試験に対する不安は大きかったが，それは POMS 上には不安としてよりも尋常ではない努力をすることによる疲れや落ち着きのなく混乱しやすい思考として体験されているようであった。時系列的に沿った A 君の変化を眺めていくうちに，「テストはあくまで通過点と思う」という受け取り方が生まれ，また「その後に向けての準備。やっていかなきゃ」と前を見据えるようになる。

（2）生徒の身体や生活に関する支援を行うこと

　ある時，A 君に尋ねてみた。〈息切れしそうになることはない？〉「あります。今日も息切れしました……」と言いながら，自分で気持ちを追い込んでしまうことで「疲れて居眠りしてしまう」について話すことがある。あるいは「最近

よく食べて，食べすぎだったりして不健康」など，生活面での不安定さが見受けられることがある。思春期から青年期にかけては，著しい心身の発達を迎えるにもかかわらず，現実的には生活習慣が崩れやすく悪循環を形成しているということが実に多くあると感じられる。心理的なバランスの不安定さが生活習慣の崩れとして表れるという側面も多分にあるものの，習慣から改善していくというチャンネルに積極的に働きかけていくことも必要になることがある。A君には睡眠，食事が自分の安定を支えるものであることを伝えたり，時間の使い方について話し合ったりした。生徒によっては，保健室と協力しながらさりげなく指導してもらうことを考えることもある。

　また，問題を抱えている生徒の身体の使い方を見ていると，ぎこちないと感じられることが往々にしてある。心理的な緊張が続くことで，身体の節々が凝り固まってしまっているように想像されることがよくある。A君に対しても当初から「固い」という印象を SC は持っていた。いつも肩肘に力が入っているように見受けられ，〈肩の力は抜くように。いつもそこからスタートするとよい〉とアドバイスしてみると，文字通り自分で肩を回してみているが，うまく肩が回らない。「本当だ。力が入ってるんですね」と驚いている。そこから，相談の時間を使って簡単なリラクゼーションを練習してみることが習慣になる。緊張が解けて思わずあくびをしてしまったり，「なんか，パワーが出てきた」と冗談ぽく言って相談室を後にすることも見られるようになると，次第に「自分でもやってます」と自己コントロールの方法として利用するようになってくる。身体的な側面にアプローチし，整えていくことで，生徒のバランスに欠けている点が見えてくる場合もあることにあらためて気づかされる。

（3）環境との相互作用について支援を行うこと

　「面接をしている間は平気なんだけど，外に出ればまた同じ現実が待っている部分もある」というA君。自分自身の変化を肯定的に受け取りつつも，家庭の状況が好転しているようには感じられない。それでもA君自身は，「一緒にいる時間を少しずらす」ことで楽になることがあることを見つける。「家に帰ることをためらっている」と言っていたA君は，外で勉強しながら帰宅時間を調整することで折り合いをつけ，あるいは家族それぞれの問題に巻き込まれな

いような考え方やアサーティブな表現方法について検討しながら，自分自身の適度な立ち位置を見出していったようである．現実的な問題との距離感をコントロールすることは，生徒の自律性を支えていくことにもつながる．そのうえで，現実的な問題と心理的にどうにか折り合いをつけていくのか，あるいは保留していくのかを生徒自身は主体的に選択していく．

　保護者自身が問題に巻き込まれていることで，生徒の安全が守られていなかったり親子の相互作用が破滅的な様相を帯びていくこともあり得る．そのような場合には，やはりさまざまな立場の人間が家庭ともつながった上での支援が必要になることは繰り返してきたとおりである．このことは問題を家庭に帰属させることとは大きく異なる．生徒にとって少しでも有益な相互作用が生じるような環境を整えるという目的に根ざしている．

　A君との間でやり取りのあったと考えられるチャンネルを，いくつかに分けて書いた．実際には，生徒個々に応じて多彩なチャンネルがあるだろう．そのような数多あるチャンネルを通じてやりとりされていることは，決してバラバラではなく一つの流れの中でつながっている．それらが生徒の中で有機的に結びついていくことで主体的な感覚や動きにつながることがあるように思われる．逆を言えば，生徒の主体的な感覚や動きを援助者が捉えていること，それが心理援助の目的に根ざしていることが肝要なのであり，その限りにおいてさまざまな制約に囚われずに柔軟にアプローチしていくことができるともいえる．

5．終結するかどうか
——一人の生徒が主体性を回復していくまで

　ある面接で，A君の口からふと「最初に比べると本当に変わったなぁと思う」という言葉が聞かれる．主訴を軸にその言葉を振り返りながら，SCとしても，おそらくA君の中でも，そろそろ区切りが近づいているように感じられていた．最後に，生徒の心理援助に関わった者として，どこで手を引くのかというポイントについて触れておく．

　一区切りを考えるにあたって，A君とのこれまでの話の中に出てきたある部

分が SC の中に浮かび上がってきた。A 君は「昔から人とうまくいかないことは多かった」と言いながら，自分には忘れられない幾人かの友人がいるとも語っていた姿が SC の中では印象深く残っていた。春休みを控えたある面接において，これまでの振り返りを行いながら，SC は〈出さない手紙を書いてみないか〉という提案をしてみた。誰かに手紙を書き，その後で手紙を受け取ったと仮定して返事を書くという試みである。なお，これは共感的理解などの演習のためのワークとして用いられている想定書簡法という方法が参考になっている。SC の中では，思い出された A 君の語りとともにその作業のイメージが浮かんでいた。A 君に説明すると，「難しそうだな……」と言いつつも，手紙を出してみたい相手は既に浮かんでいるようであった。少し時間をかけながら手紙を書き，また返事を書いていく。書き終えてから感想を聞くと，静かに感じたことを話し始める。「今までこの学校の中だけの自分で考えたりやってきたけど……今考えてみたら，小さい頃の俺から見れば『なにそんな力んでんだよ』って言ってやりたくなりますね」と言いながら，ホッとしたような笑顔を見せる。かつての大切な友人になって書いてみた返事は，A 君の中のどこかに隠れていた自分自身からの返事でもあったと考えられる。その分，意外さや新鮮な感覚とともに返事を受け取ることになったのだろう。問題を孕んだ文脈に巻き込まれているうちに，自ずとそれに縛られるようにして偏った生き方をしていることがある。A 君の言葉からは，これまで疎外されていた自分自身と再会することによって，"苦しむ自分"もそうでない自分も含んだ全体としての自分を取り戻していく力強さが感じられた。この後，どこか名残惜しそうにしながらも「来年度，また何かあったら来ます」と言って，A 君は自分で終結を選ぶ。「旅をしたい気分」という話をしながら「お世話になりました」と退室していく。

　実際には支援の終結の在り方はさまざまで，また学校という年限のある場では，その後につなぐことをもってこちらは手を引かざるを得ないということも起こり得る。そのため，学校における心理援助に明確な終結の基準を置くことは難しいのかもしれない。それでも生徒本人が問題と向き合うようになると，主体的にキーパーソンをみつけていくと先に述べたように，本人の主体性の回復に主眼をおいて支援の終結を考えていくことは，どのようなアプローチをと

っていても相通じる一つの考え方としてあってよいのではないだろうか。

＊　　＊　　＊

　SC として取り組むべき仕事はいくつもあり，直接相談を受けるというのはそのごく一部である。さらにいえば，一口に相談といってもより困難で特殊な事例も多くあるだろう。冒頭でも述べたとおり，学校における心理援助モデルの大勢は，ここで挙げた事例のような個人に完結した心理援助からは既に大きく変わってきている。現場においては即時的な対応や，見立てからの予測が求められる。援助がコストパフォーマンスに照らし合わせて評価されることもあるかもしれない。そういった流れの中でも，自分が支援しようとしている相手が誰で今何をどのように体験しているのだろうか，ということが援助者にイメージできていないことには，地に足のついた支援は組み立てられないのではないだろうか。「なにかしら支援しているつもり」で形骸的な支援につき進むことのないよう，生徒個々人を一人の人として見ていく援助者の姿勢は絶えず問われているように思われる。

3章　思春期男子と女性セラピスト

鍛冶　美幸

　心理療法的関わりにおいて，セラピストの性別が治療プロセスにおよぼす影響は大きい。とくに性的衝動のコントロールあるいはバランスのとり方を模索しながら，親からの分離を果たし，自我同一性の確立を目指すという発達的テーマをもつ思春期・青年期のクライエントにとって，関わるセラピストが同性であるか異性であるかは，大きな意味をもつといえよう。河合（1992）はクライエントとセラピストの相性について論じ，「思春期の女子と青年期の男子は同性のセラピストが一般的には良いようである」と述べ，村瀬（1996）による調査では，思春期の男子事例は男性セラピストを望む傾向があるとの報告がある。しかし，日本臨床心理士会の認定臨床心理士数は圧倒的に女性の数が男性を上回っており，クライエントが望むと望まざるとにかかわらず，出会えるセラピストが女性である確率は高くなるであろう。また，筆者の経験では一部の思春期男子事例においてはクライエント自身が選択的に女性セラピストとの関わりを求め，この組み合わせが特有の治療的発展をみせることがあった。では，女性セラピストは思春期男子事例にどのような治療的関わりを提供できるのであろうか。個々のセラピストの人間性や経験，使用技法を超えて，性別による治療的意義を一般化することは困難であるが，本稿では事例を挙げて女性セラピストと思春期男子の治療的関係について検討してみたい。

1．さまざまな思春期論

（1）精神分析における思春期

　フロイトは精神―性的発達論の中で思春期をその最終段階と位置づけ，生理

学的に性的成熟が遂げられ，男女ともに性欲動が性愛的な対象に向けられるようになるとしている。ただし，この時期の対象選択にかかわる葛藤は幼時の親子関係に起因するとし，心的葛藤を読み解くための視点はあくまでも幼児期に向けられていた。しかし彼の娘であり児童分析において優れた功績を遺したアンナ・フロイト（Freud, A., 1936）は，それまで精神分析の中で思春期が十分に取り上げられてこなかったことを指摘した。彼女は身体的性的成熟に伴い，この時期に自我とエスの闘争が生じると論じ，衝動の強さの程度がその勝敗を決定するとしている。すなわち，「衝動が強くなると，自我がそれによって完全に圧倒されてしまわぬ限りは，自我の防衛活動，抵抗も強くなり，それに伴って症状もはっきり現れてくるようになる。逆に衝動が弱まると，それだけ自我も柔軟性を持つようになり，結果的に衝動を充足させることに寛大になれるのである」として，この時期の神経症症状の発現について精神分析的な解釈を付与している。さらにブロス（Blos, P., 1962）の提唱した"第二の個体化過程"という視点は，この時期の心理的自立と自我の発達に関する理解を進展させた。ウィニコット（Winnicott, D. W., 1965）もまた，思春期は多くの課題に直面する時期であると指摘している。エディプス葛藤の克服を中心とした養育者との関係や，身体的変化とパーソナリティの適合などである。いずれも幼時の親子関係を基盤として，生物学的成熟に伴う心身の変化をどのように受け止めていくかが重視されている。

（2）分析心理学における思春期

　分析心理学における発達のとらえ方は，年齢に対応した発達的変化を具体的かつ段階的に論じた自我心理学派とは大きく異なるものである。ノイマン（Neumann, E., 1971）はイメージや神話的シンボルに導かれながら，意識の誕生から発達の過程を体系的に論じている。そのなかで，思春期は無意識の活性化が心身の変化と並んで生じ，集合的無意識・諸元型の働きの強まりとなって姿を現すと述べている。しかしそれと同時に意識による補償的な働きも強まるため，無意識は関心や感情としてそれとなく放射されたり，あるいはその後の正常発達を導き保証する魅力的な投影の形で生き生きと表現されるとしている。そこで現実の両親を超えた超個人的両親像が活性化し，集団内における父

元型・母元型の投影が生じ，家族の輪から出て集団に参入しそこで貢献するようになると述べている。さらにこの時期のもっとも重要な投影は，アニマないしアニムス，すなわち無意識の中にある異性像の投影であるとし，男子ではそのイメージを担う同伴者の存在がそれまで重要な位置を占めていた母に取って代わり，さらに父元型の投影対象と同一化することによって自らの中に父性原理を獲得するとしている。

2．女性セラピストと思春期男子事例

次に事例をもとに女性セラピストによる思春期男子の心理療法について検討する。なお，学校臨床の事例では，実際の役割に合わせてセラピストを「スクールカウンセラー」と称している。

● 事例Ⅰ：佑一，13歳

しわくちゃシャツ　母親がスクールカウンセラー（以下カウンセラーと略す）のところに来たのは5月の末，中学1年生の佑一が学校を休み始めて2週間ほど経った頃だった。30代後半にしては若々しく，春らしい明るい色のシャツをパリッと着こなしていた。母親はほとほと困り果てた様子で，一人息子佑一の様子を話し始めた。ゴールデンウィーク明けに登校を渋る様子があったため母親が強く叱責したところ，自室へこもってしまったという。食事時間や母親が外出している間は自室から出てくるが朝は布団にもぐったままで，両親が登校するように声をかけると布団にしがみつき，布団を引き剥がそうとすると大声を上げて暴力を振るわんばかりになるということだった。そして一通り現状を話し終えると，「もう，うんざりです。こんなこと言ったらいけないかもしれませんけれど，もう好きにしてって感じです」と眉間にしわを寄せて吐き捨てるように言った。学校に行きたくない理由として思い当たることはないが，しいて言えばこのところ成績のことで何回か言い合いになったことがあったという。そして「もう面倒見きれない」「学校へ行かないなら，家を出て働いてほしい」と感情的に話し，自分には手におえないといった調子で，「とにかく佑一に

会ってください．学校を休んでいる本人がカウンセリングを受けなきゃ意味がない」と希望した．

　翌週の放課後遅い時間に，佑一は1人で来室した．背は高いものの華奢な肉付きとあどけなさの残る顔立ち，制服のシャツはしわくちゃでボタンもきちんとはまっておらず，行き届いた身だしなみの母親とは対照的な格好であった．しかし，うつ向き気味で小声ではあるが，「よろしくお願いします」と挨拶があり，カウンセラーに対して拒否的な感じはなかった．来室動機を問うと，「行けって言われたから来た．今，学校行ってないんで．自分でも学校へ行かないのはまずいと思うんだけど……今はどうしても行けない」と歯切れの悪い返答であった．しかし日中の過ごし方についてたずねると，「ゲームしたりー，寝てたりー，自転車で公園に行ったりー」と話し始め，カウンセラーがフンフンと相槌を打ちながら耳を傾けると，徐々に表情が活気づき声が大きくなっていった．そこには誰かに見ていてもらいたい，きちんと話を聞いてもらいたいという気持ちがあふれているようであった．30分ほどのやり取りのあとで面接の継続を提案すると，「よろしくお願いします」と礼儀正しく応じた．カウンセラーは母から聞いていた反抗的な佑一像と目の前の少年とのギャップに，この親子の間には対照的なシャツの着こなしと同じくらい大きな気持ちの隔たりがあるように感じた．その後3カ月間，佑一とは毎週1回50分，母親とは隔週で平行面接を実施した．

クマいじめ　それから1カ月余り，佑一は面接の回を重ねるごとに打ち解けていったが，それに比例して乱暴な言動が目立ち始めた．入室すると毎回，カウンセリングルームの備品である大小のクマのぬいぐるみを「おーらっ！」と掛け声をかけながら放り投げたり壁にぶつけたりすることが繰り返された．カウンセラーは即座に注意することはせず，内心で限界吟味をしながら，黙って放り投げられたクマたちを拾い上げた．クマいじめがひと段落すると，戦闘ゲームを順調にクリアしていることや，両親への不満が語られた．とくに母親に対しては，「気持ち悪いんだよ！　いちいち，うるせえってんだ．学校行こうが行くまいが，俺の勝手だっつーの！」と厳しい言葉でこき下ろし，「どうせ俺のことなんか嫌いなんだよ！　俺も

嫌いだっつーの！」と母親への強い思いを表現した。そこで，カウンセラーが母親との間で何があったのか問うと，「勉強しないなら死ねと言われた。いつまでも手がかかってうんざりだって」と吐き捨てるように語った。カウンセラーは佑一が母親への依存と自立との間で葛藤するなかで，母親からの拒絶的な態度に悲しみと怒りを感じていると理解した。

抱きしめてほしい　その頃母親との面接では，面接場面での攻撃的な言動に反して家庭内での佑一の言動が少しずつ穏やかになったとの報告があった。幼児期からの母子関係について尋ねると，何事も不器用で手がかかる子だったとの印象が語られ，母親は自分の母（佑一にとっては祖母）から「手を貸しすぎる。甘やかしすぎる」といつも叱られていたとのことであった。自分の母は舅姑の世話に忙しく，自分には親に甘えるという発想自体がなかったと語った。そして今回の不登校を相談したときも，「お前が甘やかした結果だ」と責められたと涙した。カウンセラーが母親の苦労をねぎらい，「ずいぶん辛かったでしょう」と慰めると，「厳しくしすぎました。あの子も甘えたかったのかもしれません」と初めて佑一の心情に共感する発言があった。さらに「アレコレ手をかけてきたけれど，あの子の気持ちを考えてこなかったかもしれない。今さら甘えさせるって，どうしてあげたらいいかわからない」と語る母親に，「お母さんは自分のお母さんにどうしてほしかったんでしょう？」と問うと，はっとした表情で「どんなことでもいいんですよね。ただ黙って聞いて欲しかった……」と語り，再び涙を流した。

一方，佑一との面接では，クマいじめがさらにエスカレートしていった。放り投げたクマをサッカーボールのように足で蹴飛ばすなど，乱暴な行為が目に余るようになった。カウンセラーはついに，「痛いなあ……かわいそうだなあ……」と言葉にし，蹴飛ばされたクマを抱きしめた。佑一は「別にーっ！　どうせ人形だっつうの！」と反発したものの，そのあとクマいじめは徐々に勢いを失っていった。カウンセラーは，佑一もまたその母親も，母なる存在に大切に抱きしめられたかったのであろうと感じ，「お母さんがね，あなたの話をもっと聞いてあげればよかったって，泣いていたよ」と伝えると，佑一は顔を背けながらそっと涙をぬぐっていた。

女嫌い　面接を開始してから2カ月が過ぎクマいじめがひと段落した後は，女性アイドル批判を中心とした女性への嫌悪感が繰り返し語られるようになった。「友達が○○が好きとか言ってCD買ってる。気持ちわりー！」「あんなアイドルなんて，本当はみんな性格わりーんだよ！」等々と，機関銃のように批判的な言葉を吐き続けた。嫌いだと言い続けながら繰り返しアイドルを話題にする様子には，女性的なものへ惹きつけられる気持ちと接近していくことへの恐れとが拮抗する佑一の心中がそのまま表れているかのようであった。さらに，自らが探し求める異性像と母親像を重ね合わせ，「女は嫌い。どうせ女なんてみんな同じ。面白くねえや」と語った。カウンセラーは佑一がやがて母親と心理的距離をとり，自分にとっての異性像を探求していくプロセスが来ることを願って，「でも○○のこと好きな男子は多いよね」「女っていってもいろいろな人がいるんじゃないかな」と伝えた。

　またこうした佑一の変化を成長につなげるために，母親との面接では愛情をかけることと過干渉とを混同しないように，適度な距離を保ちつつ必要な時に手を差し伸べるよう指導した。

愛情カレーライス　面接を開始して3カ月ほど経過した頃には，相変わらず登校はしないものの，佑一の言動はだいぶ穏やかになっていた。母親も必要以上の手出し口出しはせず彼を見守る日々が続いた。そんな中で2学期を控えた夏休み中のある週末に，同級生数人が佑一を心配して家に遊びに訪れた。いつになくはしゃいだ様子の佑一を見て，母親は心を決めて大鍋にカレーライスを作り皆に夕食を振舞ったという。その後の面接で母親は，「勉強はできないけれど，良い友達がたくさんいるのがわかった。これまではいつでも心配で先回りして注意ばかりしてきたけれど，何事ももう少しあの子を信じて待ってみようと思う」と語った。その後の面接では佑一からもこの日の出来事が報告され，「みんなが美味い美味いって，おかわりしたよ」と誇らしげであった。このことを契機に，佑一と母親との関係は気安く温かいものへと変わっていった。それと並行して，あのアイドルについても「やっぱかわいいぞ。ちくしょう！」と照れながら肯定するようになり，その話題を共有することで級友との交流も一層活発にな

っていった。
　夏休みも後半に入ったころ，佑一は「行かないのはまずいと思う。でも行く気がしない」と自ら再登校について語りだした。カウンセラーは佑一の言動の落ち着きや交友関係の広がりから，再登校の準備性が整いつつあると判断し，担任との面談を提案した。佑一は神妙な顔でそれを受け入れた。面談では担任教師から，「全面的に応援するから，ぜひ来て欲しい」と励まされたという。夏休み終了前に再び登校のことを問うと「行けそうな気がする。行けると思う」と答え，その言葉は実行された。
　再登校後に佑一との面接は途絶えたが，母親面接はしばらく継続された。成績不振や行き渋りなど，不安な材料があると母親は親に甘えるようにカウンセラーにアドバイスを求めた。カウンセラーは具体的なアドバイスは避け，父母で考えるプロセスを支持し，その判断を尊重するように努めた。そして中学2年が終了する頃に，その母親面接も終結した。

　思春期事例に接するとき，カウンセラーが母性を発揮してクライエントの成長を促すことがよくある。佑一の場合も，カウンセラーがそうした役割をとり，佑一を，そして母親を抱えた事例であった。中学1年の佑一は，思春期初期の第二の再接近期危機のただなかにいた。過干渉傾向であった母親からの分離を志向しつつ同時に分離不安から依存に回帰しようとするその心の動きは，佑一の場合，痛烈な母親批判と不登校，すなわち家庭へのしがみつきとして現れた。しかし母親はこうした佑一の心の揺れ動きに寄り添うことなく，突き放す態度に出た。ある程度依存を受け入れつつも自立へ向かい励まし，そっと背を押して外の世界へ送り出すという母親の役割をとることをせず，急激に情緒的な供給を止めてしまったわけである。その背景には母親自身の母性的な被受容体験の不足があった。こうした対応は佑一の不安を高め，家庭へのしがみつきを強化したわけである。しかしカウンセラーの助けを得て，母親が自分自身のなかにあった甘えること甘えさせることへの両価的な気持ちを理解すると，母子関係は変化を見せていった。
　このプロセスにおいて，カウンセラーは佑一の乱暴な言動をぎりぎりまで受け入れながら，限界を超えると判断した時点で怒りを「抱きしめる」という形

でこれを制止した。依存しつつ攻撃性をぶつける思春期に対し，母性的な関わりだけに終始することはクライエントの退行を促進し治療場面の混乱を招くことがある。辛抱強く見守りながら，必要に応じて父性的な視点で適当な制限を示すことは重要である。しかしその制限が強硬であったり，高圧的であるとそれは受け入れられない。攻撃の底にある依存も含めて受け止め，必要に応じて限界を示すことが不可欠であろう。こうしたやり取りを経て，依存と攻撃の表出は，非言語から脱して言葉による女性批判というやや洗練された形式に変化していった。これは母親から離れ異性のパートナーを求めていくための準備段階である。そしてこのプロセスの進行と同起して，同級生との交友が活性化していった。母親以外の異性という未知の存在を求める旅に，仲間とともに漕ぎ出していくスタートに立ったのであった。ここでのカウンセラーの役割は，見守りつつ必要に応じてそっと背中を押すというものであった。再登校へ向けて担任との橋渡しを行ったのもその一環であった。また，子どもの自立をめぐり過干渉から一転して急に手を放した母親もまた，分離をめぐる困難を抱えていた。それは初回面接時の「手におえない」息子の世話をカウンセラーにゆだねたいといった態度や，佑一の再登校後のやり取りに見られるカウンセラーへの依存的な言動，自らの母親との葛藤を含んだ関わりにも明らかであった。ここでもカウンセラーは分離をめぐり不安を感じる母親をなだめ，母子を支える器となり，やがては佑一が同世代の仲間のなかへ戻っていくように背中を押し，母親が自ら考えて判断できるようにその自立を促しながらそっと離れていったのであった。

● **事例Ⅱ：青児，14歳**

　　青児が学校の保健室からの紹介で心療内科を訪れたのは，中学2年の冬だった。手洗い強迫と抑うつ気分が主訴で，医師の診察を受け抗不安薬の服用とカウンセリングが勧められた。そして毎週1回，1年半にわたる青児と女性セラピストとのカウンセリングがスタートした。
　　カウンセリング室を訪れた青児は制服のブレザー姿で，中肉中背，穏やかな表情の好青年という印象であった。来談動機を尋ねると，「学校が面白くなくて……」と口を開き，学校や家庭での状況をポツリポツリ話し始

めた．

　青児は会社経営をしている父と専業主婦の母との3人暮らしであった．父は仕事が多忙で家に帰ることが少なく，幼少時からほとんどの時間を母と2人で過ごしてきたという．たまに帰宅する父は，母や青児に対し高価なお土産や高級レストランでの外食などのサービスをする一方で，常に威張ってアレコレと指図し，思い通りに応じないと怒鳴り出し，青児にとっては不在な方がありがたいといった存在であった．学校ではとりあえず一緒に行動する友人はいるものの，心を開いて付き合うということはなく，心情的には孤独であった．楽しみといえば，奇抜なファッションと派手なアクション，社会的な弱者への差別廃止など硬質なメッセージをストレートに伝えることで人気を博していた女性ロックスターの音楽を聴くことであった．

女戦士への憧憬　カウンセリングを始めてからしばらくの間は，あこがれの女性ロックスターの話題が中心であった．一緒に聞きたいから，とカウンセリング室に音楽CDを持参することもあった．セラピストが青児と一緒にリズムを取りながら力強い歌声を聞いていると，「先生ってロックっぽいですね．先生も歌ったらいいのに」と述べたり，カウンセリングの仕事や資格についてあれこれ尋ねて感嘆したりと，セラピストと女性ロックスターを同一化するようになった．さらに架空の世界で女戦士が活躍するファンタジー小説に心酔し，女戦士の姿を想像してイラストを描いてはセラピストに見せるようになった．家族との関わりや学校での様子に変化はないようであったが，セラピストには青児が心の内にある異性像（アニマ）の力を借りて何かと対決しようとしているように思われた．手洗い強迫の症状は改善傾向にあったが，気分は「いつも憂鬱」と語っていた．

崩壊　カウンセリング開始から3カ月ほどたったある日，青児は憔悴しきった顔で現れた．珍しく長い沈黙が続き，セラピストが「何かあったの？」と尋ねると，「これ」と何枚かの紙片を取り出した．そこには殴り書きのような乱雑な文字で"もう駄目だ．すべて終わりだ．何も信じられない"等々の言葉がきれぎれに書き連ねてあった．青児の話によると，父親に愛人がいることが発覚したという．相手の女性とは数年来の交際であったらしい．

母親は薄々感づいていたが，注意をしても聞かない父親の性格を考えて黙っていたという。しかし，ここへきて相手の女性の妊娠と中絶があり，慰謝料としてまとまった金額を請求されたことから事態は暗黙裡には処理できない状況となったとのことであった。

　母親も大変取り乱して寝込んでしまったという。青児は情緒不安定になった母親の相手をしながら自らも混乱し，カウンセリング場面では「（自分が）壊れてしまいそうだ」と泣いた。セラピストはしばらく黙って泣きたいままにさせた後，問題は父母の間で起こっており青児の責任ではないことを伝え，親子間の境界を明確にするよう介入した。

歪んだ関係　その後，父親の女性問題は金銭の授受で表面的に解決し，父親は以前より多くの時間を自宅で過ごすようになった。しかし家庭内のわだかまりは消えず，父親が留守がちであったころよりも夫婦喧嘩が頻発し，母親は父親を無視して1人で寝室にこもることが増えていった。すると父親は「俺を捨てるのか？！」とすねたり大声を出して威嚇するような態度をとるようになった。また，一時すると今度は母親の機嫌を取るように贈り物を送ったりしてすり寄る様子を見せた。すると母親も渋々父親との会話を復活させるということであった。青児によると，父母のいさかいと仲直りはこれまでも繰り返されていたという。セラピストには，その関係が傷つけ合い刺激し合うことで結びつきを確かめているかのように映った。

　青児は自室にこもって1人で過ごす時間が増え，持て余した時間の中でインターネット上で出会った複数の女の子とのメールのやり取りに熱中していった。また面接中には，セラピストが"おばさん"であるとからかったかと思えば，インターネットで得た過激なセックス情報を語ったり，退室時に一緒に席を立った瞬間にそっと背中に触れたりと，攻撃性と同時に性的な接近を示した。父親の女性問題が青児の性意識を混乱させ，危険な同一化が起こっているようであった。セラピストは他者の身体に急に触れるのは適切ではないこと，セックスは互いの愛情を交換する大切な行為であり，両者が望んだ時に互いを大切にしながら行うものであると伝え，青児が持ち込んだ性的な混乱を整理しようと努めた。「あなたはどのように

女の子と付き合いたいの？」と問いかけ，父母をモデルとした傷つけ合うことで結びつく男女関係とは異なる視点を持つように促した。

闘争　青児が中学3年になっても，家庭内の緊張状態は続いていた。青児は募る両親への不信感と進路への悩みから疲弊し，「死んだほうがいい。死にたい」と語り，不眠を訴えるようになった。セラピストは家庭内の膠着した葛藤を解決する必要を感じ母親面接を提案すると，青児はほっとした表情を見せた。セラピストに，自分に代わって母親の面倒を見てほしいという様子であった。

　来室した母親は小柄で，少女の面影を残すかわいらしい印象の女性であった。夫の長年の不貞と傍若無人な態度について，「こんなこと誰にも言えません」と言いながら涙ながらに語った。セラピストは来談した勇気と率直に話してくれたことを労った。母親はもともと活発な性質であったが，夫の不貞が繰り返されるたびに女性としての自信を失っていったと語った。セラピストは母親の心情に共感を示し，同様の立場に置かれればそのような心境に至るのは珍しくないと伝えた。面接は数回続けられたが，母親は次第に自分と夫との関係を冷静に見つめることができるようになっていった。「どうしたらいいでしょうか？」と尋ねる母親に対し，セラピストは「どうしたらいいか，ご存じではないですか？」と応じ，母親自身が問題に立ち向かうよう促した。やがて母親は，「私が変わらなければ状況も変わらない」と，自からの問題を解決するためのカウンセリングに行くことを決めた。

　同じ時期に青児は一人の少女と出会った。例のロックスターのファンサイトを通じて知り合い，親しくメールのやり取りをするようになったという。彼女もまた家庭の問題を抱えているとのことであったが，自分の夢に向かって頑張っているという。青児にとっては初めて心の内を打ち明けあえる友達であったが，励まし慰め合うメールのやり取りがしばらく続いたのち，別れは唐突にやってきた。彼女から「あなたは甘えているだけ」と突き放されたという。面接場面では，「もう俺には何も残されていない」とうなだれ，「自分が嫌いだからやった」と生々しいリストカットの痕をセラピストの前に差し出した。セラピストは肝を据えて傷をじっくり眺

め，ゆっくりと声に力を込めて「あなたは何を切り捨てたかったの？」と尋ねた。青児はしばらく沈黙した後，「自分」と答えた。さらに，「リストカットすると，嫌いな自分を切り捨てられるの？」と問うと，「その時は楽になる。でもあとで，もっと嫌いになる」と言い涙を流した。セラピストは青児の中にある痛みを共に抱えつつ，退行を促進しないように注意深く考え，「つらい体験をしているあなたのことを，私はいつも心配している。でも同時に，あなたがとても大変な環境の中で頑張ってきた，強さがある人だということも知っているよ」と伝えた。その後の面接で青児は，「このままじゃダメになる」「何か夢中になれるものを見つけたい」と語るようになり，やがてリストカットは終息した。

　青児を囲む女性たちは皆，闘士であった。そして，青児もまた彼女たちに支えられながら，彼なりの戦いに立ち上がろうとしていた。

船出　　中学3年の夏休みが終わる頃になると，青児の様子には青年らしいたくましさが見られるようになった。父親の傍若無人ぶりに変化は見られなかったが，父親の干渉に対し強い言葉や態度で跳ね返すようになっていった。セラピストは青児の成長を頼もしく思い見守っていた。

　いよいよ進路決定をする時期となり，青児はかねてから関心を持っていた英語を学ぶため，英語教育に定評がある遠方の全寮制高校への入学を志望した。「つらくなる時もあるけれど，今はこうして進んでいくしかないと思う。自分を好きになりたいから」と，心の痛みを抱えながらも新しい自分を模索しての決断であった。そして受験勉強に加え，煩雑な手続きや書類の準備にも積極的に取り組んだ。こうした準備にあたっては，自らも留学経験があるという若い男性教諭が協力した。青児にしては珍しく男性に好感を示し，協力を喜んだ。以降は受験準備のため面接の間隔が少しずつ開いていった。3月，青児は志望校に合格し，入寮のため面接は終了することとなった。終結のセッションでセラピストを評し，「先生ってすごく女っぽいんだけど，すごく男らしい」と語り，その意味を問うと，「優しいし面倒を見てくれる感じがした。でも，うちの母親とかだと寄りかかったら崩れそうだけど，先生は全然平気って感じ。なんか強い」と語り，「もし困ったら，またいつか来るかも。たぶん大丈夫だけど」とセラピストの

もとを去って行った。

　思春期事例では，クライエントが同性の年長者に依存・同一化し，成長していくことが多々ある。青児が憧憬を寄せていたのは一見すると奔放でありながら，体制に縛られることなく自由に硬質の社会的メッセージを歌い上げる女性ロックスターであり，戦う女性闘士であった。彼女たちは女性のしなやかさや優しさ，かわいらしさをアピールしつつ，男性的なたくましさや強さも兼ね備えた存在であったといえよう。そして彼はそうした存在をセラピストに重ね，セラピストもまた自身の女性性のみならず男性性も発揮しながら青児とともに歩んでいった。

　青児がセラピストに良性の転移を示し治療的な関係の基盤ができた後，長く隠蔽されてきた父母間の問題が顕在化し，青児と家族は嵐の海に放り出されたような混乱に陥った。この混乱期に，青児は父母の間に潜在していた病理性を持った性愛関係に刺激され，セラピストに対しても性的な接近を試みた。これに対し，セラピストは毅然とした態度で健全な性愛的関係の意味を伝えた。さらに，セラピストが積極的な介入を行うことを決断し，母親面接を並行させ，母親の問題に立ち向かう力が引き出されたことで事態は変化していった。その後に出会った少女も含め，問題に立ち向かい戦う女性像を前に，青児は自らを傷つけ去勢された自己イメージを具現化した。ここでセラピストは傷ついた子を労り抱える母親像を示すこともできたであろう。しかし去勢された息子を抱きしめて癒すことで，息子自身の自立は阻害される危険性がある。実際，青児がそれまで周囲の女性に求めてきたのは戦う姿であった。セラピストは青児の痛みを抱えながら，同時に彼自身にも葛藤と向き合い戦う力があることを伝えた。

　その後終結までの時期は，青児自身が決断し，病理性を含んだ父母との関係から距離をとりながら進んでいく過程となった。それは心の内に痛みを抱えながら，新しい自分を育むための旅でもあった。セラピストに代わり，若い男性教諭が新たなモデルとしてこの旅に伴走した。その旅立ちを見守るセラピストに，青児は「もし困ったら……」と言い残していったが，それは自立する若者が心の基地となる故郷の母に残す優しい慰めの言葉であった。決断し，戦い，

切り開く男性的な力を発揮しつつ抱え育む器ともなる女性セラピストとの関わりは，青児の男性性を成長させるものであった。

3．思春期男子にとっての女性セラピストの意味

(1) 抱える役割を担う母性としてのセラピスト

　自分とは何者かに悩み，自立をめぐる葛藤に揺れ動く思春期と付き合う大人たちにとって，彼らが投げかける激しい依存と攻撃をどのように抱えていくかは大きな課題である。定型の精神発達を遂げている中学生であっても，心の中に渦巻くモヤモヤとした気持ちを言葉にして他者と共有する作業が容易ではないことを，筆者は経験的に感じている。こうした場面に出会った時，有効に作用するのは問題状況を解明する的確な解釈ではなく，むしろ抱える作業である。ウィニコット（1965）による"抱っこ（holding）"は，本来は母子関係における子どもの自我の発達に重要な関わりを論じた理論であり，それが子どもの発達につれ個人と周囲の人的・社会的環境の中で育まれる営みとなる。子ども自身でも抱えきれない厄介な心の動きが生じると，それは時に漏れ出して不適応反応となる。とくに親の機能不全や何らかの問題で環境にそうした抱える機能が乏しい時，または子ども自身の問題が大きすぎて環境の側が圧倒されているとき，それはさらに問題行動とみなされる形をとる。そして子どもはクライエントとしてセラピストの前に現れるのである。この時セラピストの第一の役目は，言語化しがたい葛藤を丸ごと受容し，それを抱えていくことである。依存と攻撃がないまぜになった複雑な気持ちをぶつけてくる場合には，攻撃の底にある依存も含めて受け止め，必要に応じて限界を示すことで現実原則を示し，過度の退行を抑制する必要もある。不安な気持ちが十分に抱えられ，少しずつ現実の中で生きる術を模索しながら成長していくのである。すなわちセラピストに"抱っこ（holding）"されながら，クライエントの自我は成長していくのである。思春期は危うさを秘めたデリケートな時期であると同時に，この時期の子どもたちが成長する力は心身ともに目覚ましいものである。彼らの成長につれて，セラピストの役割も変化していく。だから抱えるべき時にしっかりと抱え，タイミングを見てそっと手放していくという，それだけでセラピーが済

んでしまうことも珍しくない。

　もちろんこうした関わり方は，女性セラピストに限定のものではない。セラピストの性別を問わず，セラピーという関わりの本質的な部分の一つであろう。しかし"抱っこ (holding)" という営みはたしかに母性的な機能であり，それがセラピストの女性性に結びついていることは否めない。男性セラピストがこうした関わりで十分に力を発揮する場合，おそらくその人は男性性のみならず女性性をも十分に発達させ統合的に機能しうる人であろう。

（2）女性セラピストと男性性

　河合 (1991) は青年のイニシエーションに両性具有的意味合いが込められた儀礼があることを挙げ，自らの内にこうした両性の共存を知らずして成人すなわち統合体としての存在にはなりえないとしている。こうした観点から見ると，思春期という子どもと大人の境界領域を生き自己の在り方を模索する人たちにとって，異性のセラピストと出会うこと，セラピストが女性の内にある男性性，あるいは男性の内にある女性性を柔軟に発揮してこの時期を支えていくことが功を奏することが理解できるのである。

　思春期男子であれば女性セラピストを通して，母親や他の女性との関わりを見つめなおす機会を持つ。さらに自らの内なる女性像（アニマ）への結びつきが刺激され，心の深淵における作業をすすめることとなる。またそうした女性性への注目が，むしろ男性としての自分について考える機会をもたらすこともあるであろう。とくに父親との関わりが乏しかったり，何らかの原因で父親に嫌悪感を抱いている思春期男子の中には，同性のセラピストとの関わりを発展させることに抵抗のあるものも少なくない。その場合，むしろ女性セラピストの方が安心してさまざまな像を投影できる対象となる。またそうした事例では，あからさまな男性性には圧倒されたり嫌悪を抱くものも少なくない。女性セラピストが内包する男性性を発揮する姿であれば，安心して同一化し自らに取り込んでいけるのではないだろうか。

　青児の事例においても，面接の過程を通じセラピストはさまざまな投影を受けた。女性ロックスターのように理想化され崇拝される時期が過ぎると，闘士として厳しい状況を打破していく力が求められた。混乱期には性的誘惑者とし

て映り，やがては自ら目的に向かって羽ばたこうとする子を見守る母ともなった。ところで女性が男性性を発揮するといっても，男性的な服装に身を包みぞんざいな口調で話すというわけでないのは自明の理であろう。女性が必要な決断を下し，目的をもって意思の力を働かせながら，困難に立ち向かい闘志をしなやかに燃やしている姿は，男性性の肯定的な面を十分に生きているといえよう。

4章　大学生へのリエゾン・アプローチ

槇田　治子

1．学生相談室という場

　大学の「学生相談室」で働く。この言葉の響きはどんなイメージで広がっていくのだろうか？
　これまでの臨床経験としては，病院やクリニックといった医療機関と学生相談室の両方に携わってきた。仕事を始める前は入院患者さんがいる病院が一番大変で，普通の生活を送っている学生を相手にしている学生相談室はそれほど大変ではないのでは？　という気持ちがあったように思う。しかし個々人のもつ症状とは別に，大学相談室では相談室として必要とされるものがあり，大変さややりがいも違った形であるように思う。
　一口に大学の学生相談室といっても，「大学に心理学科がある」「常勤のカウンセラーがいる」「1日に複数の相談員がいる」「受付（インテーカー）や事務がいる」「相談室が複数ある」かどうかなど，実はさまざまな形式や設置方法で運営されている。基本的に臨床心理士は心理学科のある大学で学んでいるが，自分の大学の学生相談室をイメージしてそれが全国展開されていると考えるのは非常に早計で後々のダメージが大きい。そういった大学の相談室は学生相談"先進"室なのだ。そのような場所に勤務した場合，システムもしっかりしていて大学内の情報もきちんと伝わってくるし，各種相談窓口が別々に存在していてハラスメントは別の部屋へ，ということもある。しかし別の大学では，相談室は週に3回の開室，カウンセラーは1人，心理学の教員はいないし，図書館に専門書はない。相談に関わる人間で専門の資格を持つ人間は1人だけ……といったことも普通にある。まずはどうやって相談活動を始めていくのか，そ

こから考えていく必要があるのだ。これまで大学としては中規模で、相談室は非常勤のみで1人もしくは2人で開室しているような小規模な学生相談室に勤務してきた。そんな相談室で日々どのような相談があり、どんな対応をしているのかを紹介しながら、大学における学生相談をイメージしてもらいたいと考えている。

　まず大学という場所であるが、義務教育ではない。18歳以上の人たちが来るところで、授業などもかなり自由に選択でき、自己管理と自己責任が必要とされる場所であるはずなのだが、昨今では入学してくる学生もさまざまであり、受け入れる側の大学も学生をいろいろな形でサポートしていこうという動きが高まっている。各々の学生がもつ問題が学力面だけ、キャリア面だけ、精神面だけというような場合は、個々の教員や職員や学生相談室が個別に対応していけばいいのだが、往々にして問題点は複合的に絡み合っていて個々の対応ではすまないことが多い。そんなときに必要になってくるのが連携である。今までも医療やスクールカウンセラー、スーパーバイズなどの領域でコンサルテーションリエゾンといった考え方があったが、それよりももっと踏み込んだ形での協働＝コラボレーション態勢が必要となってきている。ここでは大学学生相談室における活動を、コラボレーションを中心に述べていきたいと思う。

　まずは事例を挙げてみよう。

● **事例Ⅰ**

　4年生の学生から、アドバイザー教員（学習面でのサポートをする教員として設置されている）にある日メールが送られてきた。

　「自分はもう周りの学生についていくこともできないし、辛くて辛くて学校に行くことができない。ゼミの研究室でも浮いていて、みんなが笑っていたりしていると自分のことを笑っているとしか思えない。○○先生（研究室の）も自分のことは見捨てているに決まっている。下宿が学校から近いから友達に会うかと思うと怖くて家から出られないし、食料もないし食欲もないからほとんど何も食べてない。いろいろと考えて不安で夜も眠れない。こんな自分はもう死んだほうがまし。リストカットもしてみたけど、死ねないんです……」。

アドバイザー教員は1年からこの学生に関わってきていて，時々不安定になることはあったが，相談を聞いたり慰めたりしながらなんとか4年まで進級できていた。リストカットについては初めて聞く話で，びっくりしてあわてて大学の学生部に駆け込んできた。学生部の職員は話を聞いて学生相談室に教員を連れて来た。相談室ではアドバイザーの教員から話を聞き，直接学生本人とも話を聞きたいが，家から出られない学生は電話にでることもできないという。信頼関係のできているアドバイザーとのメールを通してもう少し事情を聞いてみると，研究室で大きな企画があって，その役割をこなせてないことも原因のひとつであるようだ。また，アドバイザーはこのような学生とどうやって接したらいいのか分からず，混乱して不安な気持ちでいる。

　まず私が相談を受けたときに考えるのは，これは相談室内（クライエント学生と自分）だけで対応しうるケースかどうかということである。今回はすでに当てはまらない。次に考えるのは，連携が必要な場合誰とどこまで連携していくのかということだ。この事例でみるとこの段階での関係者は，学生・アドバイザー・学生部・相談室である。しかし，この先に必要となる可能性がある関係者は保護者・医療・研究室の教員だと考えられる。学生を取り囲む関係6部門がうまく連携して動けたときに，この学生が問題に取り組み考えていく空間を作り出すことができるのである。さて，そのコラボレーションをお膳立てするのは誰か？　それは非常勤で，全ての教員や職員がそこにあることを知らないかもしれない学生相談室に勤務する，しかし学内唯一の関連有資格者であるカウンセラーなのである。

　このケースの場合，学生とアドバイザーの信頼関係を壊さず，保護者に必要な対応をとってもらえるような危機感と安心感を持ってもらい，担当教員がきちんと状況を理解して研究室内の運営ができるように考えていくことになる。相談室がやることはアドバイザーと一緒に学生の状況を把握しながら，保護者に連絡を取れるようにすること。保護者には誰が最初に連絡するにしても，相談室から連絡することを伝えてもらって話をすること。そして保護者に子どもの様子を見て大学まで来てもらう。その間に医療情報提供書を作成して渡し，医療機関を受診してもらう。その後医者の

診断や治療方針を受けて，学生部と一緒に担当教員と話す……といった流れが考えられる。そうすると，医療機関は治療を，担当教員は学習面や研究室内の問題点を，学生部は単位等の状況管理を，アドバイザーは相談室からのコンサルテーションを受けながら学生のサポートを続け，保護者は生活全般の見守りをするという役割分担ができあがり，問題を抱えた学生を中心としたゆるやかな空間が生まれてくる。この問題に取り組むのはあくまでも学生である。学生の状況や健康状態に応じてどの部門を中心にするのか，どの順番で取り組んでいくのか，その時々でそれぞれの担当者と相談しながら判断して進めていくことになる。もちろん相談室でカウンセリングをすることも可能であるが，絶対ではない。

● **事例Ⅱ**

つぎは，相談が継続できない事例である。

大学1年生（18歳）が同居する親からの家庭内暴力（DV）を受けて相談に訪れた。顔や体にはっきりとわかるようなあざが複数あり，手当てが必要な状況。このようなことは初めてではなくこれまでもあった。助けてくれる兄弟もいないし，祖父母も親戚も近くにいない。大学を続けたいので家に戻るしかない。数回このような相談が繰り返された後，学生は家出をして友人宅から今後どうしたらいいかと相談してきた。

前節で「大学は18歳以上の人が来る場所」と書いたが，実は大学生の期間には児童法が適応されず，なおかつ未成年であるという法律的に非常に難しい2年間が存在するのである。近年DVがかなり問題視されるようになっており，警察や地方自治体はDV被害をなくそうとさまざまな対応策をとっている。親子間のDVも不幸な事件は後を絶たない状況ではあるが，児童相談所が窓口となってさまざまな生活上・法律上の問題を扱ってくれているのである。この児童相談所の扱う対象者は18歳未満と法律で決まっていて未成年ではない。そのため18歳から20歳未満の2年間に関しては専門に扱う窓口がない，そして未成年なので法的個人としての自由がないという法律の落とし穴的な期間が存在しているのだ。2012年4月から「未成年者による親権停止申し立て（停止期間は2年）」という法律

が施行された。未成年者側からこの申し立てをして認められれば、親は親権があるからと子どもの自由を奪う行為ができなくなる。またあくまでも停止であるので将来親子関係が良くなったときに戻すことができるという利点もある。これは魔の2年間を過ごす未成年にとっても朗報ではある。しかしこの期間は携帯電話の契約も住居の契約も保証人なしには成立しない。その上大学に通うには学費が必要であり、保証人制度を導入している大学は数多く存在する。親からの暴力を受けずに学費を払ってもらい大学生活を送ることは果たして可能なのだろうか。

　この事例の場合、まず必要になるのは身体的なケアである。保健室で手当てと打撲箇所等に重篤な問題があるかないかを判断してもらう必要がある。その際に本人の了解をもらって暴力を受けた部所の写真を撮っている。傷をえぐるようで申し訳ないのだが、筆者は必ずそうしている。後々に必要になることが多いからだ。DVを含む暴力に関する相談の場合、本人が裁判や告訴等を行う意思が最初から強い場合は傷害の大小に関わらず病院に行ってもらっている。身体的には保健室が今後も経過対応してくれる。

　身体的なケアが終わったら、学生の話を聞きながら必要な情報を提供していく。学費を出している親からの暴力の場合、大学に通いたい気持ちが強いと、何とかして暴力を受けずに大学に通う方法を……ということが学生の希望であることがほとんどである。暴力関連相談の専門家ではないが、少ない経験からみても継続して暴力をふるう人の場合、きっかけがあまり明確でない（被害者の行動が必ずしもきっかけでない）ように見えるケースは少なくないように思える。そのため家に帰るという学生に対しては、何かあったときに駆け込める自宅近くの24時間対応窓口を教えることぐらいしかできないのである。こういったやり取りが何回かあって、学生もついに耐え切れなくなり家出をすることになった。そのときには友人とも話し合ったようで、大学を辞めることも仕方ないと考えていて、とりあえず今後の生活をどうするかの相談となっていく。

　同時に当然親は子どもの家出を認めることはなく、大学側に連絡を入れてくる。かくまっている友人を探し出して子どもを家に連れて帰りたい親と、個人情報保護法に基づいて動く大学側の関係がうまく進むはずもなく、

即時退学や大学を家出幇助で訴えるといった話も出てきてしまう。ここで問題となるのは，大学の学生相談室はあくまでも学籍を有する学生のために存在している機関であるということだ。卒業生が利用することに関しては寛大な目で見てもらうことは可能であるが，このように「訴える」といった状況下では，大学内の機関がいつまでも当該学生に関わることはできない。この後は時間との戦いとなる。

　いかにして早くこの未成年をきちんとした庇護の下に置くことができるか，大学側にも書類処理の事務手続きを遅らせてもらう等の対応をしてもらいつつ，地方自治体の福祉局，弁護士会の相談窓口，児童でない未成年の入れるシェルターの担当窓口等々を学生と一緒に回っていく。DV被害を受けている人は感情の表現が乏しく説明がうまくできないことが多いので，来室時に撮影した写真がこのときに役立ってくる。基本的には学生本人が各窓口で相談するのだが，担当者も被害の様子を計りかねてしまうことが多く，写真を見て緊急対応が必要なケースと認識してもらえる場合も多いのである。

　大学側は親との対応を担当し，そこには大学の顧問弁護士が介入することもある。この事例の学生の場合は国選弁護人がつき，法定保証人にもなって親との対応を進めていく形となった。この弁護士さんには学生個人と大学との利害が対立しないように，大学側との連携も取ってもらうことをお願いした。カウンセラーはどんなに困っている人に対しても経済的な援助も安全な住居の提供もできない。そういった意味では，大学で学びたかったこの学生の希望を叶えるための支援はまったくできなかったといえる。その上，大学相談室は彼らのその後の人生に対しての相談場所となることもできない。大学相談室に勤務するカウンセラーができないことをできる人と場所をどれだけたくさんこの学生に手渡せるのか，そのために必要なものも，他所との連携・協働ということになる。

2．学生援助・支援をコラボレーションする

　連携や協働の様子を事例を通してみてきたが，次に大学における学生援助・

支援をコラボレーションするというのはどういうことかということを述べていきたい。まずは協働＝コラボレーションという考え方の背景であるが，近年大学進学率は徐々に増えていて 2008 年に 50％を超え，大学は研究機関だけではなく教育機関としての役割を担うべく中央教育審議会より提案を受けた。1990年くらいまでは大学はエリートのための学ぶ場であり，援助・支援という観点は低かったようだが，現在はより多くの学生の学ぶ場としてさまざまな援助・支援を行う必要があり，その担当窓口もいろいろな部署が担っていることが多い。大学の数も多く全入時代の到来，高校も単位制や通信制など選択肢が多数あり，ブラックボックス化しているともいわれている昨今，大学の学生対応もレディメイドではなくオーダーメイドの時代といわれている。入学してくる学生の抱える問題もさまざまだからである。こういった状況を受けて，2007 年には独立行政法人日本学生支援機構が「大学における学生相談体制の充実方策について」を発表した。副題として「『総合的な学生支援』と『専門的な学生相談』の『連携・協働』」と挙げられており，大学においては教育の一環として全教職員と，専門家であるカウンセラーが連携をしながら学生支援を行うように提示されている。それでは学内・学外の異なる職種の人たちとのコラボレーションとはどんな領域にまたがっているのだろうか。

（1）学習上で問題を抱えている学生に関するコラボレーション

　学習上の問題に関しては，入学前からの補講や教員によるアドバイジングシステムなどがさまざまな大学で行われている。学生相談室が連携を取る必要のあるケースの多くは発達障害をともなう学生の場合だ。一口で発達障害や学習上の問題といっても，大学までくると過去に対応された内容と歴史がさまざまで，小学校の頃から診断を受け医療にも学校にもきちんと対応をしてもらってきた＝大学でも厚遇を受けられると本人もご家族も信じきっている学生，診断を受けることもなく誤解やいじめの対象となって傷つきやすさを抱え，一見すると境界性人格障害のような症状を呈している学生，コミュニケーションがとれずに小学校からフリースクールに通い，高等学校卒業程度認定試験を経て大学に入学＝教室に入るのは 6 年以上ぶりの学生等，実にさまざまな状況があり，個々の学生に対する個別対応が求められてくる。ここでも念頭に置いておく必

要があるのは各学生におけるサポート環境づくりという観点である。

　集団行動を余儀なくされる授業を取るのか取らないのか，もしも取る必要がある場合は担当教員との打ち合わせによってその学生を受け入れる土壌を作っていくことは，教員にとっても他の学生にとっても利点が多い。発達障害に関してほとんど知識のない教員にとっては，何かあったらすぐに話をすることができる場所があるということや，この先におきる可能性が高い出来事に関して事前にシュミレーションして想定できるということも安心する点になる。個人との相談面接の基本とは真逆に感じられるかもしれないが，学生相談室のカウンセラーと教員が協力しあっているということで落ち着く学生や保護者もいる。反対に自分のそういった特徴に関して教職員には知られたくないという学生もいる。その場合は従来のように守秘義務の中で学生生活をサポートしていく必要がある。ただしそのような時でも，大学で行われている授業やイベントなどに関してカウンセラーがまったく知らないというのはやはり困るのである。そういった学生に対しての援助であっても，カウンセラーが日常生活の中で培ってきた連携やそれに伴う情報の共有ということが，大きな意味をもってくるのだ。

(2) 精神面で問題を抱えている学生に関するコラボレーション

　いわゆるクリニックモデルといわれるような，相談に対する意欲がもてていて個人面接を継続して受けていく必要があるような臨床心理学の基本的な治療構造を構築しやすい学生に対しても，大学の学生相談室では吟味が必要な場合がある。まずあたりまえのようだが，大学は4年，短大は2年で卒業していく。一般の大学では卒業後の継続相談はできない。そのため相談に来た段階でどのくらいの継続が可能なのか，学生の性格特性なども考えてその学生にメインで関わる人は誰（どこ）がいいのかを考えていく。もちろん1年生からずっと話を聞いていて，なおかつ卒業時にはまだどこかで継続して相談をすることが必要であるために外部機関を紹介することはある。ただ退学や休学の可能性なども踏まえて，外部の専門機関を紹介して継続相談を行ってもらい，大学生活の部分では相談室がサポートするという道や，医療機関に通院してもらいつつ相談は大学相談室で継続，卒業時にも医療は継続していけるので移行に関するス

トレスが軽減される道など，取れる選択肢はいくつかあることを常に頭に入れておく。そうでないと大学を卒業・退学・休学した時，他機関に移行してサポートを受けることが物理的・感情的に困難になってしまったり，そのことで次のステップに踏み出す時間がかかってしまう可能性があるからだ。

　学生がよりよい大学生活を送るために，できれば大学を去るときにもスムーズに移行できるように，どのような空間を作っていくことができるかを考えていくことが求められる。こういったケースの場合，学外医療との連携を取ることが多いが，病院紹介をするときは事例1でも書いたように，医療情報提供書を大学産業医との連名で用意するようにしている。そうすると担当医から返事が来るので治療方針がわかるのと，後々の連携が取りやすいという利点がある。入学以前から通院していた学生でも，必要があれば本人に了承をとって連携をお願いすることが多い。医療以外でも最近よく聞く"新型うつ病"の学生など，時に背中を押したり，行動を起こさせるということが必要となるケースもある。その時にもたとえば「大学側は……」といった学則的なもので枠組みをしっかり作って，教務部等からあえて厳しく対応してもらうことが学生の可能性を広げることにつながる場合もある。このようなときも連携を取りあって時期を見ながら，事務手続き上の話し合いとそれに対してのフォローといった形で学生をサポートする。

（3）対人関係で問題を抱えている学生に関するコラボレーション

　大学相談室の扱う相談内容としては相当数あると考えられる学内の対人関係のケースでも，カウンセラーが1人で対応しないこともある。カウンセラーとして働いている人は心理学科でのみ学んでいる可能性が高い。しかし大学にはいろいろな専門分野があり各コースの特徴やシステムといったものがある。学科内の雰囲気や指向性などは，やはり教員が一番よく知っている。そのために同じ言葉を発しても，カウンセラーと教員では学生に対して異なる影響を与えることが多い。友人間だけでなく，研究室内の上下関係や，教員との関係の中でトラブルを抱えている学生の場合，教員に一緒に動いてもらうことで事態が流れていくこと，信頼感が生まれて学生が動き出すエネルギーになることもたくさんある。こういう場合も学生の考えや状況を教員とよく話し合って理解し

てもらった上で，対応してもらっている。

（4）進路や就職に関して問題を抱える学生のコラボレーション

キャリアに関しても実際の就職活動までに至れない学生は多く，就職課未満の相談を受けることも多い。その場合も就職課でのきちんとした相談やアドバイスを受けることができるようにサポートをしていく。また発達障害のある学生の特性などを事前に職員に説明して，スムーズにキャリアサポートを受けることができるように一緒に考えていく。最近発達障害をもつ学生の就職活動は，大学にとってもかなり困難な課題となっているのである。

（5）犯罪・事件・暴力にまつわる問題に関するコラボレーション

不幸なことだが，犯罪に関して学生の対応に関わることも少なくない。年齢的にいっても性犯罪やデートDV（恋人カップル間の暴力）・ストーカー被害が起こりやすく，被害者の場合と加害者の場合両方がある。また大学には地方から一人暮らしで学生生活を送っている学生も多いので，原則は家族が対応していくのだが，実家が遠い場合には緊急対応として病院や警察に同行することもあり，その後も警察や弁護士とも連携を取って動いていくことになる。時には事件として立件したい警察とPTSDなどの影響で証言することが難しい学生の場合や，告訴するかどうかで家族間の意見が分かれる場合など，関係性が難しくなることも少なくない。また学内に加害者・被害者が両方いる場合，どのように大学全体で対応していくのかさまざまな立場からの意見や考えが出されていく。議論に関してカウンセラーはあくまでもオブザーバーであるが，その後の学校生活をフォローしていくような立場になることもある。

事件や事故などに関わった場合，学生の今後の人生を変えるようなこととなってしまう可能性が大きいため，専門機関とともにじっくりとフォローしていくこととなる。事件後の影響も長期化しやすく，二次被害が起きたり複雑化しやすいので，関係者のネットワークを上手く利用できるように連携を取りながらサポート環境を維持し続けて行くことが必要になる。2008年にあった秋葉原無差別連続殺傷事件の日に，たまたま遊びに行って秋葉原にいた学生（被害には遭っていない）は，2012年の今でも影響が残って日常生活を送る上で困

る事があるという。一般の人はそこまで長く影響が残ることが理解できないこともあろう。そういった意味でも緊急対応やその後の相談だけでなく，つかず離れずといった見守り環境を維持していくことも役割の一つなのである。

3．カウンセラーに求められるもの

　最後に各人の専門や受け持ちを生かしたコラボレーションを作り上げていく上で，カウンセラーとして必要なことは何かについて述べていく。

　まずは臨床心理士学の専門的な知識を持っていること。自分の職種は他職種とは違う専門性と意味をもっていることを自覚することである。その知識や能力を高めていく努力をしていくと同時に，自分の能力や立場，職種としての限界を理解していることが重要になる。その上でその自覚と同じように，他の人たちの専門性や立場を認めて尊重することである。コラボレーションは立場と意見と能力が異なるからこそ成り立つ世界であり，異なる立場の人が一緒に協働する＝各専門上での知識差はあっても対等である場で行われる。問題を抱える学生に対する考え方も常に同じとは限らないし，時には議論になることもある。そのような時でも心理的専門性を押しつけるのではなく，相手の意見に従うだけでなく，柔軟に対応できる能力が必要になる。どのような時でも，その意見が正しいかという考え方で状況を見ていてはついていけなくなる。変動する状況の中で，どの立場や考えの人が判断を下すことが学生にとって学生生活を送る上で重要になるのかは刻々と変わっていくのである。そのためにその時々に対して柔軟に対応していくことが必要となる。場合によっては相談室が間に入って折衝していくこともあるので，柔軟なバランス感覚を養っていくことを心がけたい。

　またコラボレーションを築く上で注意が必要なのは，カウンセラーの持つ守秘義務に関してであろう。守秘義務は学生との信頼関係においてはとても重要な意味のあるものだが，時にコラボレーションにおいてはネガティブに作用することがある。協働なのに情報が開示されていないということは確かに問題となりうる。過去に問題のある学生対応で守秘義務をごり押しされたことがあり，カウンセラーは信用できない，正義をふりかざすだけで面倒だといった感想を

持っている教職員も皆無とはいえない。それでは反対に協働であるならば守秘義務はなくていいのか？　と問われると，一概にそうは言えないと私は思う。コラボレーション全体として守秘義務をもつということは当然あるのだが，扱うケースによっては学内外含め多数と協力体制に入ることもあるし，断続的な連携の場合もあるので，全てを全員と共有するのは学生にとっても関係者にとっても望ましくないこともありえる。ただ各人が専門分野での判断を下すときに情報が足りないということはあってはならないと考えている。

　基本原則的には学生の了解を得て情報を開示するのだが，状況によっては前後してしまうこともある。その際にも誰が一番近くで寄り添っていくのかということが判断の基準になる。学生相談室がその任にある場合は，状況が多少滞ったとしても信頼関係を崩すリスクは犯さないほうがいい時もあるし，相談室ではない人がメインで関わる場合は，その人がもっともスムーズに動けるようにサポートすることも必要になる。個人的には，この守秘義務に関してとても微妙な問題が絡んできたケースも経験しているので，原則を楯にするのではなく，なおかつ守秘義務を放棄することもなく，常に1回1回自問自答しながらやるようにかなり神経を使って対応している。理想を言えば「この人が言わないことは今は知らなくていいこと。必要なことはちゃんと伝えてくれる人だ」という信頼関係をコラボレーションする人たち全員からもってもらえるようなカウンセラーであることを目指している。ただ毎回，個々のケースで人は変わるので，なかなか難しいところはあるのだが。

　ここまで読んできて，大学学生相談室はカウンセリングやセラピーといった臨床心理らしい仕事をしていない，もしくはできないのでは？　という疑問や不安を感じた人もいるかもしれない。しかし実際にはそんなことはなく，個人面接も行っているのだが，大学相談室でやっている仕事はあまりにも雑多で枠組みがゆるく，時に野戦病院のような有様を呈していると感じることもある。必要な物資や環境資源が整わない上に専門外のことまで対応しなくてはならない。環境を問題にするのであればそもそも機関として，病院や相談所にとって治療やカウンセリングはその施設の主たる目的であり，経営的にも利益につながると考えられているが，大学にとっては学問が目的であり相談室は主たる部門ではない。そのため交通整理や折衝といったことが多く，かなりの時間を費

やしている。コラボレーションも連携する人が多くなればなるほど連絡などに時間がかかる。しかし関わるのが辛くなるようなケースでも，関係者皆が落ち込んだり立ち直ったりしながらお互いを支えあって進んでいく。立場が違うだけにものの考え方が異なって，救われることも多い。そして本当にたくさんの学生のさまざまな生活場面と出合うことができる。

　学生時代という期間的な区切りはあるものの，さまざまな問題や悩みや思いを本当に小さなことから数多く見守っていく場である。また「予防は最大の治療である」という原理に従うのであれば，ただ待っているのではなく，各所で学生と関わっている教職員から送られてくる学生の情報は，予防という観点から見るととても有意義なものとなる。また最近大学相談室では，アウトリーチといった相談室側から働きかけも活発になっていて，さらに予防という観点が強化されている。

　学生相談室も含めた大学の教職員がつながった目に見えない細い糸が，全ての学生の持つ個々の学生生活という空間をふんわりと包んでいる。それに気づかずに卒業していく学生もいるし，どこかでその糸に引っかかってSOSを発する学生もいる。学生達がいろいろなことを体験し，悩んだり苦しんだり，また歩き出したりするに十分な空間を守る。そんな要素が大学学生相談室にはある。

5章　学生相談と青年期の心理臨床
…内面と現実を分けること

原　信夫

　学生相談は，大学や短大あるいは専門学校で，その学校に所属する学生を対象に行われる相談活動である。対象が学生に限定されていて，在学中に限っての相談であり，治療的なアプローチから教育的なアプローチまで幅広い対応が求められるところに特徴がある。

　入学から卒業まで，大学なら4年，短大や専門学校なら2年から3年，長くてもその倍ほどの期間に限定された中での相談になる。卒業する時期には相談を終わりにせざるをえない。問題が続いているならば，どこか他の機関へ紹介することになろう。そのため，相談を受けた最初の時点から，問題や悩みの大きさと，卒業までに相談できる時間とを考えて，相談にあたることになる。

　教育に関わる相談では，入学・進級・卒業など，学校の時間の流れが現実の枠となって立ちはだかることが多い。小中高の相談でも期間は限られているし，特に高校では出欠の日数で進級や留年が左右され，退学か否かの選択もすぐに迫ってくる。限られた時間が余計な焦りを生んで，問題をこじらせることもある。

　小中高に比べれば，大学での相談は，いくらか時間の余裕があるといえるかもしれない。それでも，終わりが始めから決まっていることは，どのように相談を進めるかに影響を与える。より現実に即した対応が求められるといってよい。

　また，同じ大学生であっても，新入生と4年生では別の大学生活を過ごしているといっていいほど，大きな違いがある。大学生活を入学から卒業までの一連の過程と考えて，その都度，学生が異なる課題に直面する考える学生生活サイクルが提唱されているほどである（鶴田編，2001）。

新入生は大学という初めての環境で生活を始め，友人関係を新たに作り上げるという課題に向き合う。2，3年生は大学での生活に慣れ，今までの自分を振り返り今後に向けた自分を模索する時期になる。4年生になると，卒業を間近に控え就職活動を行い，卒業後の自分を考え社会の中での自分を作り上げる課題に直面する。

学年によって問題や悩みが異なるだけではない。学生生活で生じる困ったことは，それこそ学生の数だけ無数にある。履修届の書き方から，勉強が面白くないという訴え，恋人とのトラブル，家の経済的問題，学生自身の病気や進路の悩みまで，多岐にわたっている。多様な問題に対応しなければならない点は，学生相談に特有の特徴だろう。

そのためか，学生相談には，学生生活に関わるさまざまな相談に応じる「よろず相談」の雰囲気がある。面接室での一対一の相談面接だけにとどまらず，相談室に設けられた談話室やフリースペースなど，大学によっていろいろな名称で呼ばれる「居場所」での関わりも，そこに含まれる。小中学校の保健室で関わる養護教員のような役割を引き受けることもある。

学生と家族，教員や事務との橋渡し役，調整役を担うことも多い。授業に出てこないどころか，大学に出てこない学生の対応もある。退学や休学をめぐっての手続きの話から，症状を抱えて大学をどう続けていくかの話まで，実に幅がある相談に応じている。

学生相談の活動は面接相談だけにとどまらない。最近では特に，大学全体で相談支援に関わろうという動きが出始めている。相談員が他の教職員との連携を密にして，大学全体で学生支援に取り組もうとしている。そのための体制作りが始まっている大学もある。これは，発達障害の学生や，発達障害の傾向を強くもつ学生への支援が求められるようになって出てきた流れであるといえよう。

1．アイデンティティ（同一性）の2つの側面

こうした特徴をふまえて，学生相談を考えるとき，大切だと思われる点を述べてみたい。

一つは，青年期の相談であること。大学生が発達段階の青年期に位置していて，アイデンティティ（同一性）の確立という課題に直面している点である。青年期のクライエントは，自分の内と外，自分の内的世界と現実の世界，2つの世界において自分と自分の居場所を定める課題を求められている。どんな主訴や相談内容であろうと，このことをふまえて相談にあたることが必要であると思われる。

もう一つは，内面の整理と現実の対処を分けて，それぞれを個別に行うこと。クライエントの内的世界を整理・検討・修正することと，現実の世界に対して対処・対応すること，この2つを分けて行うことである。特に現実面の対処については，具体的なアドバイスや助言も交えて，積極的に行う必要がある。

青年期は当初，性的成熟の始まる中学生ぐらいから，高校・大学を経て，社会に出て働き始める20代半ばごろまでの時期を指していた。これでも十数年に渡る長い期間を指していたのであるが，近年，青年期がますます長くなり，青年期そのものの位置づけが検討を迫られている。開始の時期が早まるとともに，終わりの時期がさらに延長されて，青年期の区分が不明瞭になっているからである。青年期の区分が提唱されたのは1970年代から80年代にかけてであって，21世紀を迎えた現在，子どもから大人への移行期としての青年期という見方は変化していくのかもしれない。

しかし，それでもなお，青年期にアイデンティティ（同一性）の確立をめぐる課題に直面するという，エリクソンによる発達段階の図式は，十分に当てはまるように思われる。

青年期には，内側からも外側からも自分の変革が迫られる。内側からはいくつもの衝動が欲求の形をとって意識されるようになり，外側からはそれまでと違った集団のメンバーとしての振る舞いを期待されるようになる。それまでの生活で安定した自分の感覚を持っていたとしても，この時期には，否が応でも今までと違う新たな自分を作らねばならなくなる。そうなると，自分の感覚や自己像は不安定な状態に陥り，自分の感覚が曖昧なまま漂うことになる。外側の現実にあっても，自分の居場所が見つかるかどうかの迷いや不安が常につきまとう。いずれにせよ，この時期には確かな自分としてのアイデンティティの感覚を意識せざるを得ない。

アイデンティティとは，つまるところ，自分が自分であるという感覚のことである。それは過去から現在まで連続してつながっているという感覚であり，自分ついての一貫した記憶であり，変わることなく続いている自分というまとまりの感覚である。

この感覚が障害されると，現実感が希薄になり自分が自分でないように感じられる離人症や，複数の自分が現れる解離性同一性障害，妄想に脅かされる精神障害などが引き起こされる。まとまりをもった自分や統合された自我というとき，その大半はアイデンティティのこの感覚のことを指していて，このまとまりや統合が失われるとさまざまな精神疾患の症状となって表れる。自分がまとまりを持って感じられるアイデンティティの感覚は，自分の成立にとって基礎となる感覚なのである。

確かな手応えをもって感じられる自分，考えたり感じたりする中心としての自分，自分がこんな存在だと受け入れられる自分。主観的な体験としての，こうしたアイデンティティの側面を，内的な感覚としてのアイデンティティと考えることができるだろう。

ここには，何者にも代えがたい唯一無二の自分という独自性の感覚も含まれる。青年期は，連続してまとまりを持った，他の誰でもないこの私という内的な感覚を模索し，形成する時期にあたる。

一方，現実の，外側との関係の中に作られるアイデンティティがある。それは社会の中に位置づけられた自分の感覚であり，居場所があるという感覚から成るアイデンティティである。一般にこの感覚は，職業選択や配偶者選択，自分の性や価値観，生き方について，自分で決めて選び取りその結果を受け入れることにより作られるとされる。それは社会の中における自分の役割と責任を引き受けることにつながり，だからこそ青年期の課題とされてきた。

この2つのアイデンティティは互いに補い合う関係にあり，アイデンティティの感覚を支える両面であり，簡単に分けられるものではない。現実社会との関係が自分を支え，社会の中に位置づけられた自分ができて，初めて安定した自分が表れる。一方で，社会と円滑な関係を築くために，自分が安定して存在するという感覚や，他の何者にも代えられない自分があるという感覚も必要である。どちらを欠いてもアイデンティティの確立は難しい。現実に基礎づけら

れる自分と外との関係を取り去った後にも残る自分，そのどちらもが自分を表わす大切な側面であるからである．

　しかし，面接ではこの2つを分けて扱うのがいいと考えている．

　まとまりをもった自分という内的な感覚としてのアイデンティティと，肩書きや身分など社会的関係の中に位置づけられる外側の現実としてのアイデンティティを，便宜上2つに分けて扱うのである．面接では，内的な感覚としてのアイデンティティは「自分がない」「今の自分は本当の自分でない」「自分がわからない」といった言葉で表わされることが多い．青年期には特に，確かなものがないという欠損の感覚で語られる．一方，現実との間に作られるアイデンティティは，身分や肩書，所属などで語られる．かなり具体的な話になる．

　自分という感覚が揺れ動く青年期のクライエントに対しては，揺れ動かず安定した枠組みを置いて面接する必要がある．枠組みの外枠は，時間や場所の取り決めによる面接の構造になる．枠組みの内枠は，内容を限定する進め方になる．といっても，実際に相談内容を限定することはできないので，目的や目標を明確にして，現実の出来事を中心に扱うやり方になる．無闇に内容を広げ過ぎないことが大切だ．認知や感情よりも具体的な行動を取り上げるし，取り上げ方も感覚的というよりは，事実に即した現実的な応答を心がける．広い意味での支持的療法を中心にした対応になるだろう．

　ただし，内的な感覚や内面について，取り扱わないという意味ではない．クライエントが自分のさまざまな側面を，どのように感じ，どのようにとらえているか，最初から深く検討するようには動かないということである．

2．内的な作業がしにくい学生

　もう一つ，内面と現実を分ける理由として，いわゆる内的な作業がしにくい学生の増加がある．面接を通して自分を見つめ，自己の成長をうながすといった形での相談が通用しにくい学生が多くなっているのである．

　これもまた，アイデンティティの混乱がもたらす一つの形だと思われる．悩みや困難を，内面の問題としてとらえるのではなく，外側のこととしてとらえ，その即時解決を目指すのである．たとえば，サークルの友人関係がうまくいか

ないという相談で，解決のアドバイスをすぐ求める。就職の相談で，就職活動のノウハウをすぐ求める。相談することは助言をもらうことであって，有効で適切な助言が受けられないのであれば相談しても意味がないとすら考える学生がいる。もちろん，相談内容に応じて的確なアドバイスをする必要はあろう。相談を問題解決の場としてみれば，問題の答えや解決のヒントを得たいというのは当然のことである。相談を内的な作業の場としてみているのはセラピストの側であって，来談する学生がそのように考えないのであれば別の対応の仕方が必要だろう。

　この辺の事情に関して，今の学生相談の現場で「内的世界の充実よりも外的側面を重視する傾向が目立ち，傾聴されることで自分の考えや気持ちをまとめるよりは，即解決を保証するアドバイスや方法が求められるようになっているのである」「人間の心の割り切れなさや葛藤に身をゆだねるというようなことはほとんどない」という指摘がされている（高橋，2008）。そして，このような学生への対応として，内的な作業や自己のあり方に焦点を当てるのではなく，現実的な対処や具体的なサポートを重視することを勧めている。内的な自分の問題と向き合うように変わっていく学生もいるが，その時期が来るまでは，現実面での問題にしぼって面接を続けるのがよいという。今の大学生の現状を示した，もっともな指摘であると思う。

　しかし，現実の対処に限って面接を進めていても，自分という感覚を作る手助けになる進め方はあるように思う。現実の出来事を検討すると同時に，その検討の仕方について考える，という進め方である。出来事を扱うときの「扱い方」を通して，自分という感覚を育てる作業を行う。仕方を通して，というところが肝心である。この方法は，何かを対象として確認したり検討したりする作業が，実は，作業する主体としての感覚を育むことにつながる，という考えに基づいている。主に体験過程や体験様式を重視する心理療法の考え方によるものである。そこでは，体験の内容もさることながら，体験の仕方に注目して，体験の仕方を変えていくように働きかける。「悩み」そのものはすぐに変わらないか，場合によっては変えることができない。しかし，「悩み方」を変えることは，それに比べれば容易にできる。増井武士はこれを巧みに喩えて「『死ぬこと』は避けては通れないが，『死ぬことについての感じ方』は，『嫌だ，怖

い』というものから『生まれて今までありがとう』というものまで感じ方の変化は可能だ」と述べている（増井, 2007）。

3. 現実の出来事を詳しく確認する作業

　具体的には、クライエントがある出来事を話しているとき、その出来事についての陳述と、それに対する自分の気持ちや考えを、1つずつ注意して確認していく。この作業は、細かく詳しく、どんなに丁寧にしたとしてもし過ぎることはないほどである。クライエントが経験した出来事をできるかぎり詳しく語ってもらうように働きかけ、何が起こったか、その時どうしたのか、クライエントとセラピストが共有できるようにする。

　お互いに共有できていると納得するためには、言葉によって裏づける、あるいは、確認する作業が重要になる。あなたが話したのは、これこれこういうことですね、とセラピストが応える作業である。その場合、セラピストが要約してまとめるやり方と「なぞる」やり方がある。「なぞること」のほうが、確認のためには有効だろう。

　「なぞること」は下坂が述べた面接の基本技法で、習字の手本をなぞるように、クライエントの発言をなぞって聞くことである（下坂, 1998）。手本をなぞるというとおり、クライエントの言葉をなぞる。口調や抑揚、テンポをなぞる。下坂はこれを、単純だが威力のある「言語的確認」といっている。

　なぞることの効用は、なぞりきれないときにすぐわかることである。理解がおよばないところ、わかりにくいところが発見しやすくなる。なぞれないとき、待ったをかけて、説明してもらうことができる。それだけ理解を進めることになるし、理解のずれを少なくすることになる。

　言語的確認には、大事なところをはっきりさせ、曖昧なところを明らかにする意味もある。なぞって繰り返した箇所について、言葉にはしないけれども「ここのところが大事だと思うんですが、いかがでしょうか」と尋ねているのである。クライエントの同意を得れば、そこは大事だという了解を得たことになる。ときには、クライエントはイエスと言っているようだけれども、どこかしっくりこないようだとか、他に付け加えることがありそうだとか、意見の相異が見

えやすくなる。同意が得られなければ，別のところが大事なのではないかと確かめてみる。この繰り返しをする。

　曖昧なところは，クライエントにとっても曖昧な部分であるかもしれない。言葉にして初めて，意味が輪郭をもって表れてくることもある。何かがあるという感触はあるけれども，明らかにはなっていない何かの感じを，セラピストとの共同作業を通じて，形あるものにしていく。1つずつなぞって確認することによって，クライエントの中にある感じを確かなものに変えていくのである。

4．確認することで思い込みが見えてきた例

　ある学生が面接で話したエピソードを例に挙げてみよう。その学生は，友人のブログに，明らかに自分のことだと思う人物への非難が書いてあるのを見つけた。その友人はいつも「つるんで」遊ぶ仲間の一人で，非難されるようなことをした覚えはないし，思い当たる節がない。どうもメールのやりとりでのことを怒っているらしいが，なぜ相手を怒らせたかわからない，と言う。

　この話に対して，どこをどう取り上げて面接を進めるかは，この学生の訴えや問題，目標をどう設定したかなど，他のことも考慮しなくてはならない。しかし，それをいったん置いて，ここではこのエピソードが話された場面だけを取り上げる。この話を聞いたとき，筆者には，この学生が現実の出来事とそれに対する本人の思いを合わせ，一緒にして話しているように思われた。

　友人のブログに非難めいたことが書かれていたのは事実であるが，それが自分のことを指しているかどうかはわからない。この学生はそう読めたということである。それが本当に本人のことかどうか，どうして本人だと思ったか，その確認をしたいところである。メールのやりとりも実際にどうだったか訊いてみたい。現実とクライエントの内面を分けて考えるというのは，こうした作業を行うことである。

　しかし，この作業はクライエントの話の流れを遮ることになるので，それに対する自覚は必要だ。この例では，学生が取り上げたかったのはブログの記載が事実かどうかの確認ではなく，ブログを読んだときの戸惑いや友人に対する怒りであるように感じられた。その気持ちを取り上げて進めようと思ったが，

それと同時に現実の出来事とそれに対する学生自身の反応を区別して，起きたことを整理したいという考えも浮かんだのである。

このときの面接では，まずは戸惑いや驚きについて取り上げた。ある程度，気持ちについての話を続けた後，筆者からいったん流れを切って，ブログの記載についてあらためて事実の確認をしてみたいことを伝え，これについて詳しく話を聴くようにした。詳しく聴くとなった時点で，エピソードについての説明をなぞって確認していく。すると，「ここのところは自分のことを書いたんだ」と説明した箇所で，実際の記述（外の現実）と，それに対する思い（クライエントの内面）をあらためて確認することができた。そのうえで，別の人のことではないかという指摘をした。

そのとき学生は，この記載が別の誰かに向けて書かれたとは考えもしないことだったらしい。しかし，筆者の問いかけについて考えて，別の人の可能性もありえるかもしれないと思うことができた。後日，その友人がブログで非難していたのはまったく別の人であることが判明した。この回のことがきっかけで，人から非難されているかもしれないとすぐ考えてしまう，彼自身の考え方の傾向について話が進んだのであった。

5．出来事（外の現実）と思い（内面）を行き来する

起きた出来事を語ってもらうと，クライエントが出来事についてどう考えていたか，出来事をどう見ていたかがはっきりする。外側に注目して出来事を整理することで，そのときの気持ちや考えなどといった内面の働きが明らかになる。

外側と内面を分けて聴くといっても，両方を扱っていることに変わりはない。現実の話をしているときも，クライエントの内面の動きを想像している。クライエントが自分の思いを語っているときも，その思いに対応する実際の行動を想像する。ただ，分けるという視点を持つことによって区別がしやすくなり，区別することによって具体的な対処を考えやすくなっている。分けることによってクライエントが本当に言いたいことを探し出し，理解することにも近づく。

別の例を挙げてみよう。就職の説明会に行ってきた，という話をしている面

接の一場面。筆者が〈説明会はどうでしたか？〉と尋ねたとき，こちらとしては，ふつうに説明会の印象や感想を尋ねたつもりだった。ところが，返ってきた答えは，その会社を選んだ理由や志望動機についてで，しかもそれをその学生は長々と語り出した。会社の状況や，説明会の業種が直面している問題など，話題はどんどんずれていく。ある程度話してもらったところで，話を切って訊きだしていくと，次のことがわかった。

　説明会に行って担当者と話をしたが，自分の熱意が伝えられたかどうか不安だということと，伝わったかどうかは志望動機の中身で決まると（その学生が自分の意見として）考えているらしいことである。特に，担当者に自分の説明が通じているか，伝わっているかどうか不安だ，という気持ちが強くあることがはっきりした。

　これは質問と答えが，こちらの意図とずれていたところを整理して進めた例である。話をさえぎって整理した結果，説明会での体験をどうとらえたか，確認することができた。説明会での不安や，志望動機を伝えるべきとする考えは，最初からこの学生の中にあったのかもしれない。しかし，はっきりとは意識されず，もっと漠然とした感覚でしかなかったのではないかと思われる。それを面接で話し整理することで，明確な考えにまとめる作業をした。言葉によってまとめ，位置付けたのである。問いかけに対する答えの違和感から，現実場面の話と，そのとき思い，感じたことがらを分けて確かめ，先に記した中身が整理されてまとめられた。

6．具体的なイメージが浮かぶこと

　外と内，現実と内面を分けて整理する聴き方をしていくとき，中には分けて整理しにくい，話がなぞりにくい場合があって，注意が必要である。セラピストの側に問題があることがほとんどだが，描写不足や飛躍のある話し方のクライエントとの面接では，特に注意したい。

　自戒をこめて記せば，整理しづらく分けられないときは，なぞるのを怠っていることが多いように思う。早わかりと素通りが問題で，「つらい」や「困った」など短い言葉に込められた微妙な意味合いを汲みとろうとせず，早わかりして

先へ進めるのがよくない。出来事を聞く場合でいえば，たとえば，学生が教室には入れなかったと話すのを聞いて，どんなことか，すぐ判断してしまうようなとき。具体的な場面をイメージできないと気をつけようとするものだが，わかりきった場面であると，確かめずに進んでしまいがちだ。

内容が豊富すぎても素通りの危険がある。しかし，描写不足の場合や，言葉が少なく説明が足りないときは，理解の手掛かりすらつかめずに苦労することが多い。

言葉が少ないとき，こちらで言葉を添えなければならない。それにはイメージがいる。クライエントが話していることがらに関連した現実のイメージである。教室に入れないという先の例なら，どの校舎のどこの教室に入れないのか，教室の前まで来ているのか，遠目に教室を見るところにいるのか，あれこれ想像をふくらませイメージを浮かべて聴く。

校内をよく知っていると，あの教室は，昼前の授業で学生がごったがえしているとか，あそこは入り口が2つあるけれど，学生はほとんど片方しか使わないとか，情景が浮かびやすい。

具体的な現実場面を置いて聴くことで，この場面でこのクライエントは，うるさくていられなかっただろうとか，圧倒される思いだったろうとか，推測して，そのような声かけをすることができよう。

いわば内面の声を「なぞること」である。それが可能になるのは，外の現実に対応して，内的な心の内容が生じているからであろう。内的な心のありようを理解するためには，内的な内容にだけ注意を向けても難しい。青年期のクライエントに対しては特に，外側の現実と照らし合わせて心の内側の状態をとらえていくことが大切である。

III部　青年期のゆらぎと展望

　青年期危機説―平穏説，青年期遷延説といったテーマが話題として取り上げられるようになって久しい。青年期というのは子どもという心的体制からつぎの新しい心的体制，つまり成人に向かって再体制化されていく移行期，過渡期である。この過程で青年には，新たな価値観を模索し，社会的役割を主体的に身につけ，自分らしさを創りあげていくという課題が課せられる。ある青年にとってこれは，青年期が疾風怒濤と形容されるように，さまざまな試行錯誤や挫折の繰り返しを経験させられる時期となるかもしれないし，とりたてて波風が立つこともなく平穏無事に通過していく青年もいるであろう。同様に，いつになったら成人の仲間入りができるようになるかも個人差が大きく，これが年々延長される傾向にあるという実感をもっているセラピストは少なくない。

　青年の自己や他者・外界とのかかわり方，体験の仕方が時代の変遷とともに徐々に変わってきたり，多様化しているということは誰もが認めるところであろう。もしそうだとすると，セラピストもうかうかしてはいられない。現代の青年の心の様態にうまく適応できるよう，しなやかな発想からさまざまに有効なアプローチを工夫し，これを適切なタイミングで導入してみるという試みが求められている。

　それほど深刻な危機状況に直面しているとは見えない青年でも，やはり内面では自立に向けた地道な作業を続けているわけで，その過程で体験している複雑な葛藤や混乱を本人が明確に主題化，言語化できずに困惑していることが多い。人はつねに言葉を用い，行動を通して自己表現を行っている。とりわけことばは，心の内で経験している感情や欲求，意思，思考といったものを他者に伝える主要な媒体であるが，それですべてが満たされるわけではない。今，経

験している感情の流れや微妙なニュアンスを大切にすればするほど，ことば以外にも表現手段が必要になるのである。描画や箱庭，コラージュ，造形といった非言語的なアート的自己表現が，ことばでは表現しきれない心の深淵に創造という過程を通して形を与え，外界に表明していくための重要な手段としてよく用いられているのは理解できる。

　このアート的な自己表現には，創作活動それ自体に自己治癒的な機能が含まれていると考えられるが，表現というからには当然，他者や外界に向かって何かを伝える，表明するという，人との交流を前提として成り立っている行動でもある。青年期のセラピーでは単に作品を創ってもらうだけでなく，さらにそこから生まれる交流をいかにうまく活用できるかも，とても重要なポイントになる。すなわちセラピストが，クライエントによって表現されたイメージの世界を本人の体験の視点からしみじみと眺め，味わい，そこから自然と湧いてきたことばで伝え返していくことで相互の交流は一層深まりを増しながら発展し，両者で共有されている世界はつぎの新たな局面を迎える。これによってクライエントの作品にも新しい息吹が吹き込まれ，予測だにしていなかった創造の世界はさらに展開されていくのである。

　また，今現在，自己の内面で起きている複雑な事象にじっくり焦点を当て，そこで刻一刻と変化していく自らの体験を自分のことばで話すのがあまり得意でない若者も，セラピストとのやりとりを通して，自分のことを物語的に語るということにはあまり抵抗感をもたないようである。ここであえてナラティヴ理論を持ち出すまでもなく，クライエントがセラピストとの対話から過去の出来事や経験，それに自分自身のエピソードなどを紡いで物語として語り直そう

とするとき，そのリアルな内容からは適度な間を取ることができるため，葛藤や苦悩に一方的に巻き込まれるのを避けたり，軽減できるということは経験的にもよく知られている。誰もがそれぞれ自分の物語を生きているのであり，それがセラピストとの間であらためて語られる過程ではさらに新たな意味が付与されたり文脈が選択されたりするので，物語は一つの意味あるまとまりとして再構成されそれを生きることになる。しかもこれはクライエントがセラピストとともに相互協力的につくりあげた物語なのである。

いずれにせよ，青年期のさまざまにゆらぐ心を射程に入れた懐の広い柔軟なアプローチの構築はつねに必要とされている。クライエントの表現を素朴に受け取ろうとはせず，まずはそれを理論的なカテゴリーにはめ込んだり，細かく概念化してとらえたのでは通り一遍の理解しか得られない。セラピストが独創的なセンスを駆使して対話の空間を押し拡げ，現実に即応しながらも彼らの個別性を生かせるような統合的なアプローチをめざして初めて，青年の将来への展望は具体的に活き活きと描かれよう。

（神田久男）

1章　思春期の主体性の立ち上がりについて

瀬川　美穂子

　思春期あるいは青年期という言葉は，一般によく使われているが，これらの時期とはいつのことを言い表しているかについては，さまざまな議論がある。一般的に思春期というと，第二次性徴に始まる身体的な変化と共に生じる内的なプロセスという側面からとらえる傾向にあり，青年期はもう少し内的なプロセスという側面に視点が置かれ，年齢的にも思春期より少し後の時期を示している。

　また思春期・青年期の時期的な区分の中で，児童期と成人期の「中間的な時期」の他に，「移行期」「はざま」等と示されていることがある。こうした言葉から，思春期・青年期は大人になるまで時間をやり過ごすというイメージをもたれるかもしれないが，青年の側に立って見てみると，もう少し複雑な内的な動きが見られる。思春期・青年期を経て，主体性が立ち上がり，やがては自己の個別性を生きる成人期に入るのだが，自分の個性が自分とは異なる個性（他者）と相対峙する必要がある場面でも，自分の個別性を殺してより大きな相手の方に一体化して安定を得ようとするか，あるいは反対に自分の個別性を生かすために自分とは異なる個別性を備えた他者とはかかわらないようにして過ごす姿を目にしたりする。どちらの場合であっても，一方の個別性だけが生きるような在り方に，筆者としては疑問が残るのである。そこであらためて主体性をもつことについて考え，自己の個別性を生きるとはどういうことかを検討してみることが新たなテーマとして浮かび上がってくる。思春期を，主体性を立ち上げ，自己の個別性を生き始める時期ととらえるならば，そこでは内的にどのようなことが起こり，これにカウンセラーはどれだけ効果的な援助ができるのかについて考えてみたい。

1．新たな視点の獲得——親との一体感との裂け目

　'わたし'ということについて考えた時，年齢，国籍，身長などの外見，特技，好きな食べ物等さまざまなことを挙げることで，'わたし'を語ることになるのだろうか。「'わたし'とは？」と考えた時に，自己にまつわる属性的な特徴を言い表すことは，表面的には自己を理解しているといえる。ここで主体性が立ち上がってくるという時，表面的にではなく，もう少し内的にとらえられる'わたし'について認識していることになり，児童期とは異なる主体を感じつつ自己をとらえようとする動きのことを表している。高石(1996)によれば，風景構成法の構成型に見られる特徴の変化にこうした自分自身をとらえる視点の変化が象徴的に示されているという。すなわち，それまでは人や木，山や川などの配置が羅列的であったり平面的であった構成型が，10歳頃から自分自身を鳥瞰図的にとらえた構成が特徴的になってくるというのである。このような描画を想像するだけでも，内的に感じている主体と，それを対象としてとらえ統合するという動きの伴った内的な世界観をもてるようになった変化が起きていることが推測されよう。平面的で一つの対象とそれぞれにかかわりをもった世界観から，個々の対象が意味のあるまとまりや奥行きをもった上で，一段越えた全体とのかかわりを備えた自己観へと変化していくといえよう。このような自己観の変化は，世の中のとらえ方の変化にもつながっている。そして，こうした内的な作業が行われる時期が，思春期・青年期にかけてなのである。

　しかし一方で，感じている主体からあまりにも離れてしまい，真上から見るとらえ方ばかりになると，どこか実感や拠り所に欠けるような体験となり，これが不安として感じられることもある。思春期・青年期を内的に不安定な時期ととらえるのはこのような心性の特徴からではないだろうか。児童期に生じた自意識は，欲求や衝動を自覚することであるが，そこから自己の視点を動かし，過去をふりかえり，将来への展望を持ち始める時期が思春期・青年期である。そこでは形のないことを思い描き，それとのかかわりをもち続けながら進む指向的な側面も動き始める。抽象的な思考にひかれ，自分ではまだ理解できないものとのかかわりを通して，これが自分とは異なる世界観をもった他者の存在

を知る入り口ともなるのである。

　男子高校生のAは，同じ部活のBをはじめ数名の生徒とクラスも同じであった。Bたちは部活でもクラスでも活動の中心におり，場の雰囲気を作り出していた。Aは次第にクラスでも部活でも"自分は浮いている"と感じ，居にくさを感じるようになっていた。Bはクラスでも同じ部活の生徒を中心に，その他の生徒たちと交流を持ち，クラス行事でもBの意見は取り上げられるような生徒である。一方Aはどちらかというと，自分から意見を出すよりも相手の話をよく聞くタイプである。こうしてAは次第に，自分は華やかなBたちとは違うのではないか，普通とは違うのではないか，自分は人よりも劣っているのではないかと思い始めるようになっていったのである。

　にぎやかで明るく誰とでも話せる人が受け入れられる傾向にあり，大人しくて人と気軽に話すことが苦手な青年はどちらかというと排除される傾向にあるといえよう。世間から良しとされないそのような傾向は，皆から注目されることはなく，時にはあってはならないものとして意識からも排除されたりする。Aは相手の話をよく聞き，聞き上手と言われることもあったが，それは青年期の主体性という面では受け身的であり，特に男性としてはあまり好ましくないものとして人からは見られていると感じていた。また，Aは母親の中に，荒い言葉遣いで大声を上げて話すことや，自分の意見を主張的に取り上げさせようとする人を，冷ややかに見ている様子を感じ取っていた。集団をまとめる時に，全ての意見を取り入れることはできず，場合によっては捨て去られる意見もでてくる。こうした青年期の男子の主体的な在り方やリーダーシップを発揮する様子を見て，母親はそれを粗雑で荒々しいものとして否定的に感じていたようである。これは，母親の中の攻撃性や主体性の在り方と関連しており，それらをそのまま荒々しい否定的なものとして子どもの内面から発現されるのを抑制しようとしていたことが伺われる。

　Aはすでに母親が否定している荒々しさというか，それこそ自らを立ち上げる契機となる心の動きがすでにA自身の中にあることに気づいていたのである。しかし，そうしたものを生かすことは，これまで親との間でつくってきた自己イメージから自分自身を引き離すこと，親との一体感に裂け目ができることを意味する。Aの場合，自分の中にあるが十分に生きてこなかった側面を

生きることは，母親を否定することにもつながる。これまで親とお互いに否定してきた荒々しいイメージにAが一度身を浸すプロセスを経験したとするならば，親はそんな自分をどう見るであろうか？　そこから想像されるのは，今まで親と共有していた世界を自分1人で見て感じ，引き受けていかなければならない寂しさや孤独感である。誰も今の自分を受け入れてはくれない。自分自身も荒々しさが生々しく，洗練されたものでないことを感じており，このままの姿で誰かと会うのは気が引けてしまい，必要以上に外出を避けるようになる。このような時に，社会から引きこもることでこの時期を乗りきることもできよう。もしそうなったとすれば，誰ともかかわりを持たないこの時期に，大人になるためのどのようなプロセスが動いているのかを慎重に考慮しつつカウンセラーが接することも必要となろう。外界からの刺激を閉ざす青年に対して，かかわりを持ちつつも，生きてこなかった側面を生きるプロセスを見守ること，そのプロセスの進行を妨げないような援助が必要である。ただ引きこもるだけで，内的な過程に生じていることと向き合うのを避けることは，主体性の立ち上げを妨げることでもある。Aの良さは聞き上手なところであったが，そういう自分として生きる前に，A自身の中にある邪悪さや荒々しい男性的な面を経験し，自分のものとしていくプロセスを経ることがまず最初に必要であった。Aの中にこれまで生きていなかったプロセスを一度生きることが，主体性を立ち上げることの始まりであり，その後の個別性を生きるということにつながる。こうして親との間に隙間ができ，自由に考えたり感じたりする主体性の立ち上がりのプロセスが動き始めるのである。

2．新たな'わたし'の出現——個別性への気づき

　'新たな自分自身の個別性'を備えられるようになってきたといっても，それは大人から見れば最近少し様子や雰囲気が変わったけど，成長したからなのだろうと周囲はほとんど気にとめない程度にすんなりと進む人もいる。しかし，新たな個別性を生きるだけではなく，見出すことすら大変な青年もいる。親との分離で見えてくる最初の自分は，親と共有していた世界観では悪いことと見なされ，生きてこなかった側面であることが多い。そしてこの側面は，社会に

おいても良くないこととしてとらえられているため，そこを生きようとしている自分は悪い子で，この世に存在してはいけないのではないかとさえ青年は思うのである。

　Aの場合，親との間である種の均衡が保たれていたところがある。新たな個別性を生きる時には，それまでの自分自身を一度手放し見失うという，内的な死を体験する時である。Aは友達の会話を受けることはできるけれど，友達を引っ張っていくことはできないと言うことがあった。とはいえ，聞き上手な彼を生きることにも行き詰まりのようなものを感じていたのである。ところがAはある趣味を通じて，攻撃的で破壊的な面を生きる経験をしている。その結果Aは，実際に破壊的な道に進むことなく，こうした自分の側面に向き合い，A自身の一側面として自分の内にあるものに気づくようになった。趣味を通して得たイメージが，彼の内的な過程を促進するのに大きな役割を果たしたのである。気づけばAは制服のワイシャツの下に，ドクロの描かれたTシャツを着ていることもあった。発言が少なかった彼が自発的に話すようになり，一時期ある友達との間でお互い一歩も引かないほど感情をぶつけ合う時期もあった。しかし彼はその友達が言わんとすること，気持ちを感じ取ろうと努めていた。友達の何かを感じ取るとき，これまでの聞き上手というAの受動的な在り方とは異なり，友達の主張を聞いて友達の中に何かを見出そうとする主体的な在り方が見られるようになった。そして，意見を言わない非主張的な在り方だけではなく，その場から感じられる様子を受けとめつつ，自分の意見をその場になじむ形で言う，つまり建設的な伝え方を見出していったのである。このようなAの様子は周りの大人からすると，今まで人と衝突することがなかったAが，少し良い子でなくなったような印象をもたれたのかもしれない。しかし彼の輪郭が少しくっきりしたように見えてきた。親との均衡を壊し，それまで生きていなかった自分の中の別の側面を生かすプロセスを歩み始めたようである。

　青年の主体的な生き方を阻むもう一つの要因として，親の在り様がある。親は親で，これまで自分なりの自己観を築いてきている。親は親自身がとらえている世の中の理解の仕方で，子どもにも世の中を説明する。しかし親が生きなかった側面を子どもが生きるようになったら，親の方もこれまで見ないできた側面とどう付き合うかを見つめ直す内的な作業が必要となってくる。そこで親

は親で心理的な安定を維持しようと，生き残りのために必死である。親が安定を維持するためには，子どもが新たに生きようとする側面を認めようとはしないこともありうる。これまでの自分像を崩すということは，一度無に帰すことになるからである。それは内的な死の体験であり，親にとっても抵抗が強いのである。内的な死の体験を経ることへの抵抗が強いということは，親と子の両者にいえることではあるのだが。

　カウンセリングでは，親子並行面接を行うことが多いのは，このように，親子それぞれが独自のプロセスを歩んで行くために必要な構造であるととらえることもできる。思春期には，親子一体となっていた状態から，分離していくプロセスが始まる。これはつながっていたものを分けるプロセスである。中学生，高校生になると子どもが自分の部屋を欲しがるのも，こういうことを考えると気持は理解できよう。また，カウンセリングで守秘義務が親子の間でも生じて来るのにも同様の理由がある。子どもが親に秘密を持つようになると，大人は今までと違って子どもが分かりにくくなったと不安をもつようである。しかし，親との間でつくってきた自己観，世界観を青年はこの時期に一度閉じることが必要である。外界の刺激を閉ざして，内界を守ることで自分という存在感覚が育ってくる。自分という感じが淡くしかつかめない時，彼らにとって異質なものは自己の内に侵入したり輪郭を壊す対象として感じられることもあるが，一時期閉じた上で，新しく親や世界とどのようにつながり直すかを考えるのが青年期なのである。

3．事例に見る主体性獲得のプロセスと
　　カウンセラーのかかわりについて

　親との分離から始まり，親とも友達とも異なる自分の個性を見出すプロセスが青年にとって大切な課題の一つである。ここでは思春期の主体性の立ち上がりについて主に焦点を当てているが，さらにその獲得のプロセスについて検討してみよう。

　思春期に入り彼らは，親の目を通して見ていた世界を，少しずつ自分独自の目を通して見始めるようになる。子どもが親とは別々の自分自身に気づき，'わ

たし'ということが出現した後、自分自身の個別性を見出しつくり上げるプロセスが始まる。そのプロセスはまるで、目に見える形ではとらえられない自分自身を、四角い粘土をつぶしてこね、平らにして延ばしてはまたたぐり寄せることを繰り返して滑らかにし、形にするプロセスに似ている。こねる時間が足りないと、その後の成形はブツ切れになり、思うように形を整えることができずに終わってしまう。できあがりの形を頭の中で十分に思い描けないと、成形の時にどうつくっていいか分からず、途中で放り投げることにもなりかねない。できあがりの形を十分に思い描ければすばらしいものができあがるかといえば、描いたものがあまりにも細かかったり、形にするには小さかったり、大きすぎたりするなど、実際に粘土を形作ることと予想完成図の間にズレが生じることもある。主体性が立ち上がる時は、最初の四角い粘土をつぶして均衡を壊す時である。一度粘土をこね始めたら、最初の均衡のとれた四角よりもバランスのよい何かができあがる保証はない。湿度やコネ具合によって粘土がまとまらない時もある。得られている均衡を壊すことをためらう気持ちは、誰の中にでもあるだろう。そして、粘土をこねている時は地ならしのようなイメージであり、完成図が立ち現われては消え、また新たな完成図をイメージしては消えということを繰り返す時である。筆者は、こんなイメージをもって思春期・青年期の人達と出会っている。

　ここで、カウンセリングにおいてAがどのようなプロセスをたどったのか、カウンセラーがどのようにかかわったのかをみていくことにしよう。AはBが話の中心にいる様子を見て、自分は受け身で聞いている方が多いと気づき、Bのように振る舞えない自分は普通と違うのではないかと思い始めたところから始まった。今まで聞く側にいるAのあり方は、親子間では当然のこととして疑問視されずにいた。Bという対象に出会い、Aの中にあるが生かされてこなかった側面が揺さぶられたのである。こうした時期は、相手からは劣ったものとして思われている、扱われているという語りが増えてくる。この語りを内的な課題に直面しつつクライエントが語っていると理解したならば、親との間で保たれていた均衡を破り、主体性を立ち上げていくプロセスが発現する可能性を内包するものとして、カウンセラーはかかわっていくことができる。しかし、クライエントが内的な課題を通じて主体を立ち上げようとするためには、まず

は実際の人間関係を調整するなど環境を変えることが優先される場合もあり，どちらをとるかはクライエント理解と現状理解の上に成り立つといえよう。

　Aは一時期1人の友人との間で，感情をぶつけ合うことがあった。Aの感情面の高ぶりを収めるために，カウンセラーが現実吟味を促すことや友人の言動を理解するための言葉を伝えてみたが，Aの感情が収束する様子はみられなかった。現実吟味や理屈でカウンセラーが伝えたことは，Aにとっては知識として知っていることであり，その時のAには受け入れられなかったように思われた。ここでは，頭で考えて割り切るプロセスに働きかけるよりも，感じる主体としてのプロセスを促進するような働きかけを必要としていたように思われる。カウンセラーとしてはAに言葉をかけ，それがどのように響いているのかをその後のやり取りの中で問い直し，またAに言葉をかけて関係を築いていく作業を続けた。Aが感じていることにストレートに響く言葉については，とても素直にAは受けとめていた。そのような時にはAの中で生かされなかった側面が動き出し，あらたな展開が生まれてくることが感じられることがあった。すなわちこの時期のAにとって，直接的に触れ合う体験につながる言葉が必要であったように思われる。クライエントが言うことをただ肯定的に聞くだけでは，カウンセラーが自分自身をかけてはいないことになる。そればかりか，クライエントの語ることについて，それで良いのか間違っているのかという保障を与えているような場合もある。ここでのかかわりは，そうしたレベルとは少し異なるのである。それはお互いが実感の伴った生の言葉でかけ合いをするといった要素がずっと多く含まれた語り合いだといえよう。

　Aが自分の感情を通すことではなく，感じたことを現実に受け入れられるような建設的な考えとして表現する姿が見られたことは，先に触れたところである。このようなAの様子は，感じる主体としてのプロセスに没入するプロセスと，そこで感じられたものを現実場面で受け入れられるものとして考えるプロセスの両方が補い合って生まれたものであった。感じる主体としてのプロセスで得られたものを，個別の欲求に結びつけることは，解決策として偏ったものであるといえよう。感じるプロセスに浸ることと，考えるプロセスの両方が動き出すように働きかけることが，Aにとっては必要な援助であったと考えられる。

Aの趣味はどのような働きをしたであったろうか。そこにはAが趣味を通じて新たに見出した自己の側面を生きることができた様子が見えてくる。とはいえ，趣味をもつことが個別性を見出すプロセスに必要だということに結びつけることは妥当ではない。むしろ趣味の中で得られたイメージを通じて，何かを排除して切り捨てることやある対象を破壊するということを，情動を伴って体験するということがAにとっては必要であったと考えられる。破壊されたところから，何かが展開するイメージがあったのではないかと筆者は考えているが，ある時期から趣味の話は主要な話題から背景的な話題へと移行していった。このように内的なプロセスにおいて趣味の話題が背景に退いた理由の一つには，成人に比べて青年は，現実面でのプロセスとイメージにおいて体験されたプロセスが，密接であることが考えられるであろう。両者が近い故に，あたりまえのこととして説明されないのである。Aが体験していることをイメージできる手がかりとして，趣味の存在はカウンセラーにとっても必要であった。趣味を通して，Aとの間に共通の何かがあることを感じられた。これは同じことを趣味に持っているということとは別である。趣味を通じてそれぞれの中に流れるものとのかかわりを持ちながら，そこからAというこの人にはどのような言葉をかけられるかを考えてかかわることができたように思う。このように一つ深いところに流れるものとのかかわりをふまえずして，他者を理解することは難しいのではないかと考えている。そしてクライエントを体験的に理解するだけではなく，理論や知識によってもその理解は補われるところがあると考える。

4．思春期と死

　思春期について話す時に，この時期青年たちが死についてどのように考えるか触れておきたい。親との分離，主に母親との分離のプロセスで，青年は親の心理的な死の体験と共に，自分自身の心理的な死の体験をする。ここで親と言っているのは，実際に存在する親ではなく，人類が共通してもつイメージに近いものである。今まで母親と共有していた世界観を一度壊すことは，目の前に存在する世界そのものが壊れる体験であり，それをつくり上げた母親が目前からいなくなる，母親が死んでしまうのではないかという不安な体験をする。象

徴的な母親殺しである。そんな時に，母親のいつもと違う様子を見ると，子どもにとっては母親が本当に死んでしまうのではないかと思える。青年の側においても，今までの自分とは異なる新たな個性を見出す時に，内的あるいは心理的な死の体験をすることがある。Aは「死」という言葉は使わなかったものの，母親との間で共有していた自己イメージとの分離を経て，自分自身が新しく触れた荒々しい気持ちが洗練されないうちは自宅で過ごすことが増え，今までの穏やかなA自身を喪失した感じをもっていた。自己自身の内的な死の体験であるといえよう。また彼は，ドクロのTシャツに見られるように，死や闇に対して関心を持っていることが伺われる。思春期・青年期は，象徴的な死の体験や，死とは何かということへの関心が高まる時期だからである。

　青年はこうした内的な死の体験と，実際の生命の終わりを混同することが時にある。そのため，この時期の青年が死にたいと言った時には，本人の話をよく聞く必要がある。本当に生命を絶とうとしているのか，それとも，心理的に今までの自分では生きられず，一度古い自分自身を見直したい，そこから抜け出したいという意味なのか知る必要があるだろう。両者は密接にからんでいて，どちらか一方であると判別することは難しい。しかし，心理的な死を実際の生命の終わりと混同しているのであれば，心理的な死を迎え，その後の新たな自分の個性を生きられるような橋渡しをすることは，援助アプローチの一つではないだろうか。心理的な死というプロセスにおいては，闇の中を通過することは避けられない。闇には悪の側面と，新たな自分を生み出す側面がある。その時に，悪の側面を守りの中で体験し，新たな個別性を生きられるように，どういう側面が生きられなかったのか見ていくかかわりが必要となろう。心理的な孤独から，この世界自体を終わらせようと，生命的な終わりを本気で考える青年の孤独を支えることが大切である。そして，生ききれなかった側面のイメージをもち，新しく見出した自分の個別性を生き，肉体的な生命を現実的につないでいくことが必要であろう。

　思春期・青年期には，子どもの気持ちを大人がとらえることが難しくなる。それは青年の中で，親に対しても友達に対しても，近づきたい気持ちと同時に離れたい気持ちがわき上がり，助けてほしい気持ちと同時に構わないでほしいという気持ちがうまれるからであろう。周りの者としては，なんとかしてあげ

たいけれど何もできないという無力感をもつ。時には過干渉になってしまったり，ほったらかしにしてしまったりと，かかわる側にも複雑な気持ちが生じる。何かできるとか何かしてあげるというよりは，その人達との間に何かを生み出せる場をつくることができないかと考えて接することが多い。自分自身に対して存在の意味を見出せない子どもは，抑うつ的であったり空疎な感じを持ちながら生活している。自分自身に何も見出せなければ，そこからとらえる世の中が彩りのないものに見えるのもなんとなく理解できよう。そうした人達との間で，何かを生み出していける場としてカウンセリングが行われることはあるだろう。思春期・青年期において，親との間でつくられた均衡のとれた状態から離れ，自分自身で感じたり考えたりすることが始まる。その時には唯一個別の自分を感じ，ユニークな自分自身を見出す一方で，他の誰とも異なる自分自身に孤独を感じることがある。

　個別性を生きることは孤独を感じるプロセスでもあるといえよう。孤独であるが故に主体的に生きることを放棄する青年が多いことからも，個別性の道を歩むことが容易ではないことが伺われよう。思春期・青年期においては，主体性と受動性，肯定的な面と否定的な面，親密な面と孤独な面というように，相反する側面が同時に存在している。そのような時に，どちらか片面だけを生きるような理解の仕方でこの時期を乗切ることは，一時的な安定を見出すだけで終わることになろう。相反するものが双方をそれぞれ否定しながら，このままではやっていけないという体験を通して，現実での新たな在り方を模索し始めることができる。しかも，このようなせめぎ合いを通して現実での存在や位置づけを見出す動きは，小さいながらも繰り返されている(河合, 1996)。とはいえ，そしてこの果てに必ず新しい自己存在の在り方を見出せるとは限らない。青年はそのようなぎりぎりのところで自己観や現実での在り方を模索しているのである。

2章　相談室から垣間見えてくる青年の悩みの様相

二宮　実穂

1．面接過程で起きてくること

　青年期の発達課題は，エリクソン（Erikson, E. H.）によれば，アイデンティティの確立である。これまでの育ちの中でつくり上げた自分と，青年期に入り，内面に湧いていた衝動や願望を意識した後の自分。これらを自らが統合し，新たなゆるぎない自分をつくり上げ維持していく。これがこの時期，青年に課せられた大切な心的作業となるのである。

　育ちの過程でつくられていった自分というものは，その地の自然や文化を感じ取り，家族や学校で出会うさまざまな人の思いを取り入れ，適応してきた枠組みを基に形成されたものである。しかし，自分を強く意識できるようになると，これまでの枠組みには収まらない何かに魅かれる自分を感じたり，自分の中に独自の好み，価値観，希望があることに気づく。あるいは，いつも何か満たされず自信の持てない，不安と焦りに駆られた自分を発見する。いったい個としての自分はどういう人間なのか，それは本当にいつも，そして今後もそういう自分であるのか，そしてそれは，これから生きていく環境に承認され，適応していけるのだろうか。このようなことに気づき，悩み，考え，試す青年期は，大変悩みの深い時期であるし，これまで自分を支えてきた枠組みを一旦は横に置いたり壊さざるを得ないため，大きな混乱が起きることもある。具体的に例を挙げながら，概観してみたい。

● **事例Ⅰ：19歳女性**

　地方の裕福な家庭に育ち，地域で有名な私立女子高を卒業。周囲は4年

制大学への進学卒業後，地元での就職，結婚を望んでいる。特に明確な志望もなく「大学へは進学するものだ」としか思わなかったので，偏差値や受験科目を見て入りやすいと感じた某大学文学部に入った。しかし入学してみると，語学の課題が想像以上に厳しく，元々興味があった専攻でもないので勉強がはかどらず，大学を休みがちになっていった。家族とは「あまり話さない」のだが，素行や成績のことには「口を出してくる」ため，現状を話せないように感じ帰省もしなかった。やがて親の知るところとなり，大学に行っていないことと成績の悪さをひどく怒られた。このままではいけないと思いながらも気力が出ず，久しぶりに授業に出席することを考えると周囲の目も怖く感じて，部屋にこもり自傷行為をするようになっていた。

　面接室に現れたAは，これまでの経緯を語りひとしきり泣いた後，「どうしたらいいかわからない」「自分で自分のことがわからない」「家族にとっては私じゃない子だったら良かったのだと思う」等と，大きな混乱と強い自己否定の気持ちを語った。親だけでなくこれまでの自分の枠組みにおいても，現在の状況は許されないことであった。しかし今の状態では登校どころでなく，まずは自責感を和らげ落ち着くことができる時間が必要だった。話し合い，今は登校は無理とAは納得し，休学を決めた。そのことを親に伝えることは，（本人の考える）自分に対する親の枠組みを壊すことになるが，今ある個としての自分を示すことでもある。「思ったより怒られなかった。あきらめたのかもしれない。仕方ないと言われた」と，期待に添えず見放されたかもしれない不安と，責め立てられなかった安堵，そして自分でさえ直視しにくい，良くない状態である今の自分を認めて判断を示せた安心感が垣間見えた。

　その後は，「目の前にあることをそつなくこなすだけの自分ではぐらついてしまう」と言い，どんなことをしていると自分は心地いいのか？　自分が好きなことは何か？　ということから，あらためて考え確かめる作業をしていった。そんな中，「工芸品の製作体験の情報を偶然見つけ，興味を持った。でも数日間の行程でやり通せるか心配」と言い出した。この時点で対人関係はあまり持っておらず，体力面の心配もあった。しかしその

作品に魅かれているのは確かで，好きなことに向けて主体的に動こうとしている熱っぽさ，自信もうかがわれた。無理と思ったら帰って来たらいいねと話し合い，Ａは出かけていった。帰った後Ａが語ったのは以下のようなことである。「製作は難しく失敗も多かった。でも嫌にはならず，手を動かすことが自分は本当に好きなんだと思えた。過疎の自然に囲まれた村だったが，時々顔を合わせる村の人が，普通に挨拶してくれて，ちょっとした会話をした。それだけだが，ここに居てもいいのかもとなぜか感じられたのでやり通せた」。その後も，自分の感覚が薄く不信感の強いＡの自己探索は続くが，対象を素直に好きだと思える自分の気持ちや，個としての自分に従って活動している際に訪れる安定感と周りから感じられる承認感は，Ａの大きな拠りどころとなった。

　このように，自分は何者か？　と内面を探索する過程では，浮かんできた思いを現実的に試し体験する機会が偶然訪れることがある。衝動や一時的な欲求を満たすために動こうとしているのか，元来からある個としての自分にとって永続的で大切なことを明らかにするために動こうとしているのか，しっかり見定めなければならない。そして，それがもし後者であるならば，Ａのように今後の自分の基盤になることが多い。

　面接室では，考えていること，感じていること等内面の話がメインになるが，その内的作業が進むと，現実生活場面でも行動や出来事に変化が起きてくる。Ａの場合は，魅かれたことを試し，自分を発見する確かめるという色合いが大きかったが，内界の変化が外界の変化を呼び，現実の行動が内的作業を進めるといった，ダイナミックな動きが起こることもある。

● **事例Ⅱ：21歳男性**

　大学３年生。都市近郊ののどかな地域で，特に悩むこともなく育った。会社員で忙しい父と，パート勤めの母と３人家族。大学に入学後はアパートで一人暮らし。

　３カ月くらい前から，だるくてやる気が起きない。たくさん寝ているがすっきりせず，大学の長期休暇中ということもあり，ほぼ布団の中で過ごしていた。大学が始まれば，調子が戻るかと思ったが，逆に悪夢も見るよ

うになり辛くなっている。
　友人に勧められて来談したBは「きっかけとして，思い当たることはない」「寝ているか食べているかの毎日で，ここでも何を話したらいいのかわからない」と言う。とにかくだるいことと悪夢が辛いとのことで，夢について説明し，それを題材にした。
　「得体のしれない大きな怪物のようなものに，追いかけられる。結局追いつかれて踏み潰されかかったところで，目が覚めた。踏まれた感覚も覚えているくらいで，本当に死ぬのかと思った」。恐ろしさを共有し話す中で，少し面接室の空気が軽くなったことを感じたので，怪物の姿について尋ねてみると，「わからない。でもどんなのだったんだろう。夢なんだから死なないですよね。今度出てきたら見てみようかな」と話した。
　その後も度々追いかけられる夢が語られたが，逃げ場のない重い雰囲気は少なくなっていった。そして現実生活で「先輩達のちょっかいを察知してよけたら，意外な顔をされた。Bのくせに生意気だ〜と言われた」というエピソードが語られた。聴くと，仲間内では「いじられキャラ」でそれが嫌ではなかったが，先輩でしつこい人がいる。同級生の友人に「よく平気だね。頭にこないの？」と聞かれ，ピンとこなかったが，後でそう思ってもいいのか，と思ったとのことであった。
　しばらくして「夢の中で怪物と戦ってみた。パンチ繰り出しました」と楽しそうに語った。現実生活では，母からの電話を切ったエピソードが語られた。「心配して，必要なものはあるか？　と聞いてくれることもあるが，母のグチを聞くことも多かった。最近，面倒に思う時は電話を無視したり，忙しいからと途中で電話を切るようになった」。その後，夢の中に父が出てきたことが報告された。「父とキャッチボールをしている。カーブの投げ方とかを言ってきて，そうじゃない等と文句をつけられながら，投げている。うるせーなと思いつつも，楽しかった」。そして，「もう大丈夫そうです」と面接を終了した。Bによると，友人に「変わったな。いい奴だと思ってたけど，優しすぎるし，時々何も考えていないのではないか？　と感じて，心配だった」と言われたとのこと。B自身も「あまり考えることもなくきたが，卒業後のことは不安だった。人からのアプローチはそのま

ま受け入れていたけど，自分で選べるようになってきた。生まれ変わったような感じがしています」と話した。

　面接は短期間であった。病態にもよるが，青年期の人との面接は，速いテンポで進むこともある。Bの場合は，比較的健康な自我を持っていた。そしてしっかりと意識化はされていなかったが，元来個としての自分が望んでいることを実現するために，適当な学部選択をしており，その後は就職に向けて滞っていたエネルギーを注いでいった。

　Bの場合に見られたように心理臨床過程においては，内的作業を進めること（Bの場合は夢を味わい，感情や思いについて語ること）によって，現実場面でも変化が起き，行動が変わる，そのために夢や考えに変化がもたらされ，また行動が変化するという循環がある。症状を治すとか現状の悩みを解決するといった治療的側面に留まらず，内外共に変化がもたらされ，新たな自分や世界が生まれるといった様相が，特に青年期の面接過程において見られるように思われる。

　このように，内界と外界は車の両輪のように，その人の変化や成長をもたらしていく。

　アイデンティティの確立においても，同様である。内的なアイデンティティの感覚を得ることとその自分が外界に是認されること，その両方を持っていることが，今後の安定した，そして柔軟な自分の強固な基盤となる。

　事例Ⅱにおいては，前者は自律的に動く自分であり，後者は変わった自分を友人が認めてくれたことである。ここ最近の社会状況の中，学生は，就職の内定をもらえるかもらえないかを，外界に是認されるかされないかということと同義に考えがちのようである。就職活動で，この世のどこにも受け入れられないかのような追い込まれた気持ちになり，面接室に現れるケースが増えている。確かに会社に受け入れてもらうことは，わかりやすい是認であるし大切なことだが，それは会社での労働者としての側面を認められたということでしかない。内定をもらって喜び安堵するにしても，話を聞いていると，本人の中でもつかの間の自己肯定感に過ぎないようである。Bが友人に笑顔で「変わったな」と言われたことは，新たな自分全体を認めて良いと言ってもらえたということで，

Bはおそらくずっと忘れないであろうし，より確かな喜びや安堵を感じたはずである。その確かな是認をしっかりとは感じられない人が増えているのかもしれない。

　事例Ⅰにおいては，前者は美しいものや手を動かすことが好きな自分で，周りの要求ではなく内側から湧いた要求に従ったことであり，後者は村人の普通の挨拶や自然の多い過疎の村の空気に，今のままの自分でここに居ていいと感じられたことである。是認は，人からであっても，（会社というよりは）仕事からであっても，街や文化や自然からであっても良いのかもしれないと思う。大学生を引率して山中で構成的エンカウンターグループを行った際，プログラムの後半で気分転換のレクリエーションとして，3時間程度の山登りをした。しかしこの時に，「風の音，鳥の声，自分の足音を聞きながら一杯に空気を吸いながら歩いていたら，自分も自然の一部なんだと感じられて嬉しかった」「頂上に出て太陽の光を浴びた時，世界に抱かれていると感じた」と自然から是認された大きな安堵や喜びの体験を話してくれた参加者が複数いた。また普段から口数が少なく人とあまりかかわらずにいた学生は，この時には植物や虫を見つけては報告し，自分の思いを語ってくれた。後で聞くと，家族を誘ってもう1度同じ場所を訪れたそうで，その後アルバイトを始め社会に出て行った。この山登りの体験は，今後の自分の基盤となる体験だったのだろうと思う。

　もちろん内的なアイデンティティの感覚を得ることと外界からの是認は，1回の体験で持てるものではなく，何度も違った側面での体験を通じてより確かなものになっていく。そして，山登りでの外界からの是認の体験は，プログラムの中で自分の内界を見つめたり，他者からのフィードバックを受けたり，他者の内的世界に影響を受けたりと，それぞれの内的作業を進めていた時だからこそ起きてきたことであり，休日の山登りがこのような体験となることはまれである。

　また，Bやエンカウンターグループで展開したような内界と外界のダイナミックな動きは，速いテンポでの大きな変化や成長につながる。面接過程でこれをいかに促進するかということは大切である。若い人ほどこのテンポについていけるものだが，この動きを面接の中で抑える必要のある人もいることは忘れてはならない。Bの場合は初回に夢の話をした時，Bの様子や面接室の空気が

軽くなったのを感じられたため，意識されていない内界の話を引き続き語ってもらうことに危険はないと判断できた。統合失調症の人等，自分と世界の感覚の薄い人については，コントロールし得ない内界についてダイレクトに扱っていくのではなく，今ある自分を揺らさずに保ち強化しながら，緩やかなテンポで成長を支えていきたい。

　青年期の人が面接室を訪れる時，その訴え，症状，病態はさまざまであるが，内的なアイデンティティの感覚と，その自分が外界から是認されているという感覚の獲得のために格闘していることは共通している。寛解期の統合失調症の人の格闘はまさに苦闘である。病気の受け入れをし，今ある自分はどんな人間で，どこまで無理がきき，どんな制限をせざるを得ないか，今後もこの自分でやっていけるのだろうか，そんな自分を認めて外界からも是認されうるのだろうか。これらを考え抜くことは並大抵のことではない。また，AやBについても述べてきたように，これまでの枠組みとは違う自分を見つけ，試し，築いていく，そしてその自分が受け入れられている感覚を持って次の探索に向かい，アイデンティティの確立を目指す。その過程を共にし作業を支えるには，セラピストとしてどんなことが必要であるか，次に考えてみたい。

2．青年期のクライエントと対する時に必要であろうこと

　青年期には内的な枠組みが一旦崩され，また多くの人が社会に出る前であるので，外的な枠組みも薄いといった状況になる。そんな中での面接では，突拍子もない思いや考え，深いレベルのイメージや夢がより現れやすくなる。それらは大切な要素で，内的世界に統合されれば，生き生きとして安定した，元来からある個としての自分を築く基盤となる。統合するためには，セラピストがクライエントの中に現れてくる思いやイメージについていくこと，そしてそれがまさにこの人ならではのものであると理解することが，大きな助けになる。セラピスト自身が，内的世界に開かれており，それを下手な枠組みをつけずに抱えていられることが必要であろう。

　希薄になっている自分を探索，発見，確認していく作業に，自分自身で取り組み，新たな自分を獲得，築き上げたという感覚は，その後の人生でずっとそ

の人を力づけることになる。次の課題や困難においても，自信を持って臨み，取り組めるようになる。そのため青年期のクライエントの面接では，他の年代の人の面接よりも，アドバイスが先行するような，クライエントを先導するアプローチは控えたい。枠がなく，曖昧模糊とした状態での話やイメージの中で，うっすらと垣間見える思いを，セラピストが注意深く聴き分け大切に捉えていることが，クライエントの自己発見，自己選択に向かう道中のガイドになるだろう。そして，Bやエンカウンターグループで見られたような速いダイナミックな展開を促すことにもなる。

　Aにも見られたように，セラピストによって聞き分けられ，クライエントに捉えられた思いを，現実場面で試し，実現する機会がふいに起きることも出てくる。一時的な衝動の満足を得たいのかあるいは現実逃避か，個としての自分を明らかにすることにつながる必然的な行動なのかを見定める必要がある。Aの場合，彼女の熱っぽいが自信と冷静さもうかがわれる態度は後者であることをセラピストが判断する助けになった。その際には，内的作業の同伴者から外的世界の是認者として背中を押す役割をとることもできる。しかし，もし一時的な思いであった場合には，今実際には何が起きているのかを共に考えていくことが必須となる。クライエントが衝動を満足させることに囚われてしまっている時は，先に立って説明やアドバイス，時には説得も行う。それでもクライエントが衝動を満たすための行動を選択した時は，クライエントがその結果も含めて抱えられる作業を今後行えるよう，セラピストはクライエントを温かく，そしてときに厳しくサポートしていくことが必要である。何度か説明や説得を振り切って行動したクライエントが，後に「あの時もあの時も今回も，言ってくれてたんですよね。頑固なので，自分で納得して受け入れるにはやってみざるを得なかった。でもようやくわかりました」と語り，それ以降は着実に考え，行動するようになっていった。それは，困難な問題を抱える人が今ある自分を受け入れるための苦闘の一部であり，そのことをセラピストが理解していたため，クライエントも試し考え続けた末に，制限のある自分を大きなわだかまりを抱くことなく受け入れられたのだと思う。そしてそのクライエントをセラピストが是認していることは，今の自分が他の側面での外界からの是認を求めて現実に向かうための支えになる。

信頼感が薄く，病態の重いクライエントが，安心して内的作業に取り組み続けるには，セラピストの支えがより必要である。その支えとなりうるものは，セラピストの，何か"確信めいたもの"なのではないかと，日々の臨床活動の中で感じている。それが存在することでセラピストの安定感が増し，クライエントの気持ちや面接室の空気の揺れを和らげ，抱えられる安心感がもたらされる。下手な枠組みをクライエントにかぶせることなく，先導することなく，クライエントの内的世界を感じとっていくこととは，相反することのように感じられるかもしれない。だが，もしこれが明らかな"確信"になってしまうと，症状の治癒や今訴えている悩みの解決以上の成長や，新しい個としての自分や世界の誕生にはつながりにくくなってしまうことだけは確かである。"確信めいたもの"というのは，たぶんに感覚的なもので，言葉ではうまく表現しきれないものかもしれないが，以下，少し述べてみたい。
　クライエントがどのような人で，どういう問題を抱えているのか。今困って話題にしていることは，この人のどういう動きなのか。こういった見立ては大切で，セラピスト自身と面接過程そのものに安定感をもたらす。しかし，セラピストがこれに囚われ過ぎてしまうと，知らず知らずにフィルターを通して向かい合うことになるので，それがセラピストの枠組みとなってクライエントの思いを聴き逃したり，内界の動きを止めてしまうことにもなりかねない。セラピストには，見立てをした後も常にそれを検証していく勤勉さ，修正をいとわない柔軟な思考が必要である。
　また，どんな技法を使うにせよ，このアプローチによってクライエントの問題を解決できるとセラピストが確信していることも，クライエントの安心につながる。いろいろな事例を見聞きしてくる中で，「なぜ，この人に，このタイミングで，このアプローチをとったのだろうか？」と疑問に思うことはよくあった。しかし，セラピストに一貫した考えがあり，信じていることがあってクライエントに対峙している空間では，そのアプローチが正しいかどうかは関係なく，ゴールに向かう支えになるものだと思うようになった。そしてセラピストが，クライエントの治癒，成長した姿をイメージできていることもクライエントの信頼感につながるだろう。そうしたクライエント像も，確実に正しいかどうかは関係ない。もちろん，途中で修正もないまま大きくズレていることは，

クライエントの不信感を招くが。大切なのは，セラピストが今あるクライエントと対する中で，見立てをし，アプローチの選択をし，ゴールのイメージを持てるまで，しっかり考えていること。このことが，クライエントに信頼感や安心感をもたらすのだと思う。もちろん，これもセラピストの思い込みが過ぎると，クライエントの可能性を損なってしまうことにつながる。自分の感覚が希薄になっている青年期のクライエントは，セラピストの確信めいた構えに支えられるが，知らず知らずにセラピストが期待する反応をし，セラピストもうまく進んでいると安心してしまうということが起こりうる。そうなると，うっすらと垣間見えるクライエントの思いを双方が捉えられなくなることがある。結果，クライエントをセラピスト色にしてしまい，元来からある個としての自分でなく，セラピストの枠組みを持った自分止まりになってしまう。セラピストには，クライエントをいつの間にか自分の枠組みに引き込んでしまっているのではないかという自分への問いかけを繰り返していく誠実さ，謙虚さが常に求められているのである。

　病態の特に重いクライエントと対する時には，上記のことに加えて，セラピストの確かな存在感が大切になってくる。セラピスト自身のこの世界での定位の様相が問われることになるように感じる。セラピストも日々悩み，課題を抱え，クライエントと同じく発達課題をクリアすべく格闘しているわけであるが，面接室ではセラピストとして機能していても，自身のことで迷い揺れている時，それを敏感に感じ取り，時に言葉をかけてくれたりするのは統合失調症等のクライエントであることが多い。それだけ，セラピストが内的世界において，どのように居るのかが問われるということである。面接においては，内的世界の深淵に共にいながら現実にも確実に足を置いている感覚，無重力空間にいながらもクライエントの現前にしっかり居る感覚，そんな感覚を持った居方ができなければならないだろう。そのためには，自身の内的世界を探索できていること，現実にもしっかり根付いていて内的世界から戻ることができること，そしてセラピスト自身が壊れることなくいつもそこに居ることが必要である。

3．現代の青年の抱える困難と希望

　明るい兆しの見えないこの国の状況の中で，皆が感じている閉塞感は，現代の一部の青年にとっては，脱力感を伴う強いものになっている。「頑張ったところで，なんの意味があるのか。どうせ無に帰すだろうし」「自分なんかは，社会に必要でないだろうし」。アイデンティティの確立の課題を抱えている青年からよく聞かれる言葉ではあるが，重苦しいというよりは，「静かに」切羽詰っているとでも言うべき，力のないニュアンスが強くなっているように感じる。

　だが一方で，現代の若者の生活満足度や幸福度は，ここ 40 年で最も高く，今日の他の世代と比べても過去の 20 代と比べても高いのだそうだ。社会学者の古市（2011）は，将来の可能性が残されている人やこれからの人生に希望がある人にとっては「今は不幸だ」と言っても，自分を否定したことにはならない。逆に，今日よりも明日が良くならないと思う時，人は「今が幸せ」と答えるしかないと述べている。なるほど，今の生活自体はこれまでになく豊かであり，これ以上を望む必要はあまりない。と同時に，先の不安は途方もなく，何かを良く変えられるとも思えない，ということであろうか。

　青年が 1 人で悩み込む段階を経て，自らセラピストと共に考えたいと援助を求めて来談することは減っている。のほほんと毎日の生活を皆と同じように送ってきたが，生活上の何かがきっかけとなり症状を呈して来談する，あるいは周囲の人の気づきや勧めに従って来談することといったことが増えている。面接に入ってからも，主体的に内的作業に取り組むまでに，エネルギー補給のための時間がかなり必要な人も多い。全体的にエネルギー不足の印象である。今が幸せで周りもなんとなく楽しげな中，つまずいた自分は先がないと感じがちなのかもしれない。

　そんな中，東日本大震災が起きた。閉塞感に，足元に穴があくような意味での変化があった。それ以前から自分のことを考えに来ていたクライエントの中に，成長につながる反応を示す人が見られた。人とかかわらず引きこもった時間を過ごした後，新たな自分を築く作業をしている途中で，東北地方へ旅をし

て現地の人と交流を持ったクライエントは，まずお世話になった方々の安全を強く願った。そして，相手の迷惑にならずに自分にできることは何かを冷静に考えた。内向的で豊かな思いを持っていながら，現実場面に踏み出す一歩が出せずにいたクライエントは「今の状況がずっと続くとは限らないし，やりたいことは今しないと」と言い，いきなり海外に飛び立ち，是認される体験を得た。

　もちろんこの大きすぎる災害により，深いところで傷ついている人は数知れない。私自身もまだ内的に定位しきれずにいる。しかし，元来からある個としての自分を見いだし築きつつある，柔らかくエネルギーに満ちた青年は，傷つきながらも前を向いて，それまでにはなかった新たな自分を発動した。私自身，驚いたと同時に勇気をもらった。青年期の課題に取り組み自分について考える作業をしている青年は，困難な出来事でさえも成長の糧にしうるものである。彼らは閉塞感漂うこの先の状況の中でも，しなやかに生きていくことであろう。その心的作業を，できるだけスムーズに阻碍することなく援助していきたいと思う。

3章　同一性拡散を生き抜く

武藤　友香子

1．モラトリアムの中身

　現代における青年期は近年の高学歴化や不況による雇用情勢の悪化，女性の社会進出に伴う晩婚・未婚の増加などさまざまな要因により今やその年齢は30代後半にまで延長され，その結果モラトリアムと呼ばれる期間が長く続く場合も少なくない。このモラトリアムは第三者からは一見して平穏で怠惰な猶予期間と捉えられるのだが，各個人の心中で生じているアイデンティティの構築過程は非常に動的でシリアスである。それはいわば広漠とした自己像の中から膨大な数の大小さまざまな形のピースを取捨選択してオリジナルな自分というイメージをつくり上げていく作業であり，多大な自我のエネルギーが必要とされる。

　現代の先進国においては成人式は形ばかりで明確な通過儀礼など大人への移行を地域社会が決定づけるものはなく，成人すれば飲酒や喫煙ができ，選挙権が与えられるなど，自由や権利が増えるのみで，同一性の確立という青年期の課題は個人の内的成長に任されているといえるだろう。そのためこの自分の在り方を決定づける厳しい課題を難無く成し遂げられる若者の方が珍しいのではないだろうか。多くの若者が何度となくアイデンティティの再構築を目指しては停滞し，爆発し，時に虚無的になるなど，実存性との戦いを密かに繰り返しながらの作業を行っていると推察される。具体的には社会の一員となり歯車となって働くことに抵抗を感じたり，自分の将来や職業の方向性が定まらずに焦り絶望したり，目指す道はあっても厳しい就職活動や下積みの生活に耐えられないなど，抵抗や停滞に呑み込まれていく状況が多く見受けられる。

同一性の確立までのプロセスにおいては，自意識が強い多くの青年たちが嫌悪する社会への献身や理想の放棄なども要求され，社会の中で一個人として自分らしく生きていけるようになるということは想像以上に自我の強さが必要とされる。そのため比較的容易に防衛機制が働いて抑圧的・逃避的・夢想的になり，現実社会に踏み出せない若者や，傷つきやすく身近な家族や友人とも主体的な対人関係を結べずに引きこもるなどして果てしない難航が続くケースも多いように思われる。また急激な身体の変化によって変容していく身体イメージが実際の自己同一性の感覚とかみ合わずに摂食障害を起こしたり，心身の相互循環を阻害したりするケースも少なくない。

　本論では青年期の課題であるアイデンティティの確立に焦点を当て，さらにそこから同一性拡散を生き抜くというテーマを考察していく。より親和的に理解を深め，エッセンスを感受できるよう具体的にアイデンティティの拡散を生き抜き再構築を果たした事例を取り上げて述べてみたい。事例のクライアントは漠然とした自己同一性の中で「偽りの自己」(Winnicott. D. W., 1964) を長い間生きており，虚無感や焦燥感に慢性的に包まれながら行動化を繰り返し，必然的に深い危機的状況に陥っていく。その後自分が壊れてしまった感覚に怯えながらも時間をかけて自己の修復と再構築を行い，少しずつそれまでのアイデンティティの在り方を変化させていったケースである。

　また考察では事例を振り返りながら青年はこの同一性拡散の危機をどう生き抜いていけばよいのかを取り上げ，「本当の自分」として社会で生きて行くためのエッセンスとなるものを追究するとともに，治療者としてどのようにアプローチしていくことが望ましいのかについても触れてみたい。

2．事例

● 事例Ⅰ：24歳女性

　大学を卒業後，就職をするが1年で辞めてしまう。その後家で抑うつ，過食嘔吐などを繰り返すようになり，自殺企図によって入院となる。入院時から退院後までの2年間面接を行ったケースである。なお，文中セラピストについてはThと表記する。

【面接初期】入院時の１カ月・週に２回 50 分の心理面接
混乱と恐怖……これまでのアイデンティティの崩壊　　（表情が硬くとても緊張した様子）死んでもかまわないという刹那的で自暴自棄な生き方をしてきたら，身も心もぼろぼろになってしまった。このままだと本当に死んでしまうと思ったし，死にたくないとも思った。今の自分の生き方を変えたい。自分は完全に壊れてしまった。
　今までずっと恋人がいたが，別れてしまった。自分から別れたいと何度も切り出していて相手の頑張りでまた持ち直していたけれど，今回はそれが本当になった。どこかで望んでいたことなのに，もうこの世に自分のことを特別に考えてくれる人がいないと思うと，自分が意味のない人間だと思える。自分から無理やり恋人と別れ，進んで会社も辞めてしまったのに，全て手放したら自分が何もないつまらない人間だということが痛いほどわかり虚無感に襲われた。（恋人と別れたのは）いつも別れるといって相手を脅してぎりぎりのところでぶつかってばかりだった。感情をぶつけてばかりで先が見えず，いつも別れを切り出していた。今度はそれが本当になった。相手はもう疲れ果てて離れてしまったと思う。（会社をやめたのは）本当はクリエイティブな仕事がしたかった。でも結局事務の仕事しかつけず，自分はこんな仕事に値する人間ではないということばかり考えていた。職場の同僚や上司に対しても心の中で見下していた。自分はこんな集団に染まってたまるかと思いながら過ごしていた。もう一度勉強して自分のしたいことを探そうと思ってやめてしまった。家で考えてばかりいたら不安になったり，自己嫌悪になったり，ネガティブなことばかり考えるようになってしまい，過食することで逃避する毎日だった。毎日朝から食べて吐いて，夜になるとお酒を飲んでぼんやり死ぬことを考えていた。最後薬をたくさん飲んで死のうとしたときの両親の必死な表情を見てそのまま入院を決意した。死にたくないと初めて本気で思ったけれど，このままでは生き続けられないと思った。
　（今の気持ちは）とにかく不安。自分の膜がない。外に出ると光や音やみんなの視線がいたい。他の人が自分のことなんて見てなどいないことは頭では分かっているけど膜がないので全てが突き刺さってくる。いろいろ

な強いものが自分の中に入ってくる。（それを感じている自分は）見えるものも聞こえるものもリアルじゃなくて曇ってる。自分だけ水槽の中にいるみたい。でも怒りや焦り，不安ばかりリアルに感じる。これは小さな頃からそう。具合が悪くなると物が大きく見えたり不気味に動いて見えたりもする。

　今まで生きていた世界ががらりと変わってしまった。水槽の中かと思ったら次は空中を歩いている。人が自分をおかしいと思っていると感じる。とにかくこわくてこわくて仕方がない。（それはどのようなこわさか？）見るのがこわい。大きくておそろしく正体もわからない。（今はいろいろなところから集まってきて巨大化したこわさに圧倒されている。今後少しずつ対処できるようになるのでなるべくそれと距離を取るようにと伝え続けたが難しい様子であった）中学の頃初めて目の前が暗いことに気がついた。世界が暗くどんよりとしていて，他の人の声が雑音のように聞こえてきた。友達が土人形みたいに見えたのを覚えている。チャイムの音や特定の音が耳を塞ぐほど大きく響いて苦痛だった。病気かもしれないと思い心配だったが誰にも相談しなかった。

　入院中の大半は病棟内では本を読んだり，何か思いついたことを日記のように書いて静かに過ごしていたが，ある日医師が自分よりも他の患者を「重症だから」という理由で診察を優先したという「理不尽な」対応に豹変した様子で激怒し大声で挑戦的な反論をした後，面接内では怒りをぶつけるようにして激しく2枚の絵（図1・2）を描いた。Aにとっては心の病は外には見えず，自分も辛い中必死で頑張っているにもかかわらず存在を軽視された（と感じた）事へ憤りを顕にしたのであった。親がAに対して行ってきた「理不尽さ」や，「存在の軽視」に伴い出現した見捨てられ感情などが逆鱗に触れることになったように思われた。1枚目は真っ赤な炎を吹く人間と，墓地のような場所で炎の中ずたずたに傷ついて横たわる人間が描かれていた。「赤いのは私の怒り，口から炎を出して悪いやつを傷つけて焼き尽くしている」。2枚目は「自分の心を傷つける人が傷ついている様子」と話す。その後落ち着きを取り戻し「描いたらすっきりした。どちらもあの人（医師）を痛めつけようと思って描いたけど，途中で（1

枚目の横たわる人間も，2枚目の顔も）自分に見えてきて良くわからなくなった」と語り，潜在する強い怒りや心の痛みをうまく受け取り処理することができていない心の様子がうかがえ，強い感情の中ではより自我境界があいまいになり一体化する傾向が見受けられた。

　面接には毎日見るという悪夢のノートを持ってくるが，自分ではもう怖くて見ることができないという。（見たくない気持ちが強いのなら無理に書かなくてもよいのではと思う。Aさんの気持ちや怖さはこちらに十分伝わってきていると伝える）「自分の顔や体のすべてに違和感がある。顔も身体も好きになれない」怖いものや不吉なものに対して圧倒されており，考え方や視野が非常に狭くなって，巨大化した恐怖への対処困難な状況がうかがえた。しかし静かで守られた環境の入院生活の中で，少しずつAはその「圧倒的な怖さ」に目を向けて徐々に語れるようになってきた。面接ではAを侵入的に翻弄し続けるその得体の知れない「怖さ」を共にイメージとして捉え，共有していくこととした。

図1

図2

黒い塊と心的外傷体験の顕現　（その怖さはどんなイメージ）「黒くてうずを巻いた巨大な塊のイメージ。深くて力が強くて執念深い，いつも私を

飲み込もうとしている。巨大な黒い塊のよう」。(それではその巨大な黒い塊が出てきたらまた来たなと思って少し外に追いやれるか)「うーん，ぎゅんぎゅんの押しているけど，ちょっと動いて跳ね返ってくる感じ」。この巨大な黒い塊との格闘はその後も続くが，ある程度そのイメージを Th と共有できたことでなんとか飲み込まれずに踏みとどまれるようになってきた様子がうかがえた。

　その後の面接で，非常に神妙な面持ちで手を震わせながら「話しておきたいことがある」と Th に話し，多量服薬を繰り返していた際に心的外傷体験に遭った事をためらいながら自責的に語った。細かい内容はここでは述べないが，この体験はAの偽りの自己をも崩壊させ，最終的な自己破壊である自殺を引き起こすほどに辛い体験であり，Aは被害者であるにもかかわらず，その体験はAに自己嫌悪や絶望を与えて脅かし続ける強い闇の力を持ったまま潜在していた。そしてこの時面接場面でこの体験が勇気を持って感情的に語られたことは大変意味のあることであった。またそれを第三者が受け止め，共有したことでAを圧倒していた巨大な恐怖の輪郭が顕現し，ただただ「巨大な黒い塊」に圧倒されるそれまでの体験の仕方に変化が見られ始めた。また筆者は心的外傷体験を聞く上で基本的に大切なことは，クライエントの語るありのままをよく聞き，体験をそのまま誠実に受け止めることと考える。その際に注釈や下手な励ましや極度な感情移入は行わず，辛い体験を話してくれたクライエントの勇気に感謝し，自責の念が癒え外傷体験に対する受け止め方の変容が生じる過程を共に生きながら真摯に見守ることが肝要と考える。

　Aは計1カ月の入院の後，自殺企図がなくなり，過食や飲酒などの生活習慣の改善と一定の安定が見られたため，通院での治療に移行となる。

【面接中期】「自分」の整理　退院から半年・週に1度50分
終わりなく湧き起こる家族への怒り，何かが欠落した日常生活　退院後Aは「ここにくることだけが私の今の仕事です」と話し，週に1度の面接以外は家に閉じこもっているという。「外に出るとふわふわしているし，見える世界が暗いので気持ち悪く，人の目も気になるのでつらい」と依然不安定な状況が続いていた。「巨大な黒い塊」は隙をうかがい不気味にう

ごめきながらAの中に存在し，一触即発の様相を呈していることが硬く緊張した表情から見受けられたが，すがりついてくるような混乱はなくなり，必死にもちこたえている様子であった。一方で治療者に対しては依存心と好意が垣間見られ「こういう場所がずっと欲しかった。お話して整理したいことがたくさんある。そもそも私がこうなったのは家庭環境のせいだと思います」と話し，面接内では両親への怒りや不満が語られた。「自分をありのままに受け入れてこず，自分たちの不満や怒りばかりをぶつけ合い，その中間に自分がいることが望まれた」。「私が精神を病んでいるということは一切受け入れられないと言う。あなたたちのせいだ！ と今まで何度も言ったが，育ててもらっていて生意気なことを言うな！ と逆切れされておしまい」。「両親は感情的で度々けんかを繰り返し，暴力的になることもあった。小さなころから自分はただその中間で静かに二人が怪我をしないように祈っていた」。「両親には自分の気持ちは話さずに無害でおとなしい子どもを演じてきた。学校でも周りの様子を観察し，自分の意見はないものにしていた」。（どんな気持ちでいたのか）「話してもわかってもらえないから黙っているほうがむしろ楽だった。寂しくて居心地が悪かったけれど，それにも慣れていった」。「夢の世界が本当の人生だと信じようとしていた。自由にどこへでも行けるし，好きな人に会える。死んだ人にも会える。怖い夢もたくさん見るけれど。人生半分は寝ているわけだから，そう思えば寂しいけれど少し救われた」。怒りや不満の間から寂しさや諦めという気持ちも表れ始めた。

　高校に進学すると「自分と似た波長」を持つ人がいることに気がつき，お互い惹かれあいながら数少ない友人と「排他的に遊んでいた。私たちは他の人とは違うって思いながら」。「両親は相変わらずけんかしながらも一緒にいる。こんな家にいてたまるかと外で遊ぶようになった」。しかし内心はつねに焦燥感に駆られ，どこにいても居心地が悪く，いつも不安な気持ちがついてまわっていたという。「友達と話すと相手の気持ちを考えることで頭がいっぱいになり，何を話していいのかわからなくなる。自分の言うことや無理な表情が相手に不自然に受け取られていると感じると余計何も話せなくなる悪循環だった。友達とランチに行っても場所もメニュ

ーも選べない。むしろどうしたい？　と聞かれると苦痛」。「長い間普通に自分の意見を殺していたらついに自分の気持ちもわからなくなってしまった」。「女の子の集団というのが苦手。どうでもよい話を延々とできる神経を嫌悪している。生まれ変わったら絶対に男になりたいと小さな頃から思っていた」。しかしAは女性性を否定する一方で高校時からボーイフレンドを作り依存的関係に陥っていたと言う。「彼は私の弱さを受け入れてくれていたので思いっきりダークな部分をぶつけていた。生まれて初めて自分の感情を全部出せた人なので感謝している。激しくて破滅的な恋愛。でも足りない。彼1人でも足りないし，2人いても足りない。私にはいつも何かが不足している」。

　面接中期は，ThはAの心の奥から垣間見られる長い間鎖につながれ閉じ込められていた内面の豊かさや伸びやかさを保障しながら，終わりなくあふれ出てくるそれまでの人生の辛かったこと，両親に対する怒りをひたすら聞く時期であった。次第にAは「こんな風に自分のことを聞いてもらったことはない。彼氏にいくら話しても絶望か怒りで終了，結局どこにも行き着かなかった。自分でなんとかしないといけなかったんだと思う」と面接に対して期待と喜びを表すようになり，ようやく語れるようになった「寂しさ」を受け止めるThに対して依存や愛着も示したが，同時に「自分でなんとかする」という強い意志も見受けられた。

面接内でのゆるみと表現の萌芽　面接開始から常に真摯な姿勢で「自分について」話してきたAであり，面接場面はまさに一分一分が真剣勝負の道場のような雰囲気であったが，あるきっかけでそれがゆるみ始めた。それはThに対し意見を尋ねたときに「え？そんなこと考えたことなかった。正直わからない」など間の抜けた返事をすると，Aががくっと拍子抜けして「そんなんでいいんですか？」と笑いながら言ったというちょっとした出来事だった。ある程度の信頼関係ができあがり，ThもAの中にある明るい柔軟さを見て取れた上でのことだったが，AはThに失望することなくやわらかく受け止めてくれたのである。この一件により「人間って結構こんな風に力を抜いて生きているものらしい，そしてそうやって生きていても安全であることが多いらしい」ということが保障されたことはAにと

って大きな希望のようであった。「Thみたいに生きていても大丈夫なんですね。なんか，うそみたい。目からうろこ」。

Aはその後も度々出現するThのだらしのない不完全な姿に驚きはしても怒ることはなく，「Thでもそんな感じでいいんですね」その脱力をユーモラスに捉え，自分も同じようにもっと力を抜いても良いのだと思ってもらえたことは面接の潤滑油となっていったように思われる。

その後の面接で語られる内容はそれまでの自己分析的で生真面目な話題から，少しずつAの自由で伸びやかな自己表現が見られるようになってきた。これはThとの同一視が行われる中で，両者の心的位置が近づき，友人のような気軽な気持ちを持てるようになったためと思われる。閉じ込められていた思春期を取り返すかのように，Aは好きな小説を持ってきたり，自分の書いた文章やイラストを見せてくれたりと本来持っていた明るさが湧き出ている様子がうかがえた。

「何もかもストイックに考えなくてもいいのかなと思ったら，無理やり治らなくてはいけないとか，自分はもうだめだとか，この恐怖には決して勝てないとか，そういう極端な自分の気持ちがなんか疲れる感じに思えてきた」。「両親に対する許せなさとか，そういうものも薄くなってきた」。

Aは中学生の時から心のお守りとして持っているというノート（自分の影響を受けた言葉や絵などが描かれたり，写真の切り抜きなどがスクラップされている）に前回の面接の後思い出して書き写したものを見せてくれる。（とても大切なノートの一部をThと共有したいと思ってくれていることに感謝する）特に今伝えたいのは太宰治のパンドラの匣の引用だと話し，ノートには几帳面な文字で大切そうに以下のように書かれている。

「船の出帆は，それはどんな性質の出帆であっても，必ず何かしらの幽かな期待を感じさせるものだ。それは大昔から変わりのない人間性の一つだ。君はギリシャ神話のパンドラの匣という物語をご存じだろう。あけてはならぬ匣をあけたばかりに，病苦，悲哀，嫉妬，貪欲，猜疑，陰険，飢餓，憎悪など，あらゆる不吉の虫が這い出し，空を覆ってぶんぶん飛び廻り，それ以来，人間は永遠に不幸に悶えなければならなくなったが，しかし，その匣の隅に，けし粒ほどの小さい光る石が残っていて，その石に幽かに

『希望』という字が書かれていたという話」（太宰治「パンドラの匣」より）。
　以前は暗さと苦しみに共感して読んでいたが，今回読み返したら主人公が闇から這い出て「あたらしくなる」というところがとても響いてきたという。「あたらしい自分」は気づけば焦燥感が消えていて，無理な自尊感情もなくなった。大分サイズが小さくなったが自分の顔と体が初めて認識でき，それは自分の中で未知の体験であるという。いつも振り回されていた動悸や不安とは別に存在するおそろしく静かで正確な時が今は自分の中で刻まれている。自分の流れではなく，もっと大きなものに沿って流れている時間に自分が添っている感じの安定感がある。自分はその流れに身を任せて逆らわず，一日一日を大切に生きていけばもうあのおそろしい場所には戻らないということがわかるということを語る。
　Aは続きを「ここはさらに良い」とThに朗読して聞かせてくれる。「あとはもう何も言わず，早くもなく，おそくもなく，極めてあたりまえの歩調でまっすぐに歩いて行こう。この道は，どこへつづいているのか。それは，伸びて行く植物の蔓に聞いたほうがよい。蔓は答えるだろう。『私はなんにも知りません。しかし，伸びて行く方向に陽が当るようです』」。まさにその通りだと共感するという。「一生懸命一日一日をこの流れに乗って生きていけばきっと間違わないと思う」。Thも共感し「その通りだねえ。素晴らしいねえ」などと話しながらのびのび2人で味わう。

【面接後期】「ぴったり」した感覚　退院後半年から面接終了まで
　「ずっとこわさがついてきていて，またあの場所に捕らわれてしまったらどうしようと思っていたけれど，もしかしたらもう大丈夫かもしれない」。少しずつ自分が落ち着いてきたことを話し始める。しばらく面接自体にも依存する気持ちがうかがえたが，カウンセリングから離れても大丈夫という感覚が芽生えたように見え，回想し自らまとめの作業に入っていく。「不思議の国で薬を飲んで大きくなったアリスが急にしゅーっと小さくなった感じ，気持ち的にまさにそんな感じ。しばらくの間ちょっと小さくなりすぎてほろほろだったけど，このところほんの少しだけそれより大きくなって安定した。もう大きさは変わらないみたい」。「数年前まで自分が人とは違うすごい能力を持っているとずっと信じていたけど，魔法が解

けたみたいに自分という存在がわかった。あきらめとか絶望とかではなく，まさに等身大の自分が今はわかる」。「事務のアルバイトを始めた。一生懸命働いていると余計なことを考えずにすむ」。「私も特殊だけど，みんなも特殊。でも私もみんなも今は同じ人間でつながっている」。「両親に対する怒りもどこかへ吸収されてしまった。みんな不完全だけど一生懸命生きている。そう思えたら距離が取れるようになった。前はどろどろじゃなくちゃ許せないって感じで親とも彼ともくっついていた」。「今は自分の顔も身体もぴったりしている。鏡で自分の顔を見て，はじめて自分の顔だとほっとして，心地よく眺めることができた」。真剣な表情で「みんな，こんなに楽に生きているものですか？」と尋ねる。「もしかしたらこんな風に楽に生きてもいいのかなと段々受け入れられるようになってきた」。

　緊張と悲壮感に満ちていた最初の面接から，明るくのびのびとした楽しささえ垣間見られる面接の場面はまさにAの心境が色濃く映し出されていた。

　Aはその後面接を終了し，家を出て事務の仕事をしながら自立した生活を送れるようになった。

3．考察

　Aは本来明るく創造的で繊細な少女であった。しかし家庭の中では生き生きとした心のエネルギーや好奇心，自分の好きなものや嫌いなものなどを自然と表現しながら生活することが難しく，Aは小さなころから両親の間で2人の様子や気持ちをうかがいながら行動していたようである。子どもにとって最も安全な場所であるはずの家庭の中で常に緊張感を持って生活していたAは，自由な表現をしてそれを受け返してもらう体験や，自分の感覚を人に受容してもらう体験に乏しく，集団生活の中で自己表現を行う自信を持つことが難しかったようである。そのため家と同じように友人の様子をうかがい，自分の意見を言うことに抵抗を感じていた。しかし半面で自尊感情や向上心は強く，自分の中にある気持ちを大切で価値のあるものだと信じて持ち続けていた。

　中学時代より生じた離人感は，Aのそれまでの無理が身体を通して出現し始

めたものである．つまり自分の感情や感覚を日常的に押し殺し，表出せずにいたことで「本当の自分」が心の奥底に閉じ込められ，身体と感情が相関を失って乖離していったのであろう．Aは疎隔された感覚の中で，苦痛を感じながらもそこから抜け出せずに中学生活を過ごしていた．またこの離人感はその後もAの防衛手段としてストレス状況において度々出現していたようであり，Aがその後アルコールや服薬という手段で現実から「離れる」行動に親和的であった点とも関連が見受けられる．

　高校に入ると「排他的」「ダークな部分」というキーワードで数人の友人や恋人とつながり，ある意味否定的アイデンティティへの逃避を行うことで離人感や虚無感は一時的に和らいでいたようである．また恋人と感情を出してぶつかり合うという体験はAにとって初めてのものであり，それまでの蓄積されていた感情が彼へひたすら爆発されていったようである．しかし「感情を全て出す」「攻撃し，彼がいやいや受け止める」という相手の存在を尊重できない一方的な関係から抜け出せずに，相手の攻撃性を引き出して「両親のように言い争い，暴力的になる」関係に陥り，発展することはなかった．一方，仲間同士では比較的率直な意見も述べられていたようであるが，それはAがもともと持っていた明るく伸びやかな内界を保障してくれるものではなく，「闇」を軸にし「ネガティブな自分」であれば受け入れてもらえるという情緒的なつながりを欠いた関わりであったため，自己イメージは負の方向へ比重を増していき「私にはいつも何かが不足している」と焦燥感に駆られる日々を送っている．

　その後もAはあいまいなアイデンティティと強い自己理想の中で揺れ動き，同年代の友達の集団など社会集団と潤滑な交流を持つことができずにいた．大学に入学し卒業，就職というところまでこぎつけたのであるが「こんな仕事に自分は値しない」と辞めてしまう．同時期にあえて自分を破滅に追い込むかのように恋人とも離れ，それを機にAの自己破壊的な行動化が加速し，「完全につぶれて」しまうところまで突き進んでいったと思われる．ウィニコット（Winnicott. D. W., 1965）は自殺を「本当の自己破壊を避けるために，自己全体を破壊することである．自殺が本当の自己への裏切りに対して残されたただ一つの防衛であるとき，自殺を組織するのが偽りの自己の運命になる」と説明した．Aもそれまで生きてきた偽りの自己から逃れられるすべを持たず，慢性

的な自己破壊行動によって刹那的な逃避を繰り返していた。しかしそれがまさに実現する少し手前で心的外傷体験を経験し，このままでは自分が本当に死んでしまうという恐ろしく衝撃的な現実と生で向き合ったのである。「ひどいリスクがあったけど，ここまで壊れなかったらまだずるずるしていたかもしれない」。Aにとっては身も心も大変な生命の危機ともいえる時期であったがこれが治療の契機となったのである。またAの場合はこれまでの最大の危機的状況がその転機となったが，筆者はクライエントにとって決定的な危機状況こそが人格変容の鍵となると考えてはいない。確かに大きな危機的状況において生き残るためには自我は変化せざるを得ない場合が多いと思われるが，むしろ極限的な状況を通過する過程においては大きなリスクが伴うため，それよりも未然により安全な状況においてその契機が与えられることが望ましいことを付け加えたい。

　入院時Aは荒涼とした内界で不安と恐怖に圧倒されてひたすら怯えもがいていた様子であった。ウォーリン（Wallin. D. J., 2007）は「未解決の心的外傷体験を持つクライエントは侵入的なトラウマの記憶の中で無力化されてしまうことがあり，そのまだ解決されていない記憶は frozon されたままクライエントの現在に影響を与える」とした。そして「Th―Cl関係の確立の上で，再び外傷体験を起こすことなくトラウマを呼び起こすことはその記憶に変化を与える」と述べた。またそれに加えて「トラウマに関連した感情や身体感覚を名前付けすることは制御能力の成長に寄与する」としている。そして「暗に潜在している記憶を明確にしていくことは外傷体験に囚われているクライエントの治療にとって重要なエッセンスである」と述べている。

　本事例においても，トラウマに関連する感情に付随してそれまでわけもわからず襲いかかってきていたものをイメージとして捉え，それを Th と「巨大な黒い塊」として共有したことでAの自己統制力が高まり，それを直接生み出していた心的外傷体験を言語化する勇気を呼び起こした。Aは恐怖と自責感から誰かに話すことを抵抗してきたが，それを自ら Th に伝えることができたことでAは外傷体験を新しい枠組みで捉えなおすことができ，恐怖と自責感との間に少し距離を置くことができ始めたようであった。

　また守られた環境の中で落ち着きを取り戻した時，医師とのやりとりにも見

られるように抑圧されていたAの怒りの感情があふれ出てきた点にも注目したい。これは描画やAの強い理性によってすぐに影を潜めるが、退院後の面接では両親への怒りというテーマが長く続くことになる。李（1997）は「患者が『本当の自己』に目覚める時には、親に対する『否定的な感情』が表現されるため、親子の間に衝突が生じやすい。しかし、そのような対決を経なければ関係の変容は生じない」と述べている。Aの場合、自分の怒りや恨みなどを両親が否定するということでさらに怒りを募らせるという悪循環を繰り返していたが、その怒りを第三者から受容されることによって、自分の感情をあらためて受け取り直し、違う形や角度で両親に対しても感情表現ができるようになっていった。今までの自分の苦痛を他者に理解されて受け入れられた体験をしたことで、固執せざるをえなかった両親への怒りの「不毛な戦い」を「あきらめ」、あらためて別の角度から自分と両親の存在を見直せる余裕と柔軟性が持てるようになっていった様子がうかがえた。

　Aは長い間偽りの自己を生き、狭い視野の中で焦燥感、不安や恐怖、抑圧された怒りや自責感を日常的に感じ、加速する自己破壊的な行動化を反復的に行っていた。このような日常の中でAの自律性や主体性は損なわれ、本当の自己は弱められ閉ざされていた。しかし治療の過程においてそれまで怒りによって塞き止められていた流れが再び回復し、循環し始めたことで本当の自己は自然に力をつけていったように見受けられた。魂の息吹を得た自我はThへの依存を深めることも、恋人との間のように怒りをぶつける関係だけで終始することもなく、その後自らの力で問題と対峙していけるまでに成長していったのである。

　このようにクライエントが自己治癒力を発揮し、主体的に快復していくためには、カウンセリング場面において自我が強化されていることが条件となるであろう。強化された自我と守られた環境、確立された治療関係の中で、クライエントは抑圧されていた自らの怒りや寂寥を受容し、日常反復的な防衛反応を脱いで真の自己の声に耳を傾けてゆくことができるようになるのである。

　吉良（2002）は「主体感覚が賦活化されるということは体験の自律性が拡大される」とし、そのプロセスにおいて「自律性の損なわれた受動的体験の反復を停止させることで自律性を伴った受動的体験が可能になり、結果として自律

性を伴った能動的体験が拡大する」と述べている。またそこで重要なポイントとなるのは「主体感覚の賦活化によって自律性を伴った受動的体験が可能になること」であるとし，「これが可能になることによって結果的に能動的体験が拡大する」と述べた。筆者も「自律性をもった受動的体験」ができるということは，心理療法を進める上でクライエントが自律的に自分の問題と語り合う大切な要素であると考え，いかに自我の弱まったクライエントにそれを見出させるかが面接を行う上でのThの目標の一つとなるのではないかと考える。しかしクライエントの反復的で常同的な体験様式に変化を与えることは，多くの場合大変な困難を伴う。第三者からは苦痛で発展性のない不毛な状況の反復に見えるのであるが，それはクライエントが生きるために必死の状況で選び取り，直向きに続けてきた方法だからである。そのため体験様式の変化は一時的にクライエントに非常に不安感や危機感を呼び起こし，抵抗が生じる可能性が高い。それゆえこの波乱に満ちたプロセスを通り抜けるためには，Th―Cl間の信頼関係の上で，Thはクライエントの体験を全体的・多角的に眺め，心と身体，感情，認知的側面などそれぞれのクライエントに合った効果的なアプローチを見抜いていくことが必要となる。そしてそこで今まで体験されていなかった新しい世界を切り開き一緒に見ていくことはクライエントが自らの一歩を踏み出す際の背中を押す体験となりうる。またそれを可能にするためにはThがまずは不安と怒りに満ちた混沌としたクライエントの世界，それが投影された治療場面での関係を生き残ることが条件となるケースも少なくないであろう。

　今回の面接ではThも当初Aの見ている恐怖に圧倒された世界に導かれ，悪夢のノートに関しては見るのが怖いとさえ感じ，当初はぞくぞくとしながらAの世界に引き込まれていた。しかし面接を重ねる中でその巨大な恐怖のイメージを共有し，少しずつ安定し始めたAが表した激しい怒りやひっそりとした寂しさ，感情の爆発から弾き出されたAの中にある創造性や明るさが垣間見られると，それはThが体験していた世界にも小さな希望の光を放ったように感じられた。少し気楽になったThが気を抜いてだめな姿を見せるとAもまたそれを認めて取り込んでくれた。面接場面で体験される世界は明るいものも認め始め，長い間避けてきたものを少しずつ含有しながら変容できる柔軟さを得て，徐々に自律的な体験のやりとりを面接場面で楽しめるようになっていったので

ある。

　このように混沌とした治療場面の中で発せられた「光」は「パンドラの匣」にも象徴されている。Aは面接場面でだけではなく，自分の好きな小説や表現に触れながらもう一度それらを感じ直し，楽しめるようにさえなっていった。それは次第にAの内面に光とやわらかさを与え，本当に「自分らしい」体験はどんなものかを自ら確認し，「こんな風に楽に生きていいのか？」と時折自問しながらもそれに慣れていくこととなった。山中（1999）は「病」の表現としての絵画がそれを癒すものへと発展していくためには治療者の「基本的関与のあり方が大切であり，それを基盤にしてクライエント自身の持つ自己治癒力が発現してくる」とした。また「創造性とは，見方を換えれば，自己実現の一つの有力な道筋を開くものだ」とし，表現し創造するプロセスにおいてAは自分が本当に好きなものや嫌いなものは何か，等身大の自分とはどのくらいの大きさなのかなど，まさに自分のアイデンティティを確認し，模索し，新たに獲得していく様子がうかがえた。

　それまでは「自分はこんな仕事をする人間ではない」と一生懸命働くことができずに辞めてしまった仕事においても「まずはリハビリ，できることから一日一日」と事務のアルバイトを始めることができた。働くことで「もうだめだと思っていた自分が仕事をしている」という充実感が得られたとともに，職場の人間関係には悩みつつも距離を取って主体的に付き合えるようになり，その後正社員となるなど社会的な同一性の感覚も獲得していった。

　面接終了時，クライエントは好奇心旺盛で脆弱で可能性に満ちた生まれたてのアイデンティティをもって，面接室の外へ歩き出していった。その後Aは戸惑いながらも「自然の流れに乗って等身大で」社会と相互作用し，自らの力でより強固な同一性の構築を進めていっていった様子が報告された。

4．おわりに

　前述したように現代日本においては子どもから大人への明確な通過儀礼はなく，青年は自らその時期を生き，成長していくことが望まれる。思春期では「自分とは何か。何のために生まれてきたのか」という自我の目覚めを経験し，青

年期ではそれを自分の生き方として主体的に開拓していくことが求められる。

　自我同一性についてエリクソン（Erikson, E. H., 1978）は「現在の自分と過去の自分とを有機的な連続性を持った同一のものとして受け入れることができ、しかもそれが未来に向かってひらかれた存在として、現在いきいきと生きている実感があるという実存的な感覚」と同時に「自分と自分の所属する社会との間に内的な一体感があって、社会から受け入れられているという社会的同一性の感覚の二つの側面」を統合するものとして定義している。また福島（1992）は「自我同一性という場合には、『自分が自分として生きている』という実存的な側面と、『社会の何かと絆をたもっている』という社会的な側面の両方がうまく調和していなければならない」と述べている。

　しかし現代において難なくこの２つを獲得し生き生きと過ごせる人の方が少ないであろう。青年期の危機については①時間的展望の喪失、②自意識の過剰、③否定的アイデンティティへの逃避、④活動の麻痺、⑤アイデンティティの拡散、⑥性的アイデンティティの拡散、⑦権威の拡散、⑧理想の拡散などが挙げられる。日本における具体的な状況としては、ニートやアルバイトとして長い時間を過ごしたが充実感がなく抑うつ状態になったり、「本当の自分」として社会に出ることができずに家に引きこもったり、唯我独尊や誇大な自己イメージに固執して自分に値する仕事ではないとあっさり辞めてしまう青年も多く見られるだろう。また面接場面では、主体的な人間関係を築けずに依存的・暴力的・自己破壊的な関係に没入してしまうケースや、曖昧な自己像ゆえに動けず、虚無感や自己嫌悪を抱え自傷行為に陥るケースなど、青年期問題から派生する来談は数多く存在し、また自分が男か女か定かではないなど性別や恋愛対象においても混乱しているという相談も見られている。

　しかし多くのクライエントが感じているのは「これは本当の自分ではない」という違和感や焦燥感、絶望感であり「なんとかこの状況から抜け出したい」という強い意志が潜在していることがほとんどである。Thにとって青年の垣間見せるその意志はまさに状況を打開するための希望である。現代青年が同一性拡散のプロセスを生き抜くためには、これらの危機からの脱出が求められる。そのためには「現在の状況、今の自分を変えたい」という意志を持って、自ら偽りの自己の阻害を断ち切ることが必要である。そして反復的行動から離れる

ことで生じる怒りや戸惑いのプロセスを経て，真の自我の声に耳を傾けていくのである。アイデンティティの変化に伴う圧倒的な不安感はクライエントを負の方向へ誘引し抵抗を生み出すことが多いが，そのプロセスを通り抜け，生き抜くことが真のアイデンティティを産む力となるのであり，面接場面で慎重に扱っていくことが肝要であろう。

　治療の中でThはともに歩み体験しながらクライアントに等身大の自分への気づきを促し，クライアントが自らスタートできるように環境を整え，自我を支え強化していくことが大切であると考える。

4章　"感性"と"可能性"をつなぐ青年期臨床

大塚　尚

「10代は感性だけで生きてた。苦しかった……。20代になっていろんなことを考えられるようになった。生き辛さは薄くなってきた。ちょっとつまらなくなったけど……」。

これはある20代の女性クライエントA子の言葉である。筆者はこの言葉の中に，青年期のクライエントとのセラピーにとって重要なエッセンスが含まれているように感じる。

筆者はこれまで精神科医療機関や大学の学生相談機関を中心に，青年期臨床に携わってきた。といっても，現場に出てまだ6，7年の身であり，ふらふらと迷いに揺られることも多い。しかし，このA子の言葉には妙に納得させられるものを感じる。

A子だけでなく，青年期のクライエントと会う中で，この頃大切に思うことがある。それは，"感性"と"可能性"である。

いくつかの事例を交えながら，このことを掘り下げてみたい。

1．A子（24歳女性）の感性の戦い

A子は子どもの頃からなかなか寝つけない子で，思春期には不眠と生活リズムの乱れが日常化していた。また，非常に繊細で鋭敏な感受性の持ち主で，子どもの頃から両親の嘘や取り繕い，友人や先生の欺瞞などを敏感に感じ取ってしまうところがあった。そのせいもあり，高校の頃には友達同士の会話や周囲の人のやり取り，テレビで流れる光景などを通して，起きている間は常に人間の負の部分が押し寄せてくるように感じられてしまい，起きあがって活動する

ことができない日も増えていった。知的には非常に高い力があったため何とか大学には進学し，不眠とごまかしごまかし付き合いながら数年遅れで卒業のめどが立ち，社会に飛び立とうとしていた。筆者が彼女と出会ったのはその頃である。

面接室に現れたA子は，静かにソファーに腰を沈め，一点を見つめながら言葉少なに語った。これまで感じてきた世の中の不正，戦争を繰り返す人間の愚かさやエゴ，真の愛とはどういうものかなど，人間の本質的な問題に関する深い洞察に満ちた世界観と，それを現実世界の中で実行していくことがいかに難しく，「真・善・美」を追求しようとするとどんなに生き辛さを抱えなければならないかを，静かに物憂げに語ってくれた。そのまなざしからは，ハッとするほどの熱さと力強さが伝わってきた。世界のあらゆる理不尽，人間の強欲や自分勝手さ，自然への不遜などに対する怒りと嘆きのようなものが全身から発せられているような人であった。

ある時，彼女は語った。「世の中には嘘が多すぎる……」。えも言われぬ寂しさが面接室を包んだ。

彼女は言葉を用いた表現の仕事がしたかった。自らも詩を創作する人であった。言葉を通して社会をより良いものにしたいとの思いから出版社を受けていたが，面接を受けるたびに彼女の胸には違和感が残った。彼女は人間の幸せや社会の助け合いについて，言葉や活字を通した表現の可能性について，自分なりの言葉で必死の思いで伝えようとした。しかし会う人は皆，年齢やこれまでの生活のことといった表層的な部分しか見てくれなかった。彼女の心の叫びに現実世界の人々は耳を傾けてくれなかったのである。

やがて，彼女は田舎に帰り，地元の水産加工会社に就職することとなった。それとともにセラピーも終了となった。詩の創作は続けているという。

彼女とのセラピーは果たして効果的だったろうか。筆者としては，彼女のあまりに鋭く的確に真実を捉える感性を丸ごとすべて肯定し，同時にその鋭さゆえに生じてくる現実世界での生き辛さを受け止めるという姿勢で関わっていた。それがA子にとってどう映っていたかは，今となっては確かめようがない。ただ，面接室ではわずかに彼女の感性が動き，開いたように思う。その後，彼女の感性が現実世界の中でどう発揮されていくことになるかはわからない。何

かしらの形で社会の中で表現されていくことかもしれないし，深い闇に埋もれてしまうかもしれない。彼女の力を信じたい。

2．感性と触れ合わない現実

　青年期の心理臨床に携わっていると，クライエントの感性の世界（心的世界）と，現実世界（社会）がどうにもぶつかってしまい，折り合いがつかない状態になっているように思えることが少なくない。A子は言う。「今の世で生きるには，感性をすり減らすしかないのかもと思ってきた。感じないように……」。

　そもそも感性とは，《物事に感じる能力。感受性。感覚。（「心に深く感じること」の意で江戸期の浮世草子に既に載っている語）》（『大辞林』第三版，三省堂）とある。A子の場合，その感性は愛や真理や美など人類に普遍的な部分について，非常に鋭く感じ取ってしまうというものであった。それは，身体が悲鳴をあげてボロボロになり，実生活が立ち行かなくなってもなお動きを止めないほどの，強く激しいものであった。その感性で人間が豊かに暮らすために必要な思いやりや優しさなどを追及するが，彼女を取り囲む現実は利己主義で嘘に満たされた世界であった。その中で彼女は傷つき憔悴しながらも，何とか感性を保ち，創作を続ける。

　A子のように，自分なりに感情や心が鋭く深く動く部分がクライエント一人一人にはある。しかし，青年期のクライエントの中には，自分の感性を現実世界の中でどのように発揮していったらよいかをうまく見つけられていなかったり，時に真っ暗闇の絶望の中で自分自身の感性の動きどころを見失ってしまったりする人が少なくないように思う。そして，自分の感性と現実世界の間でもみくちゃにされ，苦しい悩みや生き辛さを抱えることになるのである。ある大学生は，数学のもつ純粋な美しさに心惹かれていた。しかし，現実では受験戦争の中で偏差値や他人との優劣にばかりこだわってしまい，心が引き裂かれるような激しい混乱と解離をきたし，外出できない状態に陥ってしまっていた。また，ある社会人青年は，心の底では縁側でたたずむような隠遁生活をしたいという思いを隠し持っていた。ところが，現実では幼少期からの"自分はダメな人間だ""常に頑張らなきゃいけない"というイメージに支配され，職場で

誰よりも気を回し，周囲から求められていないほどの高い水準であらゆる業務をこなし続けることとなってしまった。やがて彼は強い抑うつ感に襲われ，休職を余儀なくされることとなってしまった。

　こういった苦悩や戦いが静まっていくには，本人の感性と現実世界の間に何らかの折り合いがつく必要がある。俗にいう「妥協」もその一つの形であろう。現実を尊重し，自分の感性を社会の要請する形に合わせていく。中には，感性を押し殺し，組織や社会が求める価値やルールのみに従って生きることを選ぶ人もいる。反対に，現実や社会の規範をまったく無視してわが道を貫き通すという道を選ぶ人もいる。それはそれでいばらの道であろうが，葛藤は減る。現場で出会う青年期クライエントの多くは，そういった折り合いがいまだについておらず，苦しみの真っ只中にいるように思える。彼らにとっては，自分の感性と現実がそう簡単には仲良くしてくれないのである。

　しかしながら，長い苦悩を経て激しい戦いが実を結ぶと，ぶつかっていた感性と現実が折り合いをつけ始めることがある。それは"可能性"が芽を出し始める時ともいえる。意識できていたにせよ，無意識的であったにせよ，自分の中に培われていた感性を受け入れ，大切にし始め，それを現実世界や社会の中でどのように表現し実行していくかをクライエント自らがつかみだす時である（感性をまったく押し殺してしまう形での折り合いの場合は違ってくるが）。たとえるなら，「こんな感じだったら世界の中に居られそう，生きられそう」といった感じが出てくる，そんな状態である。筆者としてはこのあたりの作業，つまりクライエントが感性と現実の折り合いをつけ，可能性を見出していく作業を支えることが青年期のセラピーの重要な役目だと感じている。この点に触れるに先立ち，実際に感性と現実世界が折り合いをつけ始め，自分なりの感性の発揮しどころを掴み始めた，つまりは可能性が動き出したケースを紹介したい。

3．感性と現実の折り合い──可能性へ

● 事例Ⅰ：B子（18歳女性）の"絵本"の世界

　18歳の頃から数年間会ったクライエントである。彼女は幼少期から絵

が好きで，美術一筋の英才教育を受けて美大に入学した。そこで彼女は壮絶な泥沼にはまり込んでいく。それまでは受験を目標に毎日10時間以上もデッサンを続け，ようやく憧れの美大に入れたが，成績や技術の競い合い，先生の名前で左右される評価など，絵の本質とはかけ離れたところで繰り広げられる争いにまみれるうちに，彼女は自分の方向性を完全に見失ってしまったのである。やがて，激しい抑うつ感情に襲われ，学校に行けなくなってしまった。さらには希死念慮も強くなり，自暴自棄から過量服薬を繰り返すようになっていった。面接室でも体を縮ませ，激しく泣き，震えるような声で辛さを訴える状態が続いた。

　やがて，苦しみのどん底で彼女は"絵本"という表現に出合う。それは，図らずも彼女の原点であった。子どもの頃から絵本が好きで，絵を描き始めたきっかけも絵本であった。評価にまみれた高等教育の中で彼女自身すっかり忘れてしまっていたのだが，苦しみの中でも何故だか子どもの絵や無垢な表現にはどこか心動かされる部分があることに気づいていったのである。忘れかけていた絵本の持つ温かで柔らかな世界を語るB子は，何とも愛おしそうにその風景を味わい，温かさが溢れるようであった。

　その後も激しい紆余曲折はあるが，少しずつその温かさを自分の核に据え，現実世界でも動き出すこととなった。彼女がたどり着いたのは，絵本を通して子どもと遊ぶということであった。正統派の美術界のような華やかさも栄光もないが，彼女は今，感性を爆発させながら子どもとの触れ合いや表現活動を行っている。

　彼女が一度絵本を描いている時の自分を語ってくれたことがある。「ただ風景があるだけ。風が，木が，人が，生き物が，匂いがあるだけ。描いてる自分もないの」。その瞬間，B子は世界にとけ込んでいた。

● 事例Ⅱ：C夫（23歳男性）の"ゆったり"生活

　C夫は幼少期を海外で過ごし，10歳で帰国した頃から少しずつ心身のバランスを崩し始めた。それまでの自由に自己主張することが許されていた状態から，我を殺し，空気を読んで周囲と同調することを強いられ，「自分がわからない」「考えなきゃいけない」と自分を責め，混乱していった

のである。やがて，激しい自傷行為とともに悶絶の日々に入っていく。とにかく自分のことが嫌になる，死にたくなる。楽しいことでもそれが終わることを考えてしまい，虚しく絶望的になる。自傷行為をしている時は唯一考えずにいられるが，それが終わるとすさまじい自己嫌悪が押し寄せてくる。高校を卒業して働き始めたが，ある日通勤中に激しい不安に襲われ，それ以降自室に引きこもる生活になった。彼は言った。「社会の忙しさの中で，洗濯機でぐるぐる回されたよう。はじき出されてしまった……」。

　面接室でも背を丸め，うつむきがちに何とか声を絞り出す状態であった。時に面接中に過呼吸に襲われることも度々あり，その姿はまるで今にも消えていきそうな灯のようであった。筆者としてはその灯が消えぬよう，彼とともに灯の燃料となるものを何とか探したいという思いであった。しかし，なかなか変化の兆しは現れないまま，1年が過ぎた。

　そんなC夫がある時語った。「人と人が助け合うような，"ゆったり"した暮らしがいい……（現実は甘くない。そんな考え通用するはずない）」。筆者としてはその言葉が妙に気になった。そこにはそれまでのC夫から感じられることのなかった，光のような救いの気配が感じられる気がしたのである。筆者も身を乗り出して聞き入ると，わずかに彼が生気を帯びていくように感じられた。「なんかいいじゃないですか。沖縄のおじいやおばあみたいな。みんなが笑って暮らせるのって……」。彼ははにかんで笑った。

　それからは，その世界観をセラピーの中核に置き，将来ありうる"ゆったり"生活のイメージを彼の中に育て上げる作業が始まった。現実生活ではつぶれるほど頑張ろうとしてしまうが，それは"ゆったり"にはそぐわないこと，甘くないと思い込んでいたが，その生活を求めても良いことなどを繰り返し体験し，確認していった。

　やがて，そのゆったりした平穏な生き方をC夫自身も少しずつだがつかめるようになっていった。時折，現実生活で調子を崩すことはあるが，それも「またやっちゃったな」と思えるようになっていった。そして，つまずきながらも自分で立ち上がり，向かうべき"ゆったり"生活の方を目指すようになっていった。

4．感性を捉え，引き出すために

　クライエントが自分の中に培われていた感性に気づき，受け入れ，それを現実世界の中で表現し，実行していくのを援助していくためには，まずはクライエントの感性を捉え，引き出していく必要があると筆者は考えている。ここでいう感性を捉えるとは，クライエントの好みや世界観といった感情や心が鋭く動く部分をつかむということである。筆者の実感としては，これがうまくつかめるとクライエントをぐっと近くに感じられたり，彼らの困った症状や問題にもどこか愛おしさを感じられたりする。反対に，感性がうまく捉えられないと，クライエントの訴えがどうもピンとこなかったり，面接の場の緊張がなかなかほぐれていかなかったり，セラピーが深まっていかなかったりすることが多いように思う。

　では，クライエントの感性を捉え，引き出すにはどういったアプローチができるだろうか？　ここでは2つの点を考えてみたい。

(1) 感性が動く部分に目を凝らす

　心理臨床の場を訪れるクライエントは往々にして苦悩の真っ只中にいるため，苦しみ，悲しみ，怒り，絶望など耐えがたい心情を吐き出すことに精一杯であることが多い。苦しいのだから当然である。しかし，ふとした瞬間にクライエントが好きなことや譲れないこと，忘れかけていた感覚などについて漏らす時がある（たとえばC夫の「"ゆったり"した暮らしがいい」）。そこを逃さずに捉えるということである。そこには，苦悩で覆われただけではない，光る感性を持ったクライエントの実体がある。実体がわかると，見ているこちらも少しだけ安心できる。中には「カウンセリングだから，悩んでいることを話さないと意味がないかと思って……」と律儀に言ってくれる人もいるほど，どうしても自然と苦悩を語ることに流れがちになりやすいため，どんな所でどんな風に感性が動くのか，常に目を凝らしておく必要がある。筆者はクライエントの感性が動く部分が見えると，〈あ〜，そういうところあるんだ〜〉などとついにやついてしまう。

ここではそれをぬかるみに足を取られている状態にたとえてみたい。足を取られている本人は，当然ながら何とか抜けだそうと必死にもがいたり，助けを求めたりする。実際の場面では，力づくで引っ張り出すこともできるかもしれないが，心の問題はそう一筋縄にはいかない。引っ張り出してもまたいつの間にか足をすくわれてしまったり，もがいて底なしの深みにはまってしまったりすることもある。ここでいう感性が動く部分に目を凝らすというのは，もがいているクライエントの着ている服や持っているものの好みやセンスに目を向けるような感じとでもいえようか。それまで泥水をかぶってよく見えなかったが，つかの間の瞬間，かわいいものが好きであったり，妙なこだわりの品を持っていたりすることが見え，思わず笑えてくるようなものである。そして，不釣り合いな物を持っているがゆえに足を取られてしまっていることがわかったり，それは何としてでも手放すわけにはいかない大切なものであることがわかったりすることがある。もがくばかりでは時にどんどん深みにはまってしまうことがあるが，好きな物に目を向けてふっと力が抜けた時にぬかるみから抜け出すきっかけが得られることもある。

（2）"丸抱え"にするイメージで関わる

　クライエントの感性が動く部分をつかめたとしても，他ならぬクライエント自身がその感性に従って生きることに戸惑いを感じていることも多い。感性をうまく発現できていなかったり，押し殺したりしているのには，やはりそれなりの事情があるはずである。「親が認めない」「そんな考えが社会で通用するはずがない」「出すと生き辛い」など，訳は違えど自分の光る感性をなかなか良しとできないでいることが多い。そこで，セラピストが"丸抱え"にするのである。クライエントの複雑な思いを汲みつつ，光る感性を丸ごとよしとして認め，受け入れてしまうのである。善し悪し，社会的意義，周囲の反応などはひとまず脇に置いて，クライエントが好きで魅かれて心が動いてしまう部分があることを，事実として認め，肯定する。さらに，その感性のために揺れ，逡巡してしまう部分があることをも認め，肯定してしまうのである。つまり，全存在を引き受けるイメージともいえる。これは，クライエントに言葉で示したり，表明したりすることが前提なわけではなく，セラピスト側の姿勢として"丸抱

え"にするイメージで関わるということである（たとえばＢ子の場合，絵本の持つ温かさに魅かれるＢ子がいること，ものすごく揺れ動いてしまうことがあることを丸ごと受け入れるという姿勢）。これがうまく伝わってくると，クライエント自身ためらいながらも少しずつ自分の感性を大切にしだすように感じられることも多い。

　個人的にはこのイメージは統合失調症"的"な世界を持っているクライエントと関わる時に，より重要になってくるように思う。彼らの中には心的世界が圧倒的な空虚や虚無に占められているように思えるクライエントがいるが，時にその世界に温かさや優しさ，穏やかさがわずかに顔を覗かせることがあるように筆者は感じている。ある統合失調症の男性クライエントが自分の状態を「泥沼に咲く花」と表現してくれたことがある。彼は自分の泥沼を嫌い，何とかきれいな水で満たしたいと願っていた。しかし，花を咲かせてくれているのは他ならぬ泥沼の養分である。枯らすと大変である。泥沼も花も，きれいな水への憧れもすべてが彼の世界なのである。

5．クライエントの"可能性"

　もう一つ，青年期クライエントの"可能性"について考えてみたい。
　「聞き手によって語り（語り手の姿）は変わるんです」。
　これもＡ子が教えてくれたことである。この言葉は，セラピストの視点でクライエントの相貌がいかようにも変わってくるということを物語っている。セラピストがクライエントの暗い側面にだけ目を向けていたのでは，クライエントは苦しみや悩みしか見せない人になってしまう。可能性に目を光らせれば，クライエントも可能性を抱く姿を見せてくれる。くしくも，筆者がＡ子の可能性に着目できていなかった時に投げかけられた胸に響く一言であった。
　ここでいう"可能性"とは，感性を発揮できるあり方への指向性のことであり，それはクライエント自身がそのあり方へのイメージを持てるか否かで左右されると筆者は考えている。それは，他者への怖いイメージが対人恐怖を生み出し，「またどうにかなってしまうのではないか」という緊張感のイメージが身体の緊張を生み出すといったように，人の心身の活動や生き方は予期的なイ

メージで左右されることがあるからである（成瀬, 2009）。つまり, クライエントの可能性のイメージを少しずつでも膨らませていくことで, クライエントが自分の感性に基づいたあり方に向かうのを強化できるということである。それはクライエントの感性と可能性をつなぐプロセスを確かなものにしていくともいえよう。

　そうはいっても現場にいると, 可能性などないように感じられるクライエントに出くわすこともある。しかし, そういったクライエントにおいても, 時折現実世界に生きられそうなあり方がふっと垣間見える瞬間が訪れる時がある。その瞬間が彼らにとっての可能性が動いた時と筆者は考えている。それは, 虚無感の中で「風が心地良い……」と思う瞬間でもいいし, 絶望の中でふっと絵筆を取った瞬間でもいい。その刹那には確かに現実世界の中で生きられているのである。筆者としては, そういったクライエントと会う際には「未来」や「将来」に繋がるかどうかは問題ではなく, 「"今", "ちょっと先"のこの世界に居られそうか」といった意味での可能性に目を向けることを大切にしている。

　この可能性に目を向けるということについて, 現時点で筆者が大切だと思う点を述べたい。

(1) クライエントの可能性を膨らませる

　クライエントが見せる感性に焦点を当てて話していると, B子の"絵本"の世界やC夫の"ゆったり"生活のように, 今の願望でありながら少し先の希望に直結するようなイメージを語り出すことがある。それはまさしくクライエントの感性に基づく可能性としての姿や生き方である。しかし, それまで自分の感性の扱い方をうまくつかめていなかったクライエントにあっては, その可能性も心の片隅に押しやられてきたか, 奥に幽閉されてきたかといったような状態であることも多い。そこで, そういった可能性を持っていることをセラピストが押さえ, セラピーの中で膨らましていくのである。具体的には,〈○○（可能性）の生活ができてる状態って, どんな感じだろうね……？〉などといった具合である。また, 可能性としてありうる姿と今の現実での姿を比べ, そのずれを扱うことで生きうる道を再確認することもできよう。たとえば, B子の場合, 現実では成績や評価に翻弄されてしまうが, 絵本の温かで柔らかな世界に

魅せられる自分がいることを扱っていくこともここに含まれよう。また，まったく違う第三者の姿として，〈○○（可能性）できてる人ってどんな人だろうね……？〉などと提起することで，可能性としての姿を見つめ直していくこともできよう。

　イメージとしては，目の前のクライエントだけでなく，可能性としてのクライエント（たとえば，B子であれば絵本の温かな世界観を生きているB子）を面接室の傍らに置き，今ここのクライエントの話に耳を傾けながら，もう一人の可能性としてのクライエントにもうかがいを立てるイメージである。そういったやり取りを繰り返していくことで，それまでなかった発想でクライエントが自ら可能性に向かう習慣が出てくることもある。残念ながら徒労に終わり，一筋の光が見えたと思ったとたん，真っ暗闇の絶望に再び引きずり込まれることもあるが。多少の揺れ動きは覚悟の上で，繰り返し扱っていくことも時に必要なように思う。

（2）個を超えた領域に開かれる

　もう一つ，筆者の個人的体験からこの頃感じるようになったことを述べたい。
　少し前になるが，筆者自身も私事でちょっとした問題が重なり，心が晴れない状態が続いた時があった。困ったもので，どうにも視野が内向きになり，ふさぎがちになってしまうのである。その頃も現場ではいろいろなクライエントと会う毎日だったが，やはり目の前の相手の訴えがいまいち響いてこない感じがしたり，相手の内的世界を生き生きと感じ取ることができなかったりするという体験をした。当然ながらセラピーがうまく進展していかなかったり，ケースの中断が増えたりもした。そして，あらためてセラピストは自分の外側にある他者や世界に開かれている必要があることを痛切に感じたものである。
　そんな折り，あるクライエントとの面接中に不思議な体験をした。先ほど述べた統合失調症の男性との面接である。
　ある時，目の前のクライエントから発せられる圧倒的な空虚感に筆者自身のふさぎがちな状態も加わり，筆者の方も虚しさに飲みこまれて茫然自失とするような感じになってしまった。やがて，少しずつ話を聴く意識もぼんやりとし始めた。それと同時に，どこからともなく筆者の中に"水"のイメージがわい

てきたのである．水が流れているのだが，それはあるべきところではない所を流れているように感じられる．なんだか分からないが，そのイメージを味わったままぼんやりしていたところ，しばらくたってクライエントの口から先ほどの「泥沼に咲く花」のイメージが語られた．その時の筆者には腑に落ちるものがあり，クライエントの生きる世界を少し近くに感じられた．それ以来，クライエントの空虚感に圧倒はされるものの，そこまで飲みこまれないようになった．

　この時に起こったことは，筆者とクライエントの個の枠組みを超えたトランスパーソナルな次元で触れ合う部分があり，お互いのイメージが共時的に喚起されたと理解することができる（議論の余地があることは承知しているが，こう理解した方が臨床的に意味があると筆者は考えている）．そのためには，ある意味でセラピストが弱り，意識や自我が影を潜め，個を超えた力や流れに身を委ねていたことが決め手となったように思う．

　そのクライエントに対してもそうだが，筆者は心理臨床に携わっている中で，いかんともしがたい気持ちに襲われ，思わず祈りたくなるようなことがある．実際に面接室を出るクライエントの背中に向かって，手を合わせて祈ることもある．それはクライエントに対してというよりも，人智を超えた大きな何か（いうなれば，神や仏，魂，光などというものになるのかもしれないが）に祈っている感覚である．効果のほどは実に心許ない．セラピストの気休めや安心のためと言われれば，それまでである．しかし，そうせずにはいられないのである．

　ここでまたＡ子の言葉を借りたい．彼女は先人の言葉をひいて言う．「偽善者っていう言葉……．人の為（"イ"に"為"）にするのは偽りの善で，神様仏様のためにするのが本当の善だって．確かにそう思う」．

　臨床場面でも"人の為"にすることは時に"偽り"になってしまうことがあるように思う．セラピストがクライエントのために何かを為そうとしすぎると，クライエントはその何かにはまるように自分を"似せ（＝偽）"ていってしまいかねない．しかし，それではクライエントの持つ可能性を邪魔することになる．クライエントの個人のもつ力，可能性を信じるとともに，時に個人の枠組みを超えた大きな力や流れに身を任せることで，より大きな可能性がクライエントの世界やセラピーの場に流入してくることがあるように思う．

6．最後に

　本論では，青年期クライエントの"感性"と"可能性"について言及してきた。今回取り上げたケースに限らず，現場にいると「温かさ」や「平穏」を求める青年期クライエントが非常に多くいるように感じられる。彼らは現代社会の物質主義や競争意識，政治不信，オンライン上の繋がりなど，独特の緊張を強いられる世界に疲れ，豊かさの先に待つ虚しさを感じ取っているのかもしれない。それも青年期の感性の敏感さゆえではないだろうか。社会の粗を鋭く感じ取る敏感さ。青年期にはある意味で社会の"影"が現れるようにも思える。いつの世もそれは青年の役割であるのかもしれない。そして，一人一人が社会の中で可能性に向かって歩み出すと，ひょっとしたらその敏感さは影をひそめていくのかもしれない。

　A子は言う。「10代は感性だけで生きてた。苦しかった……。20代になっていろんなことを考えられるようになった。生き辛さは薄くなってきた。ちょっとつまらなくなったけど……」。

　感性の世界と現実世界。折り合いをつけて可能性を生きることは，その引き換えに感性が丸くなり，少し鈍くなることにもつながってくることがある。そこにはわずかに儚さと寂しさがつきまとう。

　さて，青年期を通り過ぎた心理臨床家として，自分には何ができるだろうか？

　鈍くなりたがる感性を甘やかしつつ，敏感な青年においていかれないよう感性を動かして模索し続けたい。

5章　彷徨(さまよい)の
イメージからみた青年期

　　　　　　　森平　准次

1．現代社会における青年期の終焉

　青年期のクライエントに会っているとき，筆者はさまよっているような感覚をもつことが多い。なにも頼れるものもなく，心細く，あてどもなく，時にまったくこの世界とは異なる次元を歩いているような気がする。そのような青年期クライエントとの心理面接における体験は，青年期の心性と関係しているのだろう。それは異界的なものであり，境界性をもち，曖昧で，さまざまな世界の辺縁を彷徨しているかのようである。本稿では，そのような心理臨床面接における体験を出発点に，彷徨のイメージから青年期を捉え直し，青年期臨床のエッセンスを抽出することを試みる。

　青年期とは子どもから大人への変容の時期であるが，青年期が長期化されていると指摘されて久しい（たとえば，伊藤，2006；青木，2011）。この一つの理由は，大人になることが難しくなっているということであろう。個人の生き方も大人のあり方も多様な現代社会においては，大人というもののイメージが明確になってこない。結婚や経済的自立，あるいは子どもをもち親になるといったことが必ずしも心理学的に大人であることの指標にはならないだろう。河合（1994）は「日本の社会全体が'成人'を作り出すシステムを明確な形で」持っていないと指摘しており「ほんとうの意味で'大人'とは何かを定義するのが難しい」と述べている。この傾向は現在，さらに強まり，青年期の終わりを明確に定めることが難しくなってきているのではないか。

　大人のあり方が多様性をもつことについては，筆者は肯定的に捉えているところがある。自分の個性を発揮することができ，生き方をより自由に実現しよ

うとすることは豊かなことであると考える。それは多様性を許容でき，より創造的な生き方を許す社会ということなのだと思われる。好むと好まざるとにかかわらず，現代はそういう方向に進んでいっているのであろう。しかしその影の側面として，個人は大人イメージを明確にもつことが難しくなり，心理的に大人であるということを明確に宣言することが難しくなっているのではないだろうか。

　さらに，青年期を生きるということそのものがきつくなってきていることも考えられる。鍋田（2007）は，「物語の喪失」・「社会図式の喪失」・「延長する幼児期」をキーワードに，青年期の心理的な生きにくさを考察している。現代の若者たちには生き方がわからず，物語を紡げないしんどさがあり，他者とのかかわりをうまく形成できない大変さが見られるという。そしてそのようなクライエントにとっては「side by side」（横並び）の関係性が重要であるという。

　このような中，青年たちの心はさまよっているように見える。レビン（Lewin, K., 1951）は青年期を移動の時期として捉えて，境界人（marginal man）という概念を用いている。子どもから大人への所属集団の変更は，いずれの集団にも属さずに境界にあると考えられ，情緒的不安定と敏感とで特色づけられる。身体領域の変化，さらには社会的なものや時間的展望も含めた生活空間の拡大など，さまざまな変化が起こる。レビンの考察と，筆者の青年期クライエントとの臨床感覚は，境界性と移動という捉え方に通じるものがある。しかし筆者は，子ども集団と大人集団に限定されることなく，青年はさまざまな次元の世界をさまよっているように感じられる。それぞれの世界に触れ，関与し，しかし安住することはできないという，彷徨を体験しているように思われる。

2．体験としての異界

　青年期の彷徨を突き詰めていくと，異界が立ち現れてくるように思われる。ここで異界というのは，日常的・常識的なこの世とは異なる次元の体験世界という意味合いである。岩宮（1997；2004）は，子どもが異界に近いところに生き，「大人になるということは，異界と距離をとっていくということなのかもしれない」と述べている。そして自身の思春期の臨床事例について，村上春樹の小

説を題材にして異界という視点から考察を行い，その意義を強調している。また，河合（2011）も村上春樹の小説について心理学的視点から論じており，その中でのテーマの一つは，夢や物語の世界も含め，向こう側の世界（すなわち異界）とのかかわり方である。青年期とは異界とのかかわり方がテーマになる時期であるといえるのではないか。そのような体験は，案外身近な所で経験されている。

　筆者が面接を行っていたある青年期女子は，ある日家に帰った時に，自分の家が見知らぬ家のように感じられたという。それが自分の家で，家族が暮らし，自分も日々そこで生活を送っているということは頭ではわかっても，実感としてまったく知らない場所のように体験されたのだという。そこは自分が属し，自分が生活を送るなじみのある場所ではなくなってしまっているのであろう。そして，自分にとってはまったく見知らぬ，なじみのない場所に放り込まれたような体験であったろう。まさに日常生活を送るなかで，あたかも異界にいるかのような体験がされたのである。このように青年期になると，それまでとは自己が，世界が，異なるものとして体験されることがある。それはまるで，まったくなじみのない世界に，たった一人で放りだされるような孤独な体験かもしれない。

　また，この時期にはよく生や死，殺すことや殺されることのイメージが語られる。夢にそれらのテーマが現れることも多い。リストカットなどをするクライエントは，自分の身体を傷つけることでようやくこの世に自分の存在を留まらせているように感じられることもある。一方，死んでしまいたいという思いをもって，自傷行為や多量服薬をしてしまうクライエントもいる。あるいはまた，このまま死んでしまったらどうなるのだろう，ということに思いを巡らせたりもするのである。

　これらのクライエントの体験には，異界という視点をもつことによって豊かに，そして生々しく近づくことができると思われる。このように書くと異界ということが特別な体験のような印象を与えてしまうかもしれない。しかし，異界という非日常は，日常の中で頻繁に立ち現われているのではないだろうか。青年期のクライエントが日常における自分の体験を語るとき，この世的な理解では終われないようなテーマが潜んでいることもよくある。たとえば「あいつ

は鬼です」という時には,「あいつ」に対するクライエントのファンタジーが働いているのである。

　それらのクライエントの語りや表現に臨床家が触れていくとき,日常的な価値観や常識的な見方で捉えようとすると,クライエントの生々しい体験のありようが死んでいってしまうように思われる。それよりも我々の住まう日常のこの世を離れ,異界という視点をもつことによってクライエントの語りはより生き生きとリアルなものになってくるのではないだろうか。客観的に成立している外的現実の世界は,心のリアリティからすれば多層的に構成されているものの一つにすぎない。日常とは次元の異なる異界や境界が立ち現れ,客観的な現実よりもリアリティをもって我々に体験されることがあるのだ。

　子どもの世界と大人の世界という青年期的な境界,この世とあの世（冥界,あるいは死の世界）,客観的外的現実の世界と内的世界（想像・イメージの世界）,そして正常と異常の境界など,こうした多様な世界は客観的現実という相から理解していくことはなかなか難しいのである。青年期には特に,この世とは異なる次元の異界を生きざるを得ないことが多くあるのではないだろうか。

　このように,クライエントの語る異界性を帯びた体験は多様であり,そこにクライエントの個性やその萌芽を見ることができる。その異界との付き合い方もクライエントによって多様であり,異界と距離をもっていくもの,そういう世界を内包していくもの,クライエントによってさまざまであろうと思われる。

3．この世で生きていく

　青年期を,多様で多層的な世界を彷徨う時期として見ることができるならば,この世でいかに自分というものを生かすことができるのか,ということが課題となるだろう。常識などこの世の理を無視して生きていくことは難しい。生きる舞台は,やはりこの世ということになるからであり,この世を離れてしまっては生きることができないからである。

　河合（1983）は,大人になるということについて「一人の人間として,自分なりの見方によって,世界を観ることができる。あるいは,自分という存在を,この世の中にうまく入れ込んでいる,あるいは位置づけている」と述べている。

他者や社会との間で多面的で適応的な役割を獲得し，そのような自己を生きていくスタンスを形成していくのが青年期のテーマであろう。

外的な適応がうまくいかず，この世としての社会とのかかわりから引きこもってしまうこともある。山中（1978）は思春期内閉論を展開したが，それは青年期において引きこもることがその心の中を展開させる大きな意味をもつことがあるというものであり，心理臨床家はそのクライエントが外界に通じる「窓」を見出していくことが重要であると論じた。

この世という舞台で生きるための自己のあり方を見出し，つくっていこうという試みは，単にこの現実世界に自己を合わせるということではない。むしろ，異界を体験する自分が，この世の中でそのリアリティをいかに抱えて生きていけるか，あるいはいかに独自性を発揮していけるか，という主体的なありようが含まれているはずである。

自分の在り方を見出していくということはアイデンティティの感覚をつくっていくということにも通じる。エリクソン（Erikson, 1959）はそのライフサイクル論の中で，アイデンティティの確立を青年期の発達課題として考えた。自分が何者であるのか，ほかの誰でもない自分だけの存在としての自己，この感覚を確立していくことが青年期には求められる。しかし現代社会ではそこで許容される自己のあり方は自由で多様である。そのような中で，自由で柔軟に自己を形成していける人間もいれば，曖昧模糊としたイメージの中で拡散していく人間もいる。

河合（1998）は現代においてはアイデンティティが「発達の目標になりにくいし，むしろ必要のないアイデンティティにこだわることこそ，神経症的な問題であることになる」と述べている。しかし，アイデンティティの喪失により「これまでと違う世界を可能にしてくれるかもしれないのである」（河合，1998）とも述べられているように，自己は多様な側面をもち，自由で多彩なあり方をすることが許される。そして自分の人生に何を求めていくのか，そういったことを言語化するにしろしないにしろ，試行錯誤しながら見つめていき，自らのリアリティを確認していくことが青年期に求められるのではないだろうか。

4．青年期クライエントとの心理臨床

　これまで述べてきたような視点をもって，青年期のクライエントと心理面接を行っていく上でのかかわり方について考えたい。臨床家は，クライエントの語る体験を生々しくイメージしてその彷徨を共にしていくとともに，そこにおける心の働きを見とおしていく必要があるだろう。
　ここで重要になるのが，現実性，リアリティではないかと思われる。青年期のクライエントがリアルに体験していることに，臨床家がかかわっていくことは治療的であると思われる。たとえばアニメーションやサブカルチャー，絵画や音楽などのアートなどは青年期のクライエントにとって親和的な世界であることが多い。
　あるアーティストの世界観が好きで，そのコンサートに通う様子を語ってくれることもあるし，その時にしたコスプレの服装を撮った写真を見せてくれることもある。ときにはアニメが好きだという話から，臨床家がどんなアニメが好きなのかと尋ねても，言いたくないとか，話しても知らないと思うので，といった具合に具体的な話をしてくれない場合もある。また，自分の体験している世界を絵に描いてきてくれることもあるし，詩歌などを書いてきてくれることもある。ファンタジー小説や漫画を読んだり，それらを自分で書くクライエントも多い。ロールプレイングゲームの世界に自分の存在感を求めるクライエントもいる。それらの世界を心理臨床家は想像し，共にしていく。織田（1998）が論じるように，心理臨床家が自らの想像力をもって紡いでいき，丁寧にコミットしていくことが治療的に働くと思われる。
　たとえば「冷たい洞窟の奥でじっとしている石像みたい」と語られることがあれば，それはやはり一つのイメージであり，そのクライエントにとってリアルな世界である。そこには，クライエントの感じる冷たさや動けなさ，さらにはこの世から離れた深層の世界を体験しているかのような感覚，永遠の時間感覚などが込められているのかもしれない。そのような一つ一つのイメージを，クライエントとともに眺め，それについて話しあい，臨床家がコミットしていくことに治療的な意味があるものと考える。

一方，そのような体験の持つ心理学的な意味を見通していく必要があるだろう。彷徨の中で語られるイメージは，自らの内的世界を豊かに創造している作業として捉えることもできるかもしれないし，自分なりにこの世で生きていく方略を学んでいるのかもしれない。そのような心の作業として，何が行われているのか，異界をさまよう体験はクライエントのどのような心の動きとなっているのか，それによってクライエントが何を実現しようとしているのか，などについて見通す必要があるだろう。

　さらに，アセスメントとケース・フォーミュレーションについても考える必要があるだろう。青年期は精神疾患の発症の多い時期でもある。クライエントが彷徨の体験を語るとき，それがクライエントの自我機能から見てどの程度の危険をはらんでいるのかも見とおす必要があろう。客観的現実をどの程度認識できているのか，イメージが暴走し妄想的になっていく可能性を考えたほうがよいのか，自傷他害などの行動化の度合いなどのことも見極める必要がある。病態水準や心理的健康度，ストレス耐性，他者との関係性などについても見通しておかなくてはならないだろう。

　このような全体的な理解により，クライエントがさまよう多様な世界のリアリティのどこにどのように臨床家が主体的にかかわっていくのか，自覚していく。この世のことについてともに見ていった方がよいと判断をすることもあるかもしれないし，そのクライエントの深遠な，ファンタジーに満ちたまさに異界を共に旅することもあるかもしれない。それにより，クライエントの彷徨はより着実に，前に進んでいくものと思われる。彷徨というイメージをもってクライエントにかかわり，そのあてどもない行程をともにしていこうとすればなおのこと，見通しをしっかり持つことが求められるだろう。

5．事例

　ここまで述べてきたことを確認していくために，筆者（以下本節においてはTh）が経験した2事例をあげ，クライエントとの面接経過を彷徨のイメージを絡めて検討してみたい。

● 事例Ⅰ
【事例】初回面接時20歳の大学3年生男子（以下Aさん）。
【主訴】好きな女性（以下Bさん）をあきらめるべきか，相談したい。
　面接経過
　第1期：Bさんのことが頭から離れずにつらいので，どうしたらよいのかという相談であった。これまでにAさんは多くの異性との交際があったものの，Bさんは特別な存在とのことである。これまでの恋愛は回転ずしのようなもので，次から次へと回っていき，何も残らない，意味がないという。しかしBさんに対しては愛があると思うといい，相手のことをみんな受け入れないといけないと思う，ともいう。〈そんな風に考えさせるのは，あなたにとってはとても意味深い相手だね〉とThからは伝えている。
　第2期：自分の中心を失ってしまったようだと言う。「朝顔も添え木がないと地面に倒れてしまう」「焼き物でろくろを回すとき，中心がない」と語る。また，両親との関係が必ずしも良いものではないことなどを語る。Thが〈今は自分の心の中を見つめていく時期なのかも〉と伝えたことが残り，自分を見つめる時間だと考えているという。
　第3期：Bさんとは違う女性と交際を始め，うまくいかないことがあっても別れずに関係が続いていく。両親とは大学卒業後に実家に戻るかどうかで何度か話し合いをもつが，Aさんは当面一人で生活していきたいと考える。また，中学高校と問題行動が多く，学校の人間関係がうまくいかなかったことや，当時心理援助を受けていたことなども語られ，当時のカウンセラーとThの雰囲気が似ていることなども表現された。その後，高校時代の集まりに顔を出し，思わず歓迎されたことで，自分が思っていたほどは悪くなかったのかな，とふり返ることができる。また，いじられキャラを演じていることなども語られる。
　第4期：大学卒業と就職を機に，Thとの面接を終えることとする。カウンセリングについては，Thの存在が大きかったという。
　Aさんとの面接の考察　自らの存在をかけられる女性とのかかわりを内的に求めつつも，現実の中でそれができずに多くの異性の間を渡り歩くが

何もつくりだすことのできないAさんの姿は，まさに彷徨しているイメージにつながる。そこに見られるように，Aさんが当初表現されていた生き方は表層的であったが，もともと自分なりにより深く自分の気持ちに誠実に生きようという姿勢があったのだと思われる。それがThに伝わり，ThはAさんに対して穏やかに陽性の感情を抱いていた。これは面接経過に底流するThのAさんに対する肯定的な態度として表現され続けていたと思われる。そのような関係性の中で，自分の中のより深い心の動きをイメージを交えて表現し向き合うことができたのではないだろうか。

さらに家族との距離感も近づいたり遠ざかったりし，また外的な顔や自らの中心に視点を向けたりとさまざまな試みをしていた。その体験はろくろや朝顔など，イメージとして立ち現われている。このように，肯定的な関係性の中でさまよう体験を見つめ，一つ一つのAさんにとって大切な手ごたえを獲得していったのではないだろうか。

● 事例Ⅱ

【事例】初回面接時13歳の女子(以下Cさん)。中学2年生。
【主訴】学校で孤立してしまう気がする。
【来談までの経過】中学入学後，仲の良かった友人と疎遠となり，孤立感を強め，学校に行きづらくなり，筆者が臨床活動を行う機関に来談する。

面接経過

第1期：中学に入ってから孤立感を強めていること，特に周囲の同級生と音楽の感性が合わないことなどが語られる。また，夢を複数報告してくれる。①突き落とされる。②通りで隣の女の人が叫んでいて，そこで兵隊に撃たれる。③誰かの首を絞め，殺す。その後日常生活についての報告などを話し合う中で高校に入学する。

第2期：異性との関係がうまくいかず，多量服薬や，リストカットなどをしてしまう。生活を「寒くて曇っていて，日も暮れかけている」「動いているけどどこに向かっているのかわからず，誰かとなりにいてくれないか」「ずっと宙ぶらりん」「螺旋的に進んでいる」と比喩的に語る。

第3期：夜中に，現実にはない笑い声や怒鳴り声が聞こえるという。枯れた草原に白く高いフェンスがたっている夢を報告する。アルバイト先でトラブルがある。やがて生活の中で雑音や笑い声が聞こえる感じがするようになる。そんな中で自分は大丈夫と言い聞かせるように過ごす。Th は現実生活に焦点を当て，ストレスの強い状況や，そこでどのような行動をとると少しでも楽になれるかを話し合う一方，〈今のあなたにとっては大変なことだと思うけれど，これを何とか潜り抜けていく必要があるのだと思う〉と伝えていった。

第4期：きっかけがよくわからないまま，声が聞こえる感じは消失する。自分の中に絶望感や悲しみが強くあると言語化し，肩こりや冷え症に気がつく。その後進学が決まり，心理面接からは自然と足が遠のいた。

Cさんとの面接の考察　Th のスタンスとして，クライエントの語る体験を Th なりのイメージをもって再構成し，ともに眺めるという姿勢は一貫していた。これはCさんにとっては第2期で言葉にしていた誰かとなりにいてくれないか，という気持ちに沿った体験となったと思われる。

　本稿のテーマである彷徨イメージからみれば，死と生，肯定と否定，正常と異常，内的現実と外的現実，などの境界をさまよい，ときにある世界に徹底的にかかわるということの中でCさんのあり方が体験されていった。たとえば面接初期に語られた死にかかわる夢や，第3期では，Cさんの心の働きとして否定という心の動きが強く現れていた。自己の在り方が徹底的に否定されるが，その否定されるという体験の中から，自らの存在感に触れていく過程として理解できると考える。また，夢に現れた白いフェンスはまさに世界を分ける境界であり，クライエントの中で世界の辺縁に触れる動きが起こっていたとみることができる。そのような過程を通して，身体感覚の言語化など自分の体験が捉えなおされ，副次的に自己理解は深まり，この世界での具体的な生きる方略を自分なりに考え，実践していくことができるようになっていったと考えられる。

　青年期においてはこのように心の働きが極端に働くこともあるだろうが，そのような極端さを生き抜くことによってその人がこの世界で生きていく基盤のようなものができることがあると考える。

6．結びに

　本稿で試みてきたのは，青年期という時期を彷徨（さまよい）というイメージから捉え直してみるということである。そして青年期の彷徨はこの世に留まらず，多層的に構成された多様な異界に触れていく。そのうえで，この世界，あるいはこの社会の中でいかに生きて行くのか，その基本的な感覚を形成するのが青年期であるといえるだろう。
　これは単にソーシャルスキルを身につけるとか，適応的な行動を学習するということには留まらない。むしろ青年がこの世界でどのように生きていくのか，その心のリアリティの中でいかに生きていけるのか，というテーマである。青年期は多様なイメージの世界において自らのリアリティを体験する時期と言えるのではないか。青年期心理臨床は，主体的に生きるその基礎づくりを共にしていく過程であると考える。
　この世の事はもちろん大切であるけれど，そのような視点にのみ拘泥していては心の現実を見失うことになるだろう。心理臨床においてクライエントの心の現実を理解したり共に再構成したりしていくためには，日常的・常識的な，客観的現実の世界を前提としているだけでは足りないだろう。常識的な判断や思考を棚上げにし，価値観や判断基準のまったく異なる世界に身を置こうとすることで，その世界を理解する端緒につくことができるのではないか。そして臨床家が多様な世界に開かれていることにより，クライエントが表現しようとしていたり実現しようとしている豊かな世界を共にすることができるのだろうと思われる。創造性などの心の側面もそこにかかわってくるだろう。そして心理臨床において青年期のクライエントにかかわるということは，そのクライエントがいかにこの世界を生きていこうとしているのか，そのありようをともに探り，形成し，紡いでいくということであろう。
　大人とは何なのか，という問いに対して，現代社会は明確な答えをもたないように思われる。そのような中で青年は異界や境界を自分なりにさまよい，この世に生きるための方途を形成する。そして現代においては，そのような作業は終わることなく続くものなのではないだろうか。青年期臨床においては，そ

のような明確な着地点をもって終わるものではなく，それを生き続ける道程をともにしていくことではないだろうか。

Ⅳ部　現代社会とこころのケア

　このところ新聞やテレビなどで成人の適応障害や人格障害，それに不安障害，発達障害，うつ病といった問題がたびたび取り上げられている。これは現代の社会状況の多様化や急激な変化に伴う人々の心の混乱を如実に反映しているととらえることができる。

　たとえば労働災害の実情などもここ数十年で急速に様変わりしているようである。かつては労働災害というと肉体労働の厳しい現場における死傷事故などが認定の中心であった。ところが最近では，ホワイトカラーが業務に関連してパニック発作やうつ病といった心の病を発症したり，職場でのさまざまなハラスメントも認定要因になったりしている。若者に多くみられる新型うつ病などは，仕事など自分にとって辛いこと，都合が悪いことがあると気持ちはふさぎ気味になるが，反対に好きなことには元気に取り組めるといった自己中心的で他罰的な症状を特徴としていて，面接をしていてもこちらがどこか収まりの悪い思いをさせられたりする。

　このように話題として次から次にあがってくる現代の心の病や問題について，セラピストは専門書や関連の書物を数多く読み込んでそのメカニズムや有効な治療的アプローチを学ぼうとする。これはこれで当然の行為なのであるが，それが本人の血となり肉となるまで噛み砕かれて身についているかどうかは，一度立ち止まって自らに問うてみることも必要であろう。

　知っているということと使いこなせるということはまったく別なのである。もし前者の状態が優位であるならば，セラピストからの働きかけは，彼がわかっていることをクライエントはどれほどわかっているかを調べようとしているといったニュアンスで相手に伝わってしまう。正常と異常，病と健康，適応と

不適応，あたかもそんな基準線をそれぞれ明確に引けなければならないと追い立てられるように，セラピストは見立てと称してクライエントの状態を既成のカテゴリーに収めることで安心しようとする。

　これだけ社会が複雑化してくると，人の心も千差万別である。するとそこにはノーマルも狂も，健康も病も，あらゆるものが混沌とした状態でないまぜになっている。どう考えてもこれが，人の心のありのままの姿である。だから一人のクライエントに対してもセラピストは，渾然一体となっている彼の内的世界をどのようにとらえ，どこに焦点を当て，何を援助の目的としてアプローチしていくか，つまりクライエントが置かれている環境や社会状況を視野に入れながらその人を理解し，援助の方向性や方法を具体的に定めていくことになる。そして，こうした心理臨床実践のありようは，セラピストが身につけている専門知識やオリエンテーションはもちろん，人間観や価値観，信念といったその人の人間性の要因に必然的に影響される。ある時点で，その瞬間において確かな選択や判断をし，それに責任をもつという主体的な行為はこうしたことが基盤になって生まれてくるのである。

　そのためにもセラピストには，さまざまな経験に裏打ちされた心の引き出しをどれだけもっているかが問われている。今，クライエントが体験している微妙な感情や思いを表現しようとしたとき，セラピストにそれを受けとめられる多種多様引き出し，つまり心のひだがなければクライエントは決して表現しようとはしない。たとえ渾身の思いで表明したとしても，セラピストには何事もなかったかのごとくスルーされてしまうし，そもそもその事実にさえ気づいてもらえないからである。「どこがどうというわけではないけれど，何かもう

一つガチッと噛み合うものがない」という感想をクライエントとセラピストの双方から聞かされることがよくある。だからといって、呼応する両者の引き出しの中身が同質でなければならないということではない。質的には多少異なっているからこそ、セラピストはそこに関心を向けて可能な限りクライエントの話を正確に聴き理解しようとするのである。

　よくケース検討会などで、そのクライエントの日常の行動面に働きかけて生活を整えることを主眼とするか、深層の欲求や感情などのダイナミズムを慎重に扱って洞察を導き出すべきかといったことが話題になる。この二分法にはときとして、ケースの本質を曖昧にしてしまう危険性が潜んでいる。たとえ普段の行動を整えることで適応力を強化することを目的としたとしても、内面の構造や力動性を明確に把握した上での具体的な方向性の設定でなければ期待される効果は望めない。反対に、クライエントの日常に寄り添い、さりげない支援などで親密な関係性が構築されているからこそ、明確な見通しをもった内面の深い協同探索も可能になるのである。

（神田久男）

1章　〈しるし〉〈うつし〉〈かなし〉
　　…大和言葉が照らす「うつ」のセラピー

矢﨑　大

　「うつ」ないし「うつ病」という言葉は，各種メディアで連日のように取り上げられ，現代を生きる我々にとって，あまりにも「馴染みの」言葉となってしまった。日常語に溶け込み，ややもすると気軽に使われ過ぎる感のある「うつ」は，本来，気軽とは正反対の情態であり，むしろ気軽に語ることを許さぬところに「うつ」の本質があるように思われる。ときに「プチうつ（病）」などとポップな表現で使われる「うつ」からは，「全」「空」「虚」といった字があてられる丸ごとすっぽり抜け落ちてしまった空虚感や，「ポストフェストゥム」（木村，1982）の時間性として表現される「後の祭り」としてのとりかえしのつかなさ，沈鬱な重苦しさの印象がほとんど失われている。「うつ」は，日常化・一般化し，その意味する内容は拡散している。

　臨床現場は時代を映す鏡である。「うつ」の拡散は，たとえば精神科におけるうつ病患者の増加，病像の軽症化，うつ病概念の混乱など，近年さまざまに議論される問題と決して無関係ではないだろう。筆者は，ここでこれらの問題について議論するつもりはない。本論の目的は，うつ感情世界の深みに入り込み，その深みから「うつ」のセラピーを照らし返すことにある。ここでは，坂部（1976；1989）の論述をもとに，〈しるし〉〈うつし〉〈かなし〉といった日本人が古くから用いてきた大和言葉を手掛かりとして，上記の点について考察を進めていく。

1．しるし

つみとがのしるし天にあらはれ，

ふりつむ雪のうへにあらはれ，
木木の梢にかがやきいで，
ま冬をこえて光るがに，
おかせる罪のしるしよもに現はれぬ。
みよや眠れる，
くらき土壌にいきものは，
懺悔の家をぞ建てそめし。

　上記は，詩集『月に吠える』に収められた萩原朔太郎の詩「冬」である。行間や余韻を含めたこの詩全体に広がる心象風景に，うつ感情世界の陰影や奥行きを感じ取るのは筆者だけであろうか。坂部（1976）は，「しるし」と題された論稿で，上記の詩を引用しつつ〈しるし〉が示す重層的な深みの世界について考察しているが，ここでは筆者なりの解釈を交えつつ〈しるし〉と「うつ」の繋がりについて考えたい。
　「つみとがのしるし」「おかせる罪のしるし」……，そこには言語表現によっては決して汲み尽くすことのできない独特の重苦しさが漂っている。このような罪過の〈しるし〉を，単純に個人が犯した具体的な罪ある行いに結びつけてしまっては，この詩の解釈として不十分であろう。そもそも〈わたし〉が世界の四方に〈しるし〉を読み取るということは，とりもなおさず〈わたし〉と〈世界〉が一定の隔たりをもって感知されていること，主客未分の原初から一定の法則〈のり〉にしたがって〈わたし〉が限定され，〈世界〉と対峙していることを意味する。〈わたし〉を一人の〈ひと〉として原初の無差別相から差異化し，差別相のもとで〈世界〉や〈他者〉と対峙・共存する存在として限定するためには，何らかの象徴体系が必要である。その過程では当然，象徴化の法則〈のり〉に従わぬものが捨象されていく。原初から切り離され，〈世界〉や〈他者〉から切り離され，〈のり〉に従わぬ，いわば〈もう一人のわたし〉から切り離され，このような差異化の過程を経て〈わたし〉は限定される。逆にいえば，〈わたし〉が成立するためには，あまりにも多くのものを捨象し，失わなければならないのである。この根本的な喪失の痛みが，うつ感情の根底に流れているのではないだろうか。

現象の根拠である原初では，自―他の区別は成立し得ず，あらゆる動き・作用が渾然一体となって〈わたし〉，〈他者〉，〈世界〉等々となる可能性を帯びつつ留まっている。決して現象として現れることのない原初とは，言ってみればあらゆる可能性が充溢した無の場所である。一方，言語に代表される象徴体系によって規定された現象の世界は，記号〈しるし〉によって「しるすもの」と「しるされるもの」／「しるされざるもの」とが分け隔てられ，自―他の区別が成立した有の場所である。現象の世界において，初めて〈わたし〉は〈わたし〉としての象りを得るが，この自己規定は同時に，あらゆる可能性のなかから象徴化の〈のり〉に従う〈わたし〉だけを限定することであり，それは原初において〈わたし〉と一体であったはずの〈他者〉や〈世界〉との分離，すなわち〈もう一人のわたし〉の喪失を意味する。坂部は，〈しるし〉を「とりわけて，(もはや，あるいはいまだ) ないもののしるしである」と述べているが，〈しるし〉とはまさに自己喪失の〈しるし〉なのである。

　〈わたし〉は，〈わたし〉の喪失において〈わたし〉となる。〈わたし〉は，不在のもとにある〈わたし〉として，その存立の根拠において一つの欠如を抱えている。象徴化の〈のり〉によって失われた〈わたし〉，〈もう一人のわたし〉は，現象の世界に象りを得ることを許されず，かつて〈わたし〉と一体であったはずの〈他者〉や〈世界〉の背後に身をひそめ，あるいは〈わたし〉自身の真っ只中にある不在の〈しるし〉となって，〈わたし〉に一つの痛みを突きつける。失われた〈わたし〉が，〈他者〉や〈世界〉のもとにあるのか，それとも〈わたし〉のもとにあるのか，このような問いは恐らく無意味な投げかけであろう。なぜなら，失われた〈わたし〉は，現象の世界に存立の場をもたないのであり，それは何処にでもあって，何処にもない場所，せいぜい「世界の四方」としか表現し得ない場所だからである。〈しるし〉は，著き〈しるし〉として自―他の区別を領り，象徴化の網目のなかに自己や世界を規定するが，一方では不在の〈しるし〉として，有と無，存在と不在，生と死，面と影の狭間に，〈わたし〉の面影の〈かなしみ〉をたたえている。

　不在のもとにある〈わたし〉，欠如を抱えた〈わたし〉は，失われた〈わたし〉の突きつける痛みのなかで〈のり〉との和解を見出し，罪過の〈しるし〉を負った〈わたし〉として自己を限定する。「くらき土壌に懺悔の家を建てそめる

いきもの」とは，〈もう一人のわたし〉の喪失を悼み，弔い，不在のもとで生きる〈わたし〉そのものの姿であろう。〈わたし〉は，〈わたし〉という墓標〈しるし〉のもとで〈わたし〉の喪失を乗り越える。不在から存在への転換において，〈わたし〉は失われた〈わたし〉を弔い，鎮魂し，いわばその裏返しとして現象の世界に象りを得る。この一連の流れのなかで，時に現実的な対象喪失をきっかけとして，あるいは明白な誘因もなく，〈わたし〉という墓標のもとでの均衡が崩れ，それまでの〈わたし〉を支えていた〈のり〉との和解が破られる。これが「うつ」という感情世界であり，くらき土壌に葬られたはずの〈もう一人のわたし〉が，その喪失の痛みを世界の四方から〈わたし〉に照らし返すのである。

● **事例Ⅰ：40代男性**

　妻との離婚を機に抑うつ気分増大。仕事を辞めて家に引きこもり，食事をすることもままならず体重は激減。さらに過量服薬によって救急搬送され，しばらくの間，入院生活を送る。退院後も生活に変化はなく，閉じこもりがちの生活を続けている。Ａさんは，家の外に出ないことの理由を，"自分の部屋，もっといえば自分が寝ている布団と，その周囲の生活に必要なものが雑然と置かれた一帯が自分にとっての聖域，サンクチュアリなんです。その中で起こることに関しては，自分自身の責任だから責任が取れる。でも，部屋から少しでも外に出ると，他人の責任まで引き受けなくてはならない。例えそれが他人のせいであっても自分自身の責任，自己責任になる。そういうことはもうご免。「公共の場」というのがとにかく苦手。他人の責任まで引き受けたくない"と説明する。

　上記は，離婚という現実的な対象喪失がきっかけとなって，うつ感情が前景にあらわれた事例である。Ａさんは，妻，家族との別れを招いた自分自身を責め，辛うじて残った小さな聖域に自己の存立の場を求めている。Ａさんの抱える「うつ」を，単純に離婚との因果関係によって説明することはできないだろう。なぜなら，Ａさんにとっての「うつ」は，自身の行いに対する罪責感によっては汲み尽くされず，他人の責任までが自己の責任として重くのしかかってくる情態だからである。これは，本来，自己と

は無縁である「公共の場」において自己の罪責感が助長されるという点にも示される。現実的な対象喪失が誘因となって，家族と共にある〈わたし〉という自己限定が立ち行かなくなり，それと並行するように〈わたし〉を支えていた〈のり〉との和解が破られ，〈他者〉や〈世界〉が〈わたし〉の喪失を照らし返す痛みの場へと変化する。Aさんは，このような体験世界に留まっているのだろう。

　世界の四方が突きつける〈わたし〉の責任，〈世界〉や〈他者〉との間に〈わたし〉を限定することの痛みは，〈のり〉との和解が崩れたAさんにとって，名指すことのできない「つみとがのしるし」なのである。Aさんは，この名状しがたい痛みのなかで，〈世界〉や〈他者〉との関係から引きこもり，最後に残された自分の部屋という小さな空間に聖域を築き上げる。Aさんにとっての聖域は，自一他の区別を領る〈しるし〉であり，唯一〈わたし〉の喪失と向き合える場所であるが，それは自己完結的な痛みの場であり，〈他者〉や〈世界〉の入り込む余地がない。「うつ」は，時に〈わたし〉という〈しるし〉を，頑ななまでに硬く，孤立した情態に導く。しかしこれは，〈のり〉との和解が崩れた〈わたし〉にとって，〈他者〉や〈世界〉が，失われた〈わたし〉，〈もう一人のわたし〉の喪失を痛切なまでにしるしづけることとちょうど表裏一体の関係になっている。「うつ」のセラピーにおいて，セラピストが果たすべき役割は，クライエントに対して，失われた〈わたし〉の痛みを突きつける〈他者〉であることを引き受けつつ，彼らと喪失の痛みを共有する〈他者〉となることであろう。そうすることでクライエントは，〈わたし〉の喪失と向き合い，鎮魂し，新たな〈のり〉との和解のもとに〈わたし〉を見出していくのである。

2．うつし

秋くれば　常磐の山の松風も　うつるばかりに身にぞしみける

　不在のもとにある〈わたし〉，欠如を抱えた〈わたし〉は，〈わたし〉という墓標〈しるし〉のもとに失われた〈わたし〉を鎮魂し，いわばその裏返しとし

て現象の世界に象りを得る。しかし，〈のり〉との和解が崩れた「うつ」という情態では，〈わたし〉のもとでの鎮魂が破られ，失われた〈わたし〉が〈わたし〉の真っ只中にある裂け目を縫って世界の四方に広がり，名状しがたい「つみとがのしるし」となって〈わたし〉に喪失の痛みを突きつける。〈世界〉も，〈他者〉も，そして〈わたし〉自身も，「うつ」においては喪失の〈しるし〉と化してしまう。この名指すことのできない喪失の痛みは，時に「うつ」と「自閉」との結びつきとして指摘されるように（木村，1976），〈わたし〉を硬く，孤立した情態へと導く。ここでは，「うつ」と語幹を共にする〈うつし〉を手掛かりに，このような情態にあるクライエントと向き合うセラピストの役割を考察する。

　本節冒頭に引用した歌は，和泉式部によるもので，『新古今和歌集』巻第四におさめられている（なお，和泉式部正集に載せられた原型では，第一句が「秋ふけば」，第四句が「色付くばかり」となっている）。坂部（1976）は，「うつし身」と題された論稿で，「うつるばかりに」という一句が付けられた上記の歌にあえてこだわり，正集の原型と重ね合わせながら次のような解釈を行っている。「常磐の山の，常磐の松に吹く風が，時が移ろい，秋更けるとともに，変わったのかとおもわれるほどに，あたかも色づいたかのように感じられ，風の紅葉色が，わたしの身に映り，照り映え，やがて，そのつめたい悲しさが，身に映り，身に沁み，身体のなかを吹きぬけていく……」。ここには，〈うつし身〉という言葉が示す世界とわが身との交感，うつし合い，うつり合う〈わたし〉と〈世界〉／〈他者〉との関係が端的に示されている。〈わたし〉とは，目に見えぬ原初が現象という〈かたち〉となって「現実」の世にうつし出されたかりそめの姿であり，〈世界〉や〈他者〉との〈あいだ〉にうつし，うつされる〈うつし身〉なのである。〈うつつ〉の世にうつし出された〈うつし身〉は，原初との，〈世界〉との，〈他者〉との，そして〈もう一人のわたし〉との関係において，うつし合い，うつり合う〈わたし〉の姿である。

　しかし，「うつ」の〈うつし身〉は，〈世界〉が，〈他者〉が，そして〈わたし〉自身がしるしづける喪失の痛みのもとにうつし出される。失われた〈わたし〉，〈もう一人のわたし〉は，ただ単に〈わたし〉にうつし出されるだけでなく，〈世界〉や〈他者〉がうつし出す「つみとがのしるし」となって，〈わたし〉という〈う

つし身〉にうつし返される。そのため「うつ」を抱えた〈わたし〉にとって、〈世界〉や〈他者〉とかかわることは、潜在的な喪失の痛みを助長することに繋がりかねない。セラピストの投げかけに「どうせ……」「いまさら……」といった言葉で答え、セラピー関係における有機的な交流を遮る「うつ」のクライエントは少なくない。ここには、「どうせ……」「いまさら……」セラピストの言葉に耳を傾けたところで、待っているのは喪失の痛みだけであるという「うつ」の硬く、孤立した情態が見え隠れしている。「うつ」を抱えたクライエントにとってセラピストは、時に、失われた〈わたし〉、〈もう一人のわたし〉の面影を携え、彼らに喪失の痛みを突きつける〈他者〉としてうつることがある。内海（2008）が述べるように、「うつ」にはその本質においてセラピーに対する抵抗性が潜んでいるが、そのような抵抗性を前提としながらも、「うつ」はセラピーの場で扱われなければならない。ここでは、筆者が大切だと感じるポイントを、森岡（2005）の示す〈うつし〉の4つの様相に沿って記述する。

　森岡は、〈うつし〉をセラピー場面に即して捉えた場合、「移す」、「写すという行為」、「映し合う」、「移し換える」という4つの様相が浮かび上がるとし、これらの相互交錯を最大限に生かす場がセラピーの場であると述べている。一番目の「移す」とは、他者の体験がわが身に移るという〈うつし〉の様相で、自と他、内と外の境界に関係するものである。二番目の「写すという行為」とは、〈うつし〉の根本にある反復、二重化の動きであり、そこに伴うずれが創造的なものとして捉え直されている。三番目の「映し合う」とは、他者との関係、交流といった〈うつし〉の側面であり、他者との映し合う関係性が一貫した自己像をつくる基盤とされる。四番目の「移し換え」とは、ものの見方、認知がそれまでとまったく反転することを指し、覆し、転置、転倒などと関連する〈うつし〉の側面である。

　上記の4様相を「うつ」のセラピーという観点に応用すると、まず、クライエントの抱える「うつ」――〈のり〉との和解が破られ、世界の四方が〈わたし〉に喪失の痛みを突きつける情態――がセラピストの〈うつし身〉に移動する、「移す」という様相が浮かび上がる。また、クライエントの「うつ」と、そこから「移」されたセラピストの「うつ」、この二重化された「うつ」の微妙な差異、ずれが「写し」の創造性に繋がる。クライエントは、セラピストの「うつ」との微妙なず

れを伴った「映し合い」によって，〈わたし〉の喪失を〈他者〉との関係という文脈から捉え直すようになる。そして，このような「映し合い」のなかから，新たな〈のり〉との和解のもとに〈わたし〉を見出すという「移し換え」の転換が生まれる。しかし，セラピーのなかでは，これら4様相が明確に区別されて生起するようなことはない。むしろ，〈うつし〉という多層的な様相がセラピーのなかで働くことが重要であり，クライエントは，セラピストという〈他者〉とのうつし合い，うつり合いを通じて〈わたし〉の喪失と向きい，新たな〈のり〉との和解を見出すのである。

● 事例Ⅱ：40代女性

　家族との死別をきっかけに不眠が続き，抑うつ的な状態となる。家にこもりがちの生活を送り，外出は通院と買い物の週1，2回程度。家では何をするということもないが，気が向いたときの掃除と最低限の食事はできている様子。「自分が（家族の異変に）もっと早く気づいていれば……」「自分のせいで（家族が）亡くなった」という罪責感が強く，手首に浅い傷をつける自傷行為が繰り返される。セラピストである筆者からの投げかけにも，「私が悪いんです」「私のせいなんです」と自らを責める言葉で返答することが多く，面接空間は全体的に重たい雰囲気。

　Bさんとのかかわりにおいて筆者が大切にしたことは，面接空間全体に広がる沈鬱な重苦しさを含め，Bさんが感じているであろう「うつ」を，筆者自身の身体〈うつし身〉を通して感じ取り，「私が悪い」「私のせい」といったBさんの感覚を，セラピストに感じられた感覚として丁寧に伝え返していくことであった。このような対応を続けていくなかで，面接空間は次第に柔らかい雰囲気へと変化し，Bさんも日常のちょっとした出来事についてユーモアを交えて語るようになっていった。たとえば，家の細かな汚れが気になって何時間も掃除をしてしまったという話題では，「ふと，すごい汗をかいてる自分に気づいて……。私，何やってるんでしょう！」と笑いながら話したり，買い物の仕方についての話題では，予めメモに書いた品物しか買うことができないと述べるBさんに，筆者はむしろメモを持たないで買い物をするため，余計な物を買って肝心な物を買い忘れるこ

とが度々あることを話題にし，お互いの失敗談を笑い合ったりすることが面接の場で起こるようになった。筆者がBさんの「笑い」のなかに感じたのは，完璧ではない自分——欠如を抱えた〈わたし〉——をBさんはどこかで認められているということであり，そのようなBさんの姿を丁寧にうつし返していくことが，セラピーにおいて重要であろうということであった。

　面接空間全体に広がったBさんの「うつ」は，筆者の〈うつし身〉に移され，筆者自身の失敗・欠如と重ね合わされた「うつ」となり，二重写しにされた「うつ」は映し合われ，「笑い」が生まれ，映し換えへと繋がってゆく……。セラピストは，自らの〈うつし身〉のもとにクライエントの「うつ」をうつし出す。そうすることでセラピストという〈他者〉は，クライエントに喪失の痛みを突きつけるだけでなく，失われた〈わたし〉，〈もう一人のわたし〉との和解を可能にする〈うつし身〉としての役割を果たせるようになる。Bさんとの面接は，その後，家族の死にまつわる罪責感からBさんの成育歴にまつわる根本的な問題へと主題が変化していった。

3．かなし

父母を見れば尊し，妻子見ればかなしくめぐし

　失われた〈わたし〉，〈もう一人のわたし〉が突きつける喪失の痛みは，セラピストという〈他者〉〈うつし身〉との〈うつし〉を通じて弔われ，クライエントは新たな〈のり〉との和解のもとに〈わたし〉を築き上げる。しかし，先にも述べたように，「うつ」のクライエントにとって，セラピストは彼らに喪失の痛みを突きつける〈他者〉であり，セラピー関係において〈うつし〉という有機的な交流を育むことは困難を伴うことも多い。本節では，〈うつし〉の根底にある情態，あるいは〈うつし〉を可能にする根本的な情態として〈かなし〉を取り上げ，「うつ」のクライエントと如何にしてセラピー関係を築き上げるかについて考えたい。

　坂部（1989）は，「自在・ふるまい・かなしみ」と題された論稿で，人間の

最も根本的な情態性としての〈かなし〉について考察している。『岩波古語辞典』（岩波書店）によると，〈かなし〉とは「自分の力ではとても及ばないと感じる切なさをいう語」とされ，現代では「悲」「哀」の字があてられるが，古くは，本節冒頭に引用した『万葉集』の歌にも示されるように「愛」の字をあてる用法もあった言葉である。坂部は，上記の内容を踏まえたうえで，「自己のうちに自閉した受動的感情ではなく，むしろ，そうした受動性を基礎にしながらも，一方では能動的に他者に向かって自己を越えて行こうとする志向性」を〈かなし〉に認めている。そして，同じ『岩波古語辞典』にある「動詞カネ（兼ね）と同根」とする解説を引用し，〈かなし〉を次のような情態としてまとめている。

「〈他人の身を兼ねられるものならば兼ねたい，しかし兼ねることのかなわぬ根本的な悲哀と同情〉といったところが，この語の元来の意味あいと考えてよいだろう。こう考えれば，〈かなしみ〉が，自己が自己であること，他者を兼ねることができず自己でしかありえぬことの悲哀，われもひとも，つきつめてみれば，神ならぬ死すべき〈ひと〉の身であることの悲哀の情であると同時に，あるいは，まさにそうした悲哀の情であるがゆえに，ときに無償の贈与としての〈愛しみ〉〈いつくしみ〉，慈悲に通じ，また，はるかに，Gelassenheit（放下）としての〈自在〉に通じるものである……」。

〈わたし〉が〈わたし〉であるために失わなければならない〈もう一人のわたし〉……，〈世界〉や〈他者〉との間に〈わたし〉を限定することの痛み……。失われた〈わたし〉が突き付ける喪失の痛みは，現象の世界に象りを得て「現実」の世に〈うつし身〉をさらす〈わたし〉が必然的に引き受けねばならない〈かなしみ〉である。〈わたし〉の喪失は，「うつ」のクライエントだけでなく，人間一般に負わされた〈かなしみ〉なのであり，セラピストもまた〈わたし〉の喪失という〈かなしみ〉を抱えてクライエントと向き合っているのである。「うつ」のクライエントが抱える喪失の痛みは，どこかで「人間的真理」を含むため（内海，2008），セラピストの抱える喪失の痛みと触れ合う。しかし同時に，クライエントの抱える喪失の痛みは，クライエント独自の喪失の痛みであり，その唯一性においてセラピストの抱える喪失の痛みと交換することはできない。ここに生まれるのが，セラピストの〈かなし〉ではないだろうか。

自他の有機的な交流から引きこもり，「うつ」という受動的感情世界に留ま

るクライエントを前に，セラピストはどこか手の届かないものに触れている感覚を覚える。同時に，この手の届かなさは，セラピスト自身の真っ只中にある不在の感覚に通じ，セラピストもまた〈わたし〉の喪失という〈かなしみ〉を抱えた存在であることを浮き彫りにさせる。セラピストは，自らの〈かなし〉を通してクライエントと向き合い，〈わたし〉の喪失という「人間的真理」をクライエントと共有する。このときセラピストは，クライエントに喪失の痛みを突きつける〈他者〉であるだけではなく，クライエントと喪失の痛みを共有する〈他者〉となる。クライエントは，セラピストの能動的な〈かなし〉に触れることで，受動的感情世界を超え出ることが可能となり，失われた〈わたし〉，〈もう一人のわたし〉との〈うつし〉を通して，新たな〈のり〉との和解を見出していく。

● **事例Ⅲ：20代女性**

　幼い頃より，トラウマ的な出来事が繰り返される家庭環境に育つ。自らの境遇について，「自分が悪い，自分が駄目，だからこうなる」と罪責感，無力感が強く，自尊感情は低い。看病をしていた家族が亡くなったことに対して，「自分が殺してしまった」，「自分が悪いから（家族が）亡くなった」という思いを抱えており，過去の自らの行いを悔いている。自分自身を否定的に捉え，「生きている意味がない」「早く消えたい」「将来というものが考えられない」といったことを繰り返し語る。

　Cさんは，その成育歴において過酷な経験をしてきた方で，そのような相手を前に，筆者は「生きる希望」や「生きがい」といった言葉を軽々と口にすることはできなかった。面接の場では，Cさんの語る過去の壮絶な出来事に耳を傾け，無力感や抑うつ感が生成されてきた過程を共に追っていった。筆者には，Cさんの抱えるトラウマが余りにも大きなものとして感じられ，Cさんの生きてきた歴史や，今なお過去の出来事に苦しめられているCさんの姿に，セラピストとしてどうすることもできない感覚を覚えていた。この「どうすることもできない感覚」は，おそらくトラウマにさらされ続けてきたCさんがずっと感じてきたであろう感覚とどこかで通底する〈かなしみ〉であったように思われる。筆者は面接空間で感じられ

た〈かなしみ〉を頼りに，Cさんの抱える〈かなしみ〉に寄り添うことを心がけた。そのような筆者の対応が，「人のことは信じられないし，信じない」と語るCさんとの間に，情緒的交流を育む契機として重要であった。

Cさんとの面接では，しばしば「普通の家庭に生まれて，父母に大事にされて育った人に対する嫌悪感」というテーマが話題に挙がった。Cさんがそこに感じていたのは，過酷な家庭環境に育った自分がどんなに望んでも決して得ることのできなかった姿——失われた〈わたし〉——である。失われた〈わたし〉，〈もう一人のわたし〉を前にCさんが感じる怒り，憎しみ，嫉妬，羨望……。これらの感情を丁寧に拾い上げ，うつし合い，消化していくことが，〈わたし〉の喪失に対する鎮魂であり，新たな〈のり〉との和解に繋がっていくのである。面接を続けていくなかで，Cさんはさまざまな困難を抱えつつも，「生きているのが嫌なわけじゃない」「私がおばあちゃんになったら……」といった言葉を自然に語るようになっていった。筆者には，面接過程で起きたこのような変化の大前提に，筆者の〈かなしみ〉とCさんの〈かなしみ〉との共鳴があったと考えている。

＊　　＊　　＊

本論では，〈しるし〉〈うつし〉〈かなし〉という大和言葉を手掛かりに，「うつ」のセラピーについて筆者の考えをまとめた。「うつ」を抱えたクライエントとかかわり，「うつ」の深みに入り込んでいくと，どこかで「人間的真理」に突き当たるように思われる。それは，クライエントにとっても，セラピストにとっても，どうすることもできない真理である。しかし，そのような真理を抱えてセラピー関係を続けていくと，時折，クライエントの「その人らしさ」があらわれる。どうすることもできない真理のなかに穿たれた〈わたし〉という一つの楔，その輝きをセラピストが見逃さず，大切に育み，クライエントに伝え返していくこと，それが「うつ」からの回復へと繋がるセラピーの基本である。「うつ」の概念は，現在，混乱を極めている。そのような時代だからこそ，「うつ」の普遍的・人間的真理を認めるセラピストの態度が要請されるのではないだろうか。

2章 主体性の回復におけるセラピストの感性の重要性…感じる自分であること

河西　直歩

1. はじめに

　人はいつか必ず死ぬ。流れゆく時間，いずれ訪れる死から逃れることはできない。限りある人生をいかに生きるか，このテーマに取り組む時，その人だけの"自分らしさ"が生まれる。

　人は皆，異なる素質を持ち，異なる環境に生まれ育つ。一見同じように見えていても，まったく異なる人生を生きている。しかし，生まれた時にはその事実にさえ気づいていない。バタイユ（Bataille, G., 1973）が「われわれは自分自身を外から一個の他者として認める（統覚する）ことができるようになった日に，初めて自分自身を判明かつ明晰に認識する」といったように，そもそも人は，自分という存在を知らずに生まれてくるのである。人が一人では生きられないのは，乳児が，他者による哺乳，保育を無くして生きのびることができないというだけでなく，他者の存在なくしては自己を知覚できないためでもある。自分や世界に対して未知の状態で生まれた人間は，他者の存在によって自分を発見し，自分を通して世界を発見する。自分と他者との相互作用の繰り返しの中で，より深く自分を知り，世界を知っていく。

　人は社会の中で生きている。他者との相互作用で成長していく個人は，死という限界だけでなく，社会という一定の枠組みの中で，己の可能性を実現していくこととなる。社会の中で生きる個人は，「社会に受け入れられたい」という願いと「自分らしくありたい」という願いの間で揺れ動いている。

　人の生き方に正解がないように，"自分らしさ"にも正解はない。しかしながら，社会のニーズと自分の欲求があまりにも大きくずれてしまえば，苦痛や

困難が生じることとなる。自分を失えば他者を感じることができないが、他者を失っても自分を感じることができないのである。いずれに偏っても、人は生きることができない。たとえ生きることができたとしても、まるで生きた心地がしない。心理面接で出会うクライエントは、自分と他者の相互作用の中でいつの間にか自分を見失い、苦しんでいる。もしくは、そもそも何が苦しいのかさえわからなくなっている。彼らは、自分を感じられない、他者を感じられない状態にあり、自分と他者を感じる自分を失っている。彼らに共通しているのは、この感じる自分のなさ＝主体性の欠如にある。

　河合（2010）は、近年増加傾向にあるといわれている発達障害について、「主体の確立が現代において要請されることによって、主体のなさというのが目立ち、症状となるようになってしまったと考えられないであろうか」と述べている。確かに、発達障害と称される一群が急増したというよりも、社会構造の変化に伴って、求められる人間像が変化し、浮き彫りになったと捉えることは可能である。またこれは、鮫岡（2005）が「一個の主体として成長を遂げた養育者が子どもを一個の主体として受け止め、子どもが一個の主体として育つのを支えるというのが不可欠です。それというのも、子どもの心の育ちは養育する側の受け止める懐の深さ、そこでの映し返しのありように大きく依存しているからです」というように、個人の成長の限界が、それに関わる他者の成長の限界に大きく影響を受けることとも関係が深いと考えられる。

　主体性の欠如した子どもが成長し、養育者として子どもを育てることになれば、より主体性に乏しい子どもが育つという悪循環が生じる。社会が個人に主体性を求めつつ、社会そのものが主体性を育む力を失っていくという悪循環に陥るのである。発達障害という明確な診断がなされないまでも、社会が個人に主体性を求める時代においては、心理面接の場面でも、クライエントの主体性がテーマとなることはある意味必然と思われる。

2．主体性の欠如と言語

　それでは、主体性の欠如とはそもそもどういう状態なのであろうか。「主体の特徴は、それが確立されるとぽつりと単独で存在するのではなく、自分を見

るという自分と自分との間の自己関係が生じることで，それによって自分の内を見つめるという内面が生まれる」（河合, 2010）とあるように，主体性が欠如，もしくは喪失されたクライエントは，自分との関係を失っている状態にあるといえる。そのため，自分を見ること，感じることができず，自分のことがわからない。失った自分を取り戻そうと自分ではない何か（物，あるいは人）を求め，そこに自分を感じようとするが，その企み自体によって自分の感覚が薄まってしまう。そもそも，失われてしまった主体，自分と自分の関係を取り戻すことなくしては，対象や他者との関係も取り戻せないためである。

　また，河合（2010）が「主体がないと全く言語が存在しない」「主体の成立と言語の成立，さらには自他の区分や認識というのは同時的」と述べているように，主体が損なわれた状態にあるクライエントは，自分を語る言葉を持たない。自分の感覚で捉えきれないほどのあまりに衝撃的な出来事が起きた時に"言葉を失う"と表現するが，まさにその通りなのである。主体が損なわれた場合，もし話せたとしても，どこか借り物のようなしっくりこない言葉を話す。自分を表現できる言葉は話すことで自分という感覚をよりはっきりと感じさせるが，自分を表現できない言葉は話せば話すほどに混乱を深める。主体性と言語が密接な関係にあることを踏まえると，心理面接で，クライエントの失われた主体性を取り戻していくことは，クライエントが"自分の言葉"を取り戻すことであるともいえるのである。

3．主体性の回復と感性

　心理面接において，主体性はいかにして取り戻されるのであろうか。氏原（2002）は，「感情機能の回復は主体性の回復を意味する」「カウンセリングでは，カウンセラーの感性を通してクライエントの感情機能の回復が目指されることとなる」と述べている（ここでいう感情機能とは，「主体が客体を主体との関わりで捉える働き」である）。つまり，主体性の損なわれたクライエントが主体性を回復するとは，クライエントが主体をもって客体であるセラピストを捉えることを意味する。

　前述の子どもの主体が養育者の主体に影響を受けるように，クライエントの

主体もセラピストの主体の影響を受ける。セラピスト自身が主体をもち，客体であるクライエントを捉える時，クライエントもクライエント自身の主体をもち，客体であるセラピストを捉えやすくなる。個人の主体性が他者の主体性に影響を受けやすいということは，主体性の損なわれたクライエントに対峙する時，セラピスト自身の主体性も損なわれやすいことになる。

氏原（2012）が，「カウンセラーはクライエントに何を感じさせられているのか，にこそ注目しなければならない」と述べているように，心理面接では，セラピストが自分の感性を通して，いかにクライエントを感じるかが重要となってくる。セラピストは客体であるクライエントを感じつつも，それを感じる主体である自分自身をも感じている必要がある。セラピストの主体性が損なわれた状態では，そもそも言葉が生まれないか，言葉を発することができたとしてもその言葉に力は宿らない。しかし，セラピストが主体性を持ちながら，客体であるクライエントを感じて発した言葉は，セラピストの主体性を損なうことなくクライエントの主体性を促進させる力をもつのである。

また，感性とは，外界の刺激や印象を感じ取る働きであるが，氏原（2012）が「外界は外的刺激としてまず感覚器官に受容される」「『他ならぬ自分』感が身体感覚と密接な関わりをもつ」と述べるように，個人の感覚器官，身体感覚と密接な関係にある。その人をその人たらしめる物理的な限界として，身体の限界がある。身体には，視覚，聴覚等の感覚器官があり，感覚器官には受容できる刺激量に限界がある。あまりに強い光を直視すれば目を傷め，あまりに大きな音を聞けば鼓膜を傷つけてしまう。人はこのような限界を持つ感覚器官を通して，外界を知覚し，感性（感受性）や感情を育んでいく。身体や感覚器官の限界を超えるような体験は，知覚されても感じることができない。あまりに強い刺激はショック状態を引き起こし，外傷体験として未消化なまま時間を超えて残る。外傷体験によって感性や感情の発達が阻害されるという考えもあるが，それでも日々を生き伸びることで，感性や感情がかつて消化しきれなかった刺激を受け入れられるほどに発達した結果，外傷体験を外傷体験として知覚できるようになるとも考えられる。

これらのことから，主体性の回復とは，クライエントが自分の身体や感覚器官を基盤とした感性をもって，自分と世界を感じられる状態を取り戻すことで

あるといえる。主体性の回復を目指す心理面接とは，セラピストが自分の身体や感覚器官を基盤とした感性を用い，セラピストとクライエントが作り出した面接場面を感じ，言葉の力を借りることで，クライエントが自分の感性を通して自分と世界を感じられるような状況を作り出すことにある。

4．事例を通して

以上を踏まえて，主体性の回復を目指す心理面接について，具体的な事例を通して検討を行う。全行程を3期に分け，それぞれの時期に重要であったセッションの記録について取り上げた（「　」内はクライエントの発言，〈　〉内はセラピストの発言である）。

● 事例：対人恐怖を主訴とする20代前半女性

中学在学時より他者の視線が気になり始め，不登校となる。専門学校卒業後，一旦就職をするが職場不適応に陥り，半年で退職。その後，アルバイト，派遣社員と転々とするが，どれも長く続かなかった。1年前より，抑うつ状態に陥り，自室に引きこもる生活を続けていた。テレビで社会不安障害のCMを見て，自分もそうではないかと思い来談をした。同時期，医療機関にも通院を開始するが，転院を繰り返した。主治医によって，うつ病，統合失調症，人格障害，社会不安障害，発達障害，適応障害と診断名もさまざまであった。外見は，小さく可愛らしいが，表情が硬く，奥歯をかみしめるように一言ずつ絞り出すように話す姿が印象的であった。面接を開始してしばらくの間は，クライエントの顔や面接で話したことが思い出せないということが続いた。面接構造は，週1回，50分（自費）であった。

第1期　面接開始直後〜数カ月の間は，クライエントの自発的な会話はほとんどなく，沈黙で過ごすことが多かった。以下は，初回面接時の様子である。

クライエントが面接室に入り，椅子に座った途端，身動きが取れなくなった。いつの間にか，面接室が海の底になっていたからだ。6畳ほどの部

屋の床から天井の隅までが，半透明の水のようなもので埋め尽くされていた。面接室が水槽の役割をし，かろうじて外には漏れ出していないようであった。その水は，少しの粘度と温度を感じさせ，ゆるやかに脈打つように動いていた。まるで海の中にいるようだと思った。部屋を埋め尽くすものの正体が何かはわからなかったが，目の前のクライエント由来のものであることはわかった。突然の出来事に驚きつつ，セラピストは図らずも，クライエントの内側に自分が入り込んでしまったのだろうと理解した。

〈今回は，どのようなことで，いらっしゃいましたか？〉「外に……，出られない……」。クライエントが重々しく口を開くと，それと連動するかのように，辺りを包んでいた水が，質感を増し，セラピストの肩に重くのしかかる。何が起きているのかわからず，初めての体験に戸惑う。もし，本当にクライエントの中に自分が入り込んでしまったのだとしたら，少しでも不用意な動きをすれば，クライエントに致命傷を負わせかねないのではないか，そんなことがふと頭をよぎる。

〈外に，出られない〉。「人が……，怖い……」。言葉数は少ないが，一言を交わすだけでも多大なエネルギーを消費する。確かに，これだけ大きく身体からはみ出していれば，部屋の中ならまだしも外の世界ではいろいろなものにさらされる。これが見えない人間の方が多いだろう。クライエントの訴えも当然のように思われた。

〈怖い……〉。「……（沈黙）」。重々しい沈黙。セラピストも沈黙に意識を集中させる。張り詰めた緊張感，底にうごめくのは殺意ともとれるほどの憤り。セラピストは，いつの間にか，綱渡りをさせられており，一歩間違えれば煮えたぎるマグマに真っ逆さまという状態に追い詰められていた。クライエントは目の前にいるのに，同時に背後からも視線を感じる。まるで自分の一挙手一投足を見張られているかのようである。不思議なことに，セラピストが緊張すればするほどに，周りを包む水たちも緊張したように，より冷たく，固く張り詰めるのだ。慌てて緊張を解こうとすると，身体がまるで殻のように固いまま，セラピストの中身だけが溶けるように流れ出しそうになる。クライエントの水とセラピストの水が混ざりあって，両者の境目を見失ってしまう。漏れ出しているのはセラピストの方なのに，

まるで飲み込まれるような恐怖に襲われる。セラピストは，その場に自分がどう居ればいいのか，そもそも自分がどうやって世界に存在していたのか，まったくわからなくなってしまった。緊張と弛緩に翻弄されながら，コントロールを取り戻そうとあがけばあがくほどに，身体は自分のものではないかのように重くなっていく。身体を失うと言葉も出てこないことを知った。

ふと呼吸をしていることに気づき，"水の中なのに呼吸はできるのだなあ"とのんきな気分になった。ただ呼吸に集中し，自分の呼吸音に耳をすますことにした。鼻先が空気を抜ける時の抵抗感に意識を向ける。その時，呼吸だけが唯一セラピストに許された行為であり，唯一の自分の存在の証のように感じられた。呼吸が徐々に深くなり，身体が軽くなって来た。楽に呼吸ができるようになると，意識が皮膚の表面の感覚に映る。身体の感覚が戻り，"私は座っているのだ"と椅子の感触を感じた時に，初めて言葉が生まれた。〈ああ。息苦しいですね〉。セラピストは，"息が苦しい"と言うつもりで言葉を発したが，自分の口から発した言葉が耳に届いた時には，"生き苦しい"とも聞こえたことに驚いた。クライエントが，セラピストを見据えたまま無言でうなずくのが見えた。すると，身体がスッと軽くなり，霧が晴れるように視界が開け，先ほどまで部屋を満たしていた水が引いていることに気づいた。面接室はいつもの面接室に戻っていた。そして，目の前のクライエントは先ほどよりも，重く，凝集された存在として目の前に座っていた。

第2期　面接開始後，数カ月～約1年を経過した頃より，クライエントは自発的な発話を始めた。同時期，身体症状が出現し，面接場面でも身体の不調について話すことが増えた。セラピストには，クライエントの実感が伝わってこず，ただ繰り返される同じような話に辟易し，聞きたくない気持ちになっていた。しかし，その気持ちには気づかないふりをしていた。以下は，セラピストが自分の気持ちに気づき，あらためてクライエントの話をちゃんと聞こうと思い直して迎えたセッションの様子である。

クライエントが面接室に入り，椅子に座るのを見届け，セラピストも椅子に座った。その途端，セラピストの足に鋭い痛みが走った。しびれるよ

うな痛みである。自分の足がどこにあるのかがわからない。

　何事もなかったかのように，平静を装い，いつも通りクライエントの話を聞こうとすると，「足が痛い」とクライエントが話し始める。〈どんな風に痛いのでしょう〉。「わからない。足がとても痛いのです。足が痛いので何もできない」。もしかして，と思い，セラピストは自分の感じる足の痛みを言葉にして表現した。〈ズキンとしたと思ったら，ビリビリしてきて，ぼんやりする〉。「そう。まさにそれ」と，クライエントが捉えると，セラピストの足の痛みが徐々に引いていった。「痛くなると，わからなくなってしまう。ぼんやりしてきて何もできなくなるのです。何かしようとするとぼんやりするのです」と，身体の訴えから，クライエント自身の現在の感覚や感情へと表現が変化していった。

第3期　　面接開始後，約1年～3年を経過した頃には，これまでの学校や職場での具体的な出来事が語られるようになっていた。しかし，体験は事実の羅列にとどまり，その時どう感じたかを語ることは難しかった。クライエントが話すのは，過去か未来の話で，面接室にいるのに，ここではないどこかにいるように感じられた。また，面接が進む中で，言語化はされないが，クライエントの抱える生き辛さがセラピストにも感じられるようになっていた。クライエントが深い絶望を感じ死のうとしていることを感じながらも，セラピストがそれを認めれば本当に死んでしまうのではないかという恐怖が湧きあがり，再び面接に集中することができなくなった。解離状態での自殺企図が増え，セラピストは，自分自身の死生観について内省する必要に迫られた。

　セラピストが出した答えは，「本気で死のうとする人を止めることは，誰にもできない」というものであった。セラピストの「死んでほしくない」という気持ちと，クライエントの「死にたい」という気持ちはまったく別物であり，死ぬか生きるかを決めることは，クライエントにしかできないのである。そのことに気づくと，セラピストにできるのは，クライエントの話をただ全力で聞くことだけのように思えた。もしかしたらクライエントが最期に話す言葉かもしれない。クライエント自身が解離状態で実感なく死んでしまうことと，本当に死にたいと感じながら死ぬのでは，まった

く意味が違っているように思われた。せっかく生まれてせっかく死ぬのであれば,「何となく」死ぬことは許せなかった。私のクライエントである限りは,しっかり自覚して死んでもらおうと思い,セラピストとしては,もしクライエントが死ぬのであれば,それをしっかり見届けようと思った。以下は,そんな覚悟を決めて迎えたセッションの様子である。

いつものように,これまでの仕事の話をしていたクライエントが,ふいに「実は死にたいんですよね」と言った。セラピストの表情をのぞき,試すような言いぶりであった。セラピストの中で,ああ,やっぱり来たかという思いと,知っていたという思いが交錯した。〈うん〉。「本当にやっていられない」と絞り出すようにクライエントが続ける。セラピストは,クライエントが死んでしまうという恐怖と深い絶望を感じた。〈うん〉。「もう生きていたくない」。クライエントの話す言葉が,本当にそうなのだなという実感を伴っており,妙な安心感が沸いてきた。〈うん〉。「居なくなってしまいたい」と,クライエントが全身全霊を込めて,言葉を発した時,セラピストの目の前にいたクライエントがモザイク状に崩れ始め,背景の壁と同化して,見えなくなってしまった。初めての体験に面食らいながらも,多分そこにいるだろうクライエントの気配に意識を集中し続けた。

「生まれてこなければよかった」と,見えないクライエントが小さくつぶやいた。セラピストは,クライエントの心からの言葉と感じ,ちゃんと聞き届けたことが伝わることを祈りながら,ただただうなずいた。すると,今度はアメーバのようなまだら状に,クライエントが再び目の前に現れた。消える前よりも,より濃く,すっきりとした存在として。

このセッション以降,クライエントは自分の感情を言葉にすることができるようになっていった。

5．考察

ここでは,事例の各時期を振り返り,主体性に乏しいクライエントが,心理面接を通して自分の感覚を取り戻していく過程について考察を深めたい。

まず第1期は,主体性の損なわれたクライエントに対峙したセラピストが主

体性の損なわれた世界に投げ出された後，自分の感覚に集中することで，セラピストの言葉を生みだし，主体性を取り戻す過程であったと考えられる。初回面接での体験を，今でこそ何とか言語化しているが，その時には前述のような感覚にただただ圧倒されていたというのが正直なところである。後に，「動物は世界のうちに水の中に水があるように存在している」(Bataille, 1973) という言葉と出合い，面接場面にクライエントの問題が投げ込まれ，セラピストが主体と客体の区別のない世界（言語のない世界）にさらされたのだと理解した。

　クライエントの主体性の回復を目指すには，クライエントの言語の誕生が望まれるが，この時期，クライエントの自発的な発話はほぼ見られなかった。主体性が損なわれた状態では言語は生まれない。そのため，まずは面接場面を共に過ごすセラピストが，セラピストの感覚に沿った言語を生みだす必要があった。この時，最も重要であるのはクライエントの感覚を探ることではなく，ただただ面接場面に集中し，セラピスト自身の感覚を探り，言葉が生まれるのを"待つ"ことである。主体性の欠如したクライエントに対して，セラピストがクライエントの感覚を探ろうとすることは，侵入的でありますますクライエントの主体性を散らばらせる。実感の伴わない言葉は無力であるばかりではなく，集中力を削ぎ，場を乱し，時に暴力的な破壊力をもつ。ただ待ち，自分の感覚に沿った言葉が生まれるのを待つことは忍耐を要するが，集中することができれば，コップから水があふれ出すように言葉も自然と口からこぼれ出す。また，前述のように主体性が損なわれたクライエントに対峙する際には，セラピスト側の主体性も薄まりやすい状況にある。身体感覚に沿った言葉をただ頭で思い浮かべるだけでなく，言葉として話すことはとても大きな力をもつ。自分の口から生まれた言葉を自分の耳で聞く時，話す自分と聞く自分が同時に存在し，より自分の感覚を強く感じることができるのである。

　次に第2期は，クライエントの身体感覚とセラピストの身体感覚が共鳴し，セラピストの身体感覚に沿った言語化によって，クライエントが身体感覚と感情とのつながりを取り戻す過程であったと考えられる。この時期は，クライエントの自発的な発話が増えたが，その内容は身体的な不調についてばかりであった。言葉を話せるようになったからといって，主体性が取り戻せたことにはならない。クライエントが自分の感覚にぴったりとくる言葉を話せるようにな

った時に，初めてクライエントの言語が生まれることとなる。
　このセッションでは，セラピストが自身に生じた身体感覚（どうやらクライエントにも生じていたと思われる）を言語化することにより，クライエントが自分の身体感覚につながる自分の気持ちに気づき始めるきっかけとなった。これは，河合（1991）が，「融合しつつも，自分を失ってしまわない関係が，治療の進展を支えるのである。融合してしまうのでもなく，まったく離れているのでもない，中間的な状態を保つことが必要である」と述べるように，身体感覚を共有しているセラピストとクライエントの関係の中で，セラピストがセラピスト自身の感覚に沿った言語を用いることによって，セラピストとクライエントの区別が生じたと考えられる。それと同時に，クライエントの中にも，感じる自分と感じられる自分の区別が生じ，身体感覚につながっていた自分の気持ちが意識されるようになったのではないだろうか。身体的な不調を繰り返し訴えるクライエントは，自分の感情を感じられなくなっている。セラピストの感覚を通して言語を探し，感覚に沿った言語が見つかると，身体的な訴えは治まることが多い。たとえば，第1期で「息苦しい＝生き苦しい」であったように，身体感覚に沿った言語は，ある特定の感情をも表現していることがある。
　そして第3期は，セラピストが自分の感覚に集中し，クライエントを感じ続けることで，クライエントの言葉が生まれる過程であると考えられる。この時期，クライエントは自分の感覚や感情を徐々に感じることができるようになっていたが，感覚—感情—言葉を連動させて言語化することはまだできないでいた。クライエントがクライエントの言葉を生みだそうとする時，セラピストはクライエントを失うような怖さを感じて，自分の感覚をしっかりと捉えることができなくなっていた。それと同時にクライエントの行動化が生じた。波田野（2003）は「治療者がクライエントの心のゆらめきに向けて注意を払うと同時に，治療者自身の身体感覚を研ぎ澄ませて自身の心の動きを感受しつつ，クライエントの心の内をイメージし，言葉に耳を傾け続ける治療的態度」が「クライエントの心の護りとなる『抱えの環境』を作り出す」としている。セラピストが自身の心の動きを捉えられなくなったことで，クライエントを捉えることができなくなったのだと考えられる。セラピスト自身の内省を深めることで，セラピストが感じていた恐怖には実体がなく，クライエントとセラピストの感覚が

別物であり，クライエントは一個の個人であると自覚することで，面接に集中することができるようになった。

　このセッションでは，セラピストが自分の感覚とクライエントの感覚に集中し続けることによって，クライエントの言葉が生まれた。セラピストにできたのは，クライエントの代わりにクライエントの言葉を見つけることではなく，クライエントがクライエントの言葉を見つけやすいように，セラピスト自身の感覚を通してクライエントを感じ続けることだけであった。その結果，クライエントの実感を伴った言語を発した時，セラピストの実感（視覚イメージ）を伴って，セラピストにも響いた。セラピストの目の前で消え，再び現れたクライエントには，それ以前よりもはっきりとした存在感を感じられるようになった。クライエントに確認をしたことはないが，もしかしたらクライエントから見たセラピストもこの時，初めて客体として認知され，そのことによって，これ以前とこれ以降で見え方（感じ方）が違っていたのではないかと思われる。

　面接場面においては，主体性の回復過程は使用される言語の質の変化として，主体性の回復は自分を表現する言語の誕生として観察することができる。そして，藤原（2003）が，臨床イメージについて「セラピストに生じる身体感覚的な内的で主観的な体験であり，どうも必ず感情とか情動とかをともなって体験される」といっているように，身体感覚に沿った言葉が生まれる時には，強い感情体験やイメージが同時に起きてくる。その時，イメージは，身体感覚―感情―言葉をつなぐ役割を担っている。

　第1期では，セラピスト自身の実感が薄れ，言葉が失われた。まずはセラピスト自身の実感を取り戻し，セラピストの言葉を取り戻すことが先決であった。第2期では，クライエントに言葉が生まれたが，実感が伴っておらず，まだクライエントの言葉にはなっていなかった。第3期では，クライエントの実感を伴った言葉が生まれ，クライエントは自分の状態を言葉で伝えられるようになった。

　上記事例において，初回より一貫しているのは"自分の存在の不確かさ"であった。それは，当初は，セラピストによって「生き苦しさ」として表現され，最終的にはクライエントによって「居なくなってしまいたい」と表現された。クライエントが「居なくなってしまいたい」と発した時，セラピストの目には，

実際に見えなくなってしまっていたが，逆説的に，"死にたくなるほどに生きることに真剣で，居なくなってしまいたいほどに存在することを渇望したクライエントが，確かにそこに居る"ということを強く感じさせた。

＊　　＊　　＊

ただ漫然と生きていたセラピストが，生きたい，自分を感じたいと強く願うクライエントに出会い，生きるとは，自分を感じるとはどういうことなのか，深く考えるきっかけをいただいた。"自分らしさ"とは，その人が自分の身体や感覚器官に基づいた感性を通して，世界を感じながら生きること，世界を感じる自分を感じながら生きることである。

世界に，まったく同じ人が存在しないように，人の身体機能，感覚器官，感情，それを感じる感性，表現する言葉はさまざまである。多様な人間が同時に生活をしている社会において，その差異は互いの感性を育てあうこともできるが，バランスを失えば，葛藤を生みだすことになる。このような苦しみを抱くクライエントを前に，セラピストに求められるのは，セラピスト自身の感性に忠実であること，多様な感性と響きあえるように日々，感性を磨き続けることに他ならない。

3章　現代人の心と心理臨床
…出会いとゆらぎ

深山　いずみ

　心理臨床でクライエント（以下，Clと略記）は困難や悩みを抱えて相談機関を訪れるが，Clはそれらの解決のために数ある手段の中から偶然に，あるいは意識的に心理療法を選択する。学校の先生に勧められて渋々足を運ぶ場合や，法的措置として実質的に強制されて来る場合などその経緯はさまざまである。そのようなさまざまな状況やニーズを抱えたClに心理臨床家（以下，Thと略記）は会っていく。そこでThは何を行い，Clには何が起きているのだろうか。悩みの解決や人格の成長は決して心理臨床の専売特許ではなく，日常の至る場所で実現している。個人が単独で行う場合もあれば，日常の人間関係の中で果たされる場合もある。芸術や宗教，教育などを通じて達せられる場合もある。むしろ心理臨床の場で実現することの方が圧倒的に少数だろう。心理臨床はそれらと共通する面を持つ一方で，他にはない心理臨床独自の面を有している。それはいかなるものかを本論では考えてゆきたい。

1．心理臨床における出会い

　まず，ThもClも互いのことをほとんど知らずに顔を合わせる。両者は出会った瞬間から互いに全身で相手を敏感に感じとり反応している。ClはThの外見から服の好みや生活水準，Thとしての経験年数を推察し，表情や声の調子などから堅そうだとか話しやすそうだなどと思い巡らすだろう。Thの方もClの様子から生活環境や経済状況，立ち振る舞いや視線，表情などから精神状態や性格を類推していく。
　軽い挨拶を交わした後にThはいよいよClの主訴，何に困っているか，ど

んな目的で来談したかを聴き取っていく。その間もClの挨拶の仕方やドアの入り方，接近した時に感じられる体臭や動作のテンポ，椅子の選び方など気に留める点は無数にある。加えて，言語化しにくい雰囲気や印象も重要な情報として考慮に入れていく。それらとClの語る内容を合わせてThはCl像を作りあげる。これが見立てである。見立てとは最も近いもの，似ているものになぞらえることである。得られた情報からClの性格特徴や人格水準を絞り，いかなる背景でなぜ今，来談に至ったのか，どんなテーマを持っているかの仮説を立ててその時点での方針を考える。但し，見立ては常に暫定的であり，関わりを通して新たな事実や印象を得る度に見立て直され，方針も検討を重ねられる。

　冒頭で悩みの解決の手段は心理臨床に限らないと述べたが，日常における出会いの例を図1に示す。矢印は働きかける方向を表している。Aは自らが意識している体験世界を表し，A'は本人自身も気づかない無意識の世界を表している。AとA'には個人の経験や記憶，イメージ，五感や身体感覚などの複数の様相が含まれる。それらは相互に影響を与えながら，同時並行的に作用している。フロイトやユングが述べるようにAは氷山に一角に過ぎず，A'には際限がない。

　一方，対象Xに絵画や音楽などの芸術作品，信仰対象を当てはめた場合に，AはXとの出会いによって自分自身の感覚や感情，さらに世界観を刺激される。それは普段はあまり意識されず，Xによって賦活されたものである。A'はXとの出会いを契機に刺激されて意識に現出したのである。これが投影である。AはXと出会うことによってA'とも出会う。そして，A'によって影響を受けたAはそれ以前とは異なる新たなAとなる。つまり，Aは自分に出会い直すのである。これは極めて個別的

図1

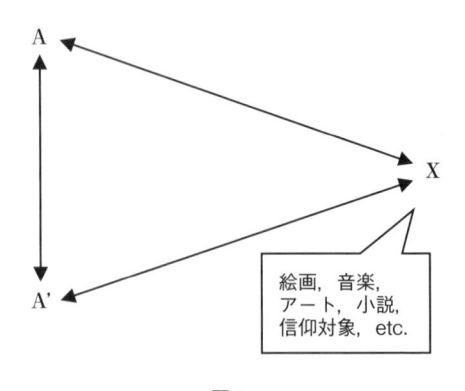

な過程である。別人Bであれば X によって刺激される B' の内容は異なり，その影響の受け方も異なる。

　ここで注目したいのがこの過程の中で X は X のままだという点である。A の状態や状況によって投影されるものは異なり，X に付与される意味

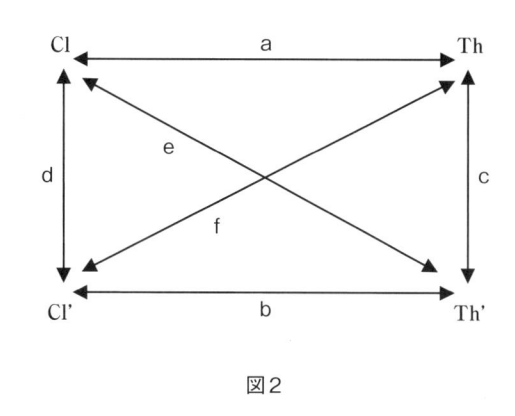

図2

や感情，世界観も異なる。たとえば，A が美術館に展示されている絵画 X の前を「つまらない」と思ってすぐに通り過ぎてしまえば，そこに出会いは生じない。厳密にいえば一瞬の出会いは起きているが，その影響は微かである。しかし，別の場所や機会に再び X を目にした A は強い感動を覚えるかもしれない。それは A しだいである。それゆえ，X が芸術ならばより多くの人の心に響き，投影に堪えうる普遍性が必要となるのである。

　一方，図2はヤコービ（1985）と氏原（1995）を参考に作成した治療関係の図である。Cl と Cl' は A と A' と同様だが，Th と Th' には A とは異なって心理臨床の専門知識や技術が加わる。Th と Cl の出会いは面と向かって言葉を交わす a 次元に加えて，b 〜 f 次元も展開する。図1との違いは Th が Th' と分かれており，Th は Cl とは別に独自で動く媒体だという点である。X は X のままだったため，A次第でさしたる意味をもたない対象にもなり得る。しかし，Th はそれ自身でも動き，直接 Cl へ働きかけていく。Th は Cl との出会いによって，それまであまり意識しなかった自らの感覚や感情と出会う。たとえば，初対面時の Cl の笑顔から「ぎこちないな」とか「目は笑っていない」といった印象を抱く。それは Th' の中にある似た感覚や感情，イメージが喚起された結果である。Th はそれらを積極的に活用して Cl 理解に繋げていく。さらに，自分が味わっている実感や体験と近いものを Cl も体験しているのではないかと Cl 像を発展させていく。Th が Th' との出会いによって変化した過程は Cl

側の過程に同時に影響を与える。a, b, e, f次元はほぼ同時に動き出し，c次元を活性化させる。それによって変化したThとTh'はあらためてa, b, e, f次元に影響を与えていく。その過程はd次元に及ぶはずである。心理療法の狙いはd次元が活性化してClとCl'が再編されることである。全次元は不断の循環によってd次元へ作用していく。

つまり，心理臨床では個人内と個人間の水準で別個に展開するのでなく，両水準が密接に関連している。主体の過程と客体の過程，関係性は互いに連動し，主体から客体という一方向に限らず，客体から主体へ，さらに関係性から主体や客体など縦横無尽に展開する。これらの次元は不可分で互いに連動して順不同に影響を与え合う。このような個人内と個人間の複合，ならびに連動が心理臨床では絶えず起こっている。恋愛や家族でも同様の相互関係を呈することがある。しかし，それはあくまでも一時的であり，常にd次元に焦点が当たり続けるわけではない。それが日常性であり，否定すべきものではない。この点で心理臨床は独自の役割を果たすのではないだろうか。

2．ずれ（不一致）

心理臨床における出会いについてもう少し考えてみたい。そもそも「会う」は「あふ」であり，「合う」や「逢う」「遇う」「遭う」らとすべて同じ語源を持つ。「上下の唇が自然に相い寄る時の音，あるいはその様子」が有力な語源だといわれている（大野晋，2011）。そして，(1)「二つのものがほどよく調和し，一つに重なること」，(2)「二つのものが互いに近寄って行き，ぶつかること」の2つが主な解釈である。(1)は主に「合う」で，(2)は「会う」の意味で使用される。

まず，(2)の解釈を取り上げる。出会いとは他者や異なるものとの遭遇である。同じもの同士では「ぶつかること」自体が起きず，出会っていることさえ気づかないだろう。差異や不一致，ずれがあるからこそ両者は出会うのである。私たちの身の回りは圧倒的に差異や不一致，ずれに満ちており，私たちはそれらに絶えず曝されている。これらを本論ではずれ（不一致）と総称して検討していく。

そもそも生まれて間もない乳児は時間の経過とともに，出生直前までの母親

との一体的な世界から徐々にずれ（不一致）を体感していく。それは母親との分離であり，それまでの完全無欠な世界は崩壊し，不安定や不足の世界に投げ出される。それは彼らにとって驚愕であり，不快や恐怖，さらに怒りの体験であろう。そのため彼らは全身で泣き叫ぶ。つまり，ずれ（不一致）は容易に同化されるものではなく，主体は何らかの衝撃として受け止める。異なる2者の出会いとはまさに「ぶつかること」である。

　しかし，それは同時に彼らが対象と出会い，世界を見出す瞬間でもある。ずれ（不一致）は対象や世界そのものであり，出会いはその誕生の瞬間となる。そして，他者と異なる存在である自分を体感することでもある。それを経た次の段階として，多少の時間差や若干の不足を含みつつずれ（不一致）は緩和される。この順序が重要である。それらが放置されたままでは投棄されたも同然であり，人は孤独なままで他人や世界に信頼を寄せることはできない。その場合のずれ（不一致）は否定的な意味しかもたない。ずれ（不一致）が他者（乳児であれば主に母親）によって耐えうる程度や形で緩和されることによって，人は他人や世界を信じることができる。異なる他者と出会うことが可能になるのである。つまり，ずれ（不一致）が他者との結びつきの中に布置されてこそ，人はずれ（不一致）に内包される意味に開かれる。そして，その時に他者との「ぶつかり」は破壊を越えて創造の契機となるのである。

　臨床場面でずれ（不一致）に遭遇することは日常茶飯事である。Clの言うことが「よくわからない」「ピンとこない」，あるいは表情やうなずき方や声の出し方，選ばれた言葉や姿勢などに感じる違和感である。これらは図2のa，b，e，f次元の個人間のずれ（不一致）である。先述したように図2の治療関係は絶えず動いている。ずれ（不一致）も関係性ごとに個別的に発生するために絶えず生まれ続ける。Thはどこがどのように，どの程度ずれたのかをくり返し検討する。するとやがてClが拘っている点や大事にしているニュアンスが浮かび上がってくる。ThはClとのずれ（不一致）の内容や質を検討することでCl像を紡いでいくといっても過言ではない。

　加えて，Thの個人内水準のc次元でもずれ（不一致）は生み出され続ける。その例として面接中に訳もなくムカムカと腹が立ってきたり，欠伸を連発する。興味をもって臨んでいるにもかかわらず，面接前になんとなく気が重かったり，

面接後にふと肩の強張りに気づいたりする。Th が自らに対して抱く違和感であり，ずれ（不一致）である。Th は自らのずれ（不一致）についても検討していく。自分はこの面接を嫌がっているのだろうか？ Cl を受け入れがたいと思っているのだろうか？ Th は自らのずれ（不一致）になるべく接近して自己洞察を重ねていく。ここで筆者のずれ（不一致）の体験の例を挙げる。

● 事例Ⅰ：30代半ば女性　パニック障害

　Cl は以前にパニック発作を経験し，その後は予期不安で生活場面をかなり制限していた。幼い頃から両親は不仲で，Cl は喧嘩に巻き込まれては仲裁役を担わされていた。就職後も他の人の倍以上の仕事をこなしても，まだ不足しているような焦燥感をもっていた。面接を通じて自分の評価者は自分でしかないことをくり返し取り上げ，徐々に症状は安定してきた。しかし，対人関係では自己犠牲的に尽くすパターンを繰り返していた。その頃に Th である筆者は面接の度にすっかり寝入ってしまうようになった。前後の面接でそのようなことは起きず，彼女との面接にだけ起こることであった。それでも彼女はそれまでと変わらず，前回からの出来事や自分の感じたことを語っていた。Th はどんなに抗っても睡魔に勝てず，面接の終了近くになるとなんとか目を開き，ぼんやりとした意識の中で必死に Cl へ二言，三言返すのがやっとだった。その言葉も的外れだったに違いないが，それでも Cl は丁寧に礼を述べて帰宅していった。筆者はこの睡魔について考え，彼女の語りを拒みたい気持ちがあることに気づいた。依然，同じ対人関係の Cl に対して苛立ちを感じていたのである。一方で症状は軽快しており，そのままの経過で無難に収めたい，もう一歩踏み込めば手強い作業になるという躊躇が Th に働いていたことも確かであった。ここに Th のずれ（不一致）があったのである。Th は Cl との関わりの大事な一部を諦めながら，その欺瞞に気づかないふりをしていたのである。Cl にとってそれは見捨てられるも同然のことだっただろう。Th はそれまでどんなに尽くしても安心を与えてくれなかった Cl の歴代の対象と同様のことを行っていたのかもしれない。そこで，筆者は Cl に対人関係についてあらためて見直してみないかと投げかけた。その後，Th の睡魔

は消失して面接も一歩前に進むことができた。睡魔は Th の怒りと諦めという矛盾の身体化であり，ずれ（不一致）の体現であった。

　一般的に Cl はずれ（不一致）を否定的に捉えがちである。彼らは日常場面でずれ（不一致）に圧倒された末に面接場面を訪れることが多い。ずれ（不一致）は Cl の今までの生き方や対応では十分でないことの示唆であり，それまでのスキームの限界や破綻の徴候である。同時に，新たなスキームの再構築や変容を迫るものだが，再構築や変容は初めから肯定的な結果が用意されているわけではない。新たなスキームを獲得するまで矛盾に直面し，不安定に陥る恐れがある。それは本人や周囲との関係を脅かすものである。そのため，たとえ微細であっても Cl はずれ（不一致）を否認したり，その自然な動きを堰き止めたりしがちである。
　だが，変化を恐れ，既存のものにすがりつきたくなるのは Cl だけでなく，Th もまた同様である。それゆえに Th が c 次元で自分自身の抵抗や不安，葛藤も含めて，ずれ（不一致）を実感することの意義は大きい。その実感は翻って Cl 理解，特に抵抗や不安，葛藤を理解していく上で重要な材料になる。殊に Th' の領域は際限がなく，未分化で混沌としたずれ（不一致）を無限に生み出し続ける。この未分化さや不条理さに再構築や変容の可能性が潜んでいる。但し，この可能性はあくまでも両義的，多義的である。Th が自らの Th' に驚き，恐れおののいてしまえば Cl' に生かすことは困難である。そのため，Th は Th' との交感に率直であることが求められるのである。

3．一致

　ここで先述した「あふ」の解釈を思い出していただきたい。「二つのものがほどよく調和し，一つに重なること」。心理臨床では異なる2者が「会う」ことによって，両者の間にあるずれ（不一致）を越えて「合う」瞬間がある。これをずれ（不一致）に対して一致と呼ぶ。
　実際の面接でまず，Th は意識しないままに Cl の動作や声のトーンと同調している。また，Th は言葉ではうまく説明できないが「なんとなくわかる」と

感じたり，なぜだか Cl の表情が馴染むといった感覚を覚えることもある。あるいは Cl とのやり取りの中で Th の方が Cl 本人を上回る強い感情に突如，襲われたりすることもある。これらはまだ言語化に至らない b，e，f 次元から Th が感受しているものであり，その多くは合理性や整合性に依らない。言語化が困難なだけでなく主体が自覚さえしない形で治療関係に影響を与えてくるものである。

　無意識を合わせた互いの交感の中で，2人の体験世界が極めて接近し，重なり合う一瞬が生まれる。Th は「あぁ……（Cl は）こんな気持ちなのかもしれない……」と生々しい実感を得るのである。Th は自ずと浮かんでくる圧倒的な真実性に包まれる。異なる2者がお互いの間にあるずれ（不一致）を越えて一致した瞬間である。

　そして，Th はこの体験から得た理解を Cl に伝えていくことも多い。但し，その時点で必ず Cl から同意を得られるとは限らず，否定や反感を買うこともある。単純に Th の理解自体が誤っている場合もあるだろうし，その時の Cl には受け入れがたい場合もあるだろう。いずれにしてもそれは Th と Cl の間でまだ何かがずれ（不一致）ている証であり，あらためて検討と修正を重ねていくことになる。

　ここで看過できないのが Th の体験した圧倒的な真実性である。Th の Cl 理解に誤りがないに越したことはないが，むしろ Th 自身が Cl をより真実味をもって感じ入ったことこそが重要なのではないかと考える。もちろん誤りは修正していくが，その過程も含めて Cl をより新鮮に実感を込めて感じられていくのである。

　加えて，それは単なる Th の Cl 理解ではなく，「いま，ここ」での Th 自身の体験である。Cl との出会いは a，b，e，f 次元を刺激して c 次元を活性化する。Th は Th' の交感から炙り出される自らのずれ（不一致）に遭遇する。Th は Cl との出会いによって未知なる自己と出会い，新たな Th を得る。ここにも一致があるのである。c 次元の一致は a，b，e，f 次元に返っていく。Th はこの過程を重視し，Cl との出会いから未知なる自己に遭遇して自己洞察を深めることに重きを置く。それはやがて d 次元に波及していくからである。

　先述したように心理臨床では個人内水準と個人間水準は別個に展開するので

なく，互いに密接に連動する。それらに加えて実際の臨床は，個人内と個人間を跨るe，f次元でも展開している。個人間と個人内を別個に扱うことは心理臨床の過程を一面でのみ捉えることであり，臨床の力動を損ないかねない。それゆえ，筆者（2007）は個人間と個人内を問わず，異なるものが一致する瞬間の臨床的意義を強調する。

　従来から心理療法で重視される気づきや洞察，共感にはずれ（不一致）から一致に至るという共通の体験様式が認められる。この体験様式を一致体験と呼んでいる。その特徴として（1）ずれ（不一致）と一致の様相からなる。(2)その達成は操作できず，主体はあくまでも受動的に体験する。(3) 感覚や感情，思考やイメージなどの多様相での展開の3点を挙げる。至高体験やアハー体験，宗教の回心や自我体験などもこの様式に該当する。

　一致体験は主体にとって強い衝撃を与え，変容の分岐点となることが多い。その際に一致に目を奪われるだけでなく，それまでに積み重ねられてきたずれ（不一致）を真摯に見ていくことが必要である。ずれ（不一致）を見ることでClがいかなる世界に生き，どれ程の孤独の中にいるかを実感できる。それは一致体験がいかに貴重でかけがえのないものであるかを痛感することでもある。ここでその典型的な例として最近，注目されている発達障害をもつ事例を挙げる。

● **事例Ⅱ：小学校高学年男児　不登校**

　　Clはアスペルガー障害をもち，感覚過敏もあって周囲との交流が持てない状況だった。幼い頃の彼はパニックを頻発して自分を守ることで精一杯だったが，年齢を重ねるとともに少しずつその回数は減っていた。それとともに，他人との違いを自覚して幼い頃のように屈託なく周囲に近づくことができなくなっていた。Thに対してはいつも照れくささと嬉しさが入り混じった苦笑いで，斜めを向きながら独り言のように語りかけてきた。ある日に，彼が学校で作った俳句をプレイ・ルームの床にチョークで書いてくれた。彼の生来の言語の感性の高さを生かした素敵な作品であった。Thは彼が披露してくれたこと自体とその作品に感激し，直前の研修会で聞きかじった連歌をしようと誘った。彼ともっと近づきたいと思ったから

である。しかし，聞きかじった知識で見切り発車してしまった Th は，2人で行う手順に辿り着けずに「ああかな？」「いや，こうかな？」と試みては中断を繰り返した。その間に場の勢いはどんどん減退していった。今日の実施は難しいかもしれないと Th が気づき始めた時だった。彼は床に一言「ややこしや〜」と書いたのだ。Th はハッと我に返った。Th が四苦八苦している間も彼は床に座って待っていた。Cl は確かに Th に期待を寄せていたと思う。しかし，Cl はただ静かに身を引いていき，期待に応えない Th に対して責めることもできず，その場を嘆いたのみであった。その表現に Th は Cl がこれまで積み重ねてきた悲しみと孤独を感じた。Th は一致を急ぐあまりに，周囲とのずれ（不一致）に打ちのめされてきた Cl の傷を見落としていたのである。

　Th はずれ（不一致）を軽減して一致を得ようとしがちである。しかし，ずれ（不一致）を見ずに徒に一致に至ることはできない。一致はお互いのずれ（不一致）を十分に吟味しながら目指すべきである。特に発達障害を持つ Cl との一致はいわゆる共感や洞察に容易く通じるものではなく，より断片的で原始的なことが多い。氏原（2009）は共感を感覚と感情，思考の3相に分けたが，発達障害の事例で重要な機能を果たすのが感覚レベルである。感覚レベルが低次元というわけでない。乳児を見ればわかるように感覚レベルの一致は存在の基盤をなすものである。つまり，それは彼らにとって存在の最も根本的なレベルの一致の得難さを示すものではないだろうか。そして，それはそのまま自らの存在を布置できない深刻な孤独や不確かさと同義ではないだろうか。Th は実感できたささやかな一致に込められる意味の重さを知らねばならない。Cl にとってそれはつながりの萌芽であり，不確かだった存在に弱々しくも閃く縁のようなものなのかもしれない。断片的な一致の性急な統合は彼らの世界や痛みの肌理を無視することになりかねない。加えて，既存のスキームの変動は相当なものであり，それへの耐性も配慮しなければならない。彼らとの一致を紡ぐ過程の繊細さに照らしてそのペースは定めるべきである。断片を断片のまま点在させておくことにも積極的な意味があるのである。闇雲に一致を目指すのではなく，絶えず一致とずれ（不一致）の様態を鑑みながら進めなければならない。ここ

でもう一つ例を挙げる。

● 事例Ⅲ：30代後半男性　広場恐怖症

　　このClも通勤途中でパニック発作を経験して，それ以降日常生活を制限しながら送っていた。元々強迫傾向があり，きっちり完璧に仕事をこなさないと気が済まない面が強く，慢性的な緊張状態の中で生活していた。面接でも再三，その点を取り上げて話題にするものの，Cl自身は自分は完璧には程遠くてまだまだ不十分な点だらけであり，もっと気をつけなければならないという認識であった。ThとClはいつもその点で綱引き状態だった。ある回にThがClの完全癖をまた指摘した際に，Clから「私はいいかげん協会の人間ですから」という発言が飛び出した。自らを揶揄するような調子にClのユーモアを感じ，Thは思わず笑ってしまった。Clも笑っていた。笑いで2人が一致した瞬間だった。その後も2人の合言葉のように「いいかげん協会」は登場した。しかし，Clがどのような意味で用いているのか，正直Thには自信がなかった。Thはその言葉を完全癖への自嘲と受け止めていた。しかし，Clにとっては字義通りのいいかげんさの自認だったかもしれない。それは正反対の意味である。その後の面接でも微妙な加減で意味はどちらにも取れるまま進んだ。しかし，Thはあえてその点を確認しなかった。なぜなら，お互いの使い方に齟齬を感じなかったからである。使う度に適度な緊張と笑いが生まれて新たな一致が更新されていくとともに，面接も和やかな雰囲気を増していった。その後間もなくして完全癖は多少残りながらも，「『いいかげん協会』の会員ぶりを発揮してなんとかやっていけそうだ」ということで終結になった。

　この事例の一致は笑いで起こったが，笑いとはそもそも意味の逆転によって起こるものである。ThとClのいいかげん協会はずれ（不一致）ていたのかもしれない。しかし，Thである筆者はその点を明確にする必要を感じなかった。その言葉が孕むずれ（不一致）には創造性や遊びが感じられ，その段階での明確化はそれらを損わせるような印象を抱いたからである。確認が必要ならばその時機はあらためて訪れるのではないかと思ったのである。それは「いいかげ

ん協会」が登場した瞬間の Th と Cl の笑い，つまり一致体験のインパクトの強さや鮮やかさ，真実性の実感に支えられた判断だった。この事例でも一致とずれ（不一致）の様態の検討が要点となっている。そして，Cl にとっての「いいかげん協会」の意味はどちらか一方でなく，その両方だったのではないかと面接を閉じた後に思うようになった。それは意味をどちらかに特定する類のものではなく，2つの意味の間を Cl が自由に行き来することを可能にさせた表現だったのである。そして，それはあいまいさを嫌う Cl にとって細やかだが，大きな変化だっただろう。

4．ゆらぎ（ゆれ）

　このように実際の臨床で一回の一致体験で問題解決や人格統合に至ることは極めて稀である。むしろ，大小の一致体験を繰り返すことで心理面接は展開していく。たとえば，Th はずれ（不一致）を手がかりにして，クライエントに返す言葉やタイミングを計っていく。Cl 像に思いを巡らせながら関わりを模索していく。その過程は断片的な理解が統合されずに散在している状態であり，ずれ（不一致）が優勢な時期であろう。そのようなやり取りを通して不意にありありと Cl 像が結ばれる。これが一つの一致である。さらにこの理解を Cl に伝えていく過程に移り，その伝え方や時機を図っていくことが次の弧になる。そして，伝えた瞬間に Cl が霧の晴れたような表情で「そうなんです！」と答えてくればその瞬間が新たな一致となる。一つの一致に留まって解決というわけではなく，その一致を礎にして新たな動きがすぐに始まっていく。

　実際の臨床は様相や規模の異なる一致体験を何度も繰り返して展開していく。ある様相で瞬間的に一致に達しても別の様相でずれ（不一致）が生じる。ずれ（不一致）は不安定要因であるために，主体や関係性は反射的，無意識的に安定を得ようとする。いわゆるホメオスタシスである。再び一定の安定，すなわち一致を得ても，そこには反作用が伴っており，それが新たなずれ（不一致）を生み出して次の動きに繋がっていく。一致とずれ（不一致）は様相や規模を変えて不断に反復していくのである。

　筆者はこの動きを一方の際からもう一方の際に動く振り子運動に近い動き

でイメージする。この運動イメージをゆらぎ（ゆれ）と名づけて図3に変容や創造性のモデルとして示す。前後，左右，上下に不断にずれ（不一致）が生み出されていくために，振り子時計のような対称性や規則性は実現できない。その軌道や方向，振幅は揺れごとに

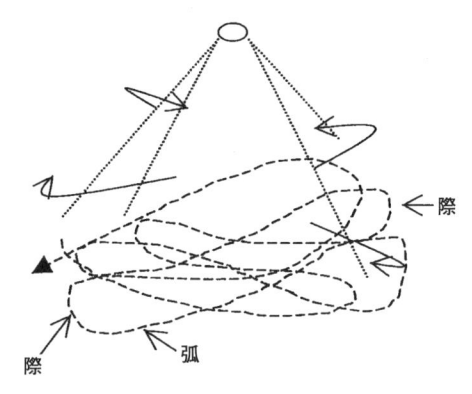

図3　「ゆらぎ（ゆれ）」のイメージ

変わり，次の動きの予測は困難である。それは一つ一つの動きが唯一無二のかけがえのないものであることも示している。そして，この動きの渦中に Cl だけでなく Th もいるのである。

　ここで死と再生のモチーフをゆらぎ（ゆれ）に当てはめてみたい。弧の部分が多少のずれ（不一致）を含みながら進行する日常であり，生である。動きに伴ってずれ（不一致）が積み重なってゆき，動きにかかる抵抗となっていく。ずれ（不一致）の増大は危機の接近である。徐々に動きは行き詰っていき，ついに一瞬の静止が訪れる。静止の瞬間が象徴としての死である。静止の瞬間は一面では無や虚空だが，もう一面ではさまざまな力が内包されて飽和している状態ともいえる。さまざまな力の飽和とはすなわち意味の混沌である。その混沌よって動きの転換や逆転は可能になり，一瞬の静止を経て新たな弧を描き始めるのである。これが再生である。こうして際は死であると同時に再生の瞬間になる。つまり，ずれ（不一致）の極みは転じて一致の瞬間になるのである。

　このようにゆらぎ（ゆれ）のイメージは際を挟んで断絶と連続を実現し，反対物を実現する。これにより破壊と創造，分離と結合，統合と脱統合，聖と俗，善と悪などの反対物が包含され，連続や統合が可能になる。このどちらであるかが重要なのではない。意味は切り取り方によって規定され，あくまでも個別的で相対的な価値しかもたない。ゆらぎ（ゆれ）おいては死が同時に誕生を意味するように，その動きは決して完結することはない。一部重複しながら次々

と新たな動きが生まれていく。むしろ，際においてそれまでの概念や感覚，価値が分断されて異なるものが現れる転換の様式が重要なのである。それによって意味は決して固定されることなく，生まれ続けることが可能になるのである。

　しかし，絶対が相対になってしまうことは主体にとって危ういことでもある。私たちは日常場面をある程度のまとまりや物語で捉えようとする。某かの価値が生まれてから終わるまで，あるいは失ってから再び獲得するまでが一つの物語となる。人はその物語に絶対的な真実性や必然性を見出す。それは本人にとってかけがえのないものである。だが，それはゆらぎ（ゆれ）全体から見ればほんの一場面に過ぎず，少しの動きで容易に変容してしまう脆くてはかないものであることも露呈する。

　心理臨床ではこのかけがえのなさとはかなさの狭間に常に身を置き続ける。ゆらぎ（ゆれ）において意味は常に脆くはかない。しかし，はかないからこそ変容が可能になるのである。一方，体験はかけがえのない真実性を当事者に刻み込む。その真実性にいかなる意味を与えるかはゆらぎ（ゆれ）の文脈に依る。それゆえに，臨床においていかに豊かに体験するかが重要になるのである。

　　　　　　　　　＊　　　＊　　　＊

　心理臨床は異なる他者と出会うことで自分自身と出会い直す場である。異なる他者の中に己を見出し，己の中に他者を見る。本論ではそれを一致とずれ（不一致）を軸にして述べた。特に，ずれ（不一致）に可能性を見ることは心理臨床の特異性だろう。

　そして，ゆらぎ（ゆれ）のはかなさを越えるのは，個々の体験への徹底的なこだわりである。それは Th の体験であり，Cl の体験である。心理臨床は両者の体験が渾然一体となって展開することで，その2者によってしか実現できない可能性に開かれていくのである。

4章　働く人のメンタルヘルス
…職場復帰支援の統合的アプローチ

衛藤　真子

　終わりの見えない過酷な勤務，不条理な成果主義，疲れる人間関係，突然の配転やリストラ，組織や企業の統廃合，仕事と子育てや介護の板挟み，職場でのハラスメントなど，強いストレスが続いた結果，心身にさまざまな影響が生じ，休職に至らざるを得なくなる労働者が増えている。

　2010年の労務行政研究所の調査によると，メンタルヘルス不調により1カ月以上欠勤・休職している社員が「いる」企業は63.5%にのぼり，5年前と比較して約13ポイント増である。少子高齢化により労働力人口が減少する中，働き盛りの人材が戦線離脱して持てる力を発揮できないわけである。働く側にも職場側にも世の中にとっても，その影響は深刻なものになりうる。

1．なぜ働く世代がメンタルヘルス不調になるのか

（1）仕事のストレスから「心の病気」につながるメカニズムとは

　仕事をする上で，ストレスは多かれ少なかれ存在する。仕事上のストレスは，どのようなプロセスを経て病気に至るのだろうか？　米国労働安全保健研究所（NIOSH）の職業性ストレスモデル（次頁図1）では，仕事のストレス要因（仕事の負荷・人間関係・職場環境等）が，ストレス反応（身体的・心理的・行動上の不調）を引き起こし，ストレス反応が継続した場合に心や体の疾病につながる，と考えられている。

　しかし，同じストレス状況下でも，病気に至る人もいれば元気な人もいる。その違いに関係する要因として，前述のストレスモデルでは，個人的な要因（性格・年齢・自己評価等），仕事以外のストレス要因（プライベートや家庭の問

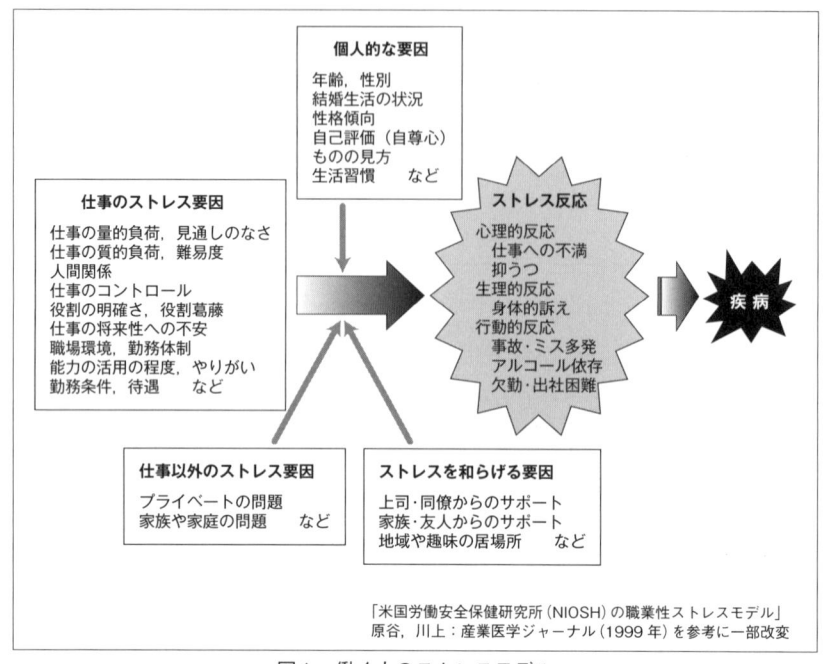

図1 働く人のストレスモデル

個人的な要因
年齢，性別
結婚生活の状況
性格傾向
自己評価（自尊心）
ものの見方
生活習慣　など

仕事のストレス要因
仕事の量的負荷，見通しのなさ
仕事の質的負荷，難易度
人間関係
仕事のコントロール
役割の明確さ，役割葛藤
仕事の将来性への不安
職場環境，勤務体制
能力の活用の程度，やりがい
勤務条件，待遇　など

ストレス反応
心理的反応
仕事への不満
抑うつ
生理的反応
身体的訴え
行動的反応
事故・ミス多発
アルコール依存
欠勤・出社困難

疾病

仕事以外のストレス要因
プライベートの問題
家族や家庭の問題　など

ストレスを和らげる要因
上司・同僚からのサポート
家族・友人からのサポート
地域や趣味の居場所　など

「米国労働安全保健研究所（NIOSH）の職業性ストレスモデル」
原谷，川上：産業医学ジャーナル（1999年）を参考に一部改変

題等），ストレスを和らげる要因（職場や家族・友人のサポート等）の3つをあげている。これらの要因の状態や違いによって，同じストレス要因にさらされ続けても，ストレス反応の出方が違ってくるのである。

（2）予測不可能で懐の浅い社会で働くという，イマドキの生きづらさ

　経済のグローバル化・IT技術の発達・非正規雇用の拡大・少子高齢化など，世の中では大きな変動がハイスピードで起こり，産業界も必死に生き残りをかけて対応している。働く人もその大きな潮流に適応することを当然のように求められる。しかも，モノは簡単には売れないし，給料やポストもなかなか上がらず，下がることさえある。突然の配置転換やリストラなども他人事ではない。この先どうなるかわからない，見通しをもちづらい時代である。
　その上，過剰な成果主義や効率主義の下では，職務の細分化やコミュニケーションレス，プロセスの過小評価などが生まれ，個人の思いや葛藤を汲むこと

や本質を熟考することなどがこぼれおちてしまいやすい。自分の貢献が認められている，大事にしてもらっている，成長している，支えあっている，そうした温もりのある実感が欠けると，自分の存在は組織にとって何の意味があるのだろう，何のために頑張っているのだろう……と，虚しさや報われなさ，イライラ感がぬぐえなくなる。

　こうした社会的な背景の中で，不安や苛立ちや報われなさを基底に抱えながら働かざるを得ないとしたら，非常にストレスフルなことである。

（3）キャリア発達に伴う心理的危機

　近年，個人の価値観は多様化し，働く人がより自分らしいキャリアを志向するようになってきた。シャイン（Schein, E. H., 1978）は，「（職業的）キャリアとは生涯を通しての人間の生き方・表現である」と述べ，職業的キャリア発達段階説を展開している。各発達段階には，その年代の個人が直面しやすい特有の発達課題がある。たとえば，新卒をはじめ新たな職に就いた労働者が期待と現実のギャップに衝撃を受けるリアリティショックや，人生の折り返し地点でアイデンティティが大きく揺さぶられる中年の危機，定年退職に向けての責任や権限の減少の受容などである。こうした発達課題への対応がうまくいかないと心理的危機が生じ，メンタルヘルス不調につながることがある。

2．休職者の面接において大切にしたいこと

（1）「メンタルヘルス」と「キャリア」の両方の視点をもつ

　働く人の相談やメンタルヘルス不調による休職においては，キャリアの問題からメンタルヘルスに支障が出たり，メンタルヘルスの状態がキャリアに影響を及ぼしたりと，メンタルヘルスとキャリアの問題は密接に関わり合うことが多い。

　したがって，医療機関でメンタルヘルス不調による休職者と面接をする際にも，この2つの観点からクライアントを理解することが大切である。たとえばメンタルヘルスの観点からは，精神疾患の状態・生育歴・家族歴・現病歴・関係性のパターン・認知の仕方の特徴・防衛機制などを知ることはクライエント

理解の一助となるだろう。一方，キャリアの観点からは，職務経歴のほか働く満足感につながる興味・志向・価値観，仕事上の強みや改善点，譲れない勤務条件などは，クライエントの意思決定を支援する上で有用な情報となる。

(2)「組織を見立てる」視点をもつ

休職者の職場復帰においては，産業医，産業保健スタッフ，上司，人事労務担当者，主治医，家族など，多くの関係者が関与する。その支援体制も職場によりさまざまである。当該クライエントの場合は，復職対応の窓口は誰か，復帰の決定やその後の支援に影響力をもちそうな人は誰か，大まかな復帰の流れはどのようなものかなど，職場復帰の道筋とキーマンを掴むことが必要である。

また，所属組織のメンバー構成や各構成員の人となり・関係性・雰囲気はどのようなものか，クライエントを取り巻く人や組織の力関係はどのようか，職場は復職者の受け入れに対してどの程度サポーティブか，経営層・上司・同僚等のメンタルヘルスに対する考え方はどのようなものかなど，クライエントが置かれている環境を理解する，つまり「組織を見立てる」視点も大切である。その際，事実とクライエントの主観を分けて捉えることが肝要である。

3．職場復帰支援のポイント

(1) 職場復帰支援とは，仕事に戻るための「橋渡し」のサポートである

職場復帰支援とは，メンタルヘルス不調で休職中の人がスムーズに仕事に戻れるようにサポートすることである。自宅でずっと療養していた人が，主治医から「復職可」の診断書がでたからといって翌日からバリバリと仕事ができるものではない。職業生活に戻るための橋渡しの支援が必要なのである。

支援方法は，カウンセリングをはじめとする個別支援だけでなく，近年，グループワークや集団認知行動療法，パソコン作業や軽い運動などを取り入れた集団リワークプログラムを実施する支援機関が増えている。休職中という同じ境遇のメンバーと気持ちを分かち合い，他者の言動を通して気づきを得たり，復帰に向けて励ましあうなど，その効果も大きい。

表1 職場復帰のプロセス

段階	急性期	回復期	復職準備期	復職交渉期		フォローアップ期
状態	病状が増悪し不安定な状態	病状は少しずつよくなっているが、まだ波がある状態	基礎体力や基本的な生活リズムが整い、症状も比較的安定した状態	体力や作業能力が回復し、勤務可能な状態	復帰	体調を整えて、勤務が安定している状態
課題	静養し、少しずつ日常活動ができる程度に病状が改善する	規則的な生活リズムに調整し、基礎的な体力をつける	就労に向けた練習を開始する	スムーズな職場復帰に向けた具体的な準備をする		体調管理をしながら、徐々に職場や仕事に慣れる
対処のポイント	・治療を最優先し、ゆっくり養生する	・一定の時間に起床、就寝する ・散歩や軽い運動をする ・生活記録表を記入し、心身の状態を客観的に把握する など	・出勤を想定し、図書館で一定時間過ごす ・新聞や本などを読み、集中力や興味関心の回復を図る ・職場の近くまで通勤練習をする など	・会社や主治医と職場復帰についての話し合いをする		・規則正しい生活リズムを維持する ・産業保健スタッフや上司と定期的に面談する ・服薬と通院を継続する など

「復職ロードマップ」『職場のうつ──復職のための実践ガイド』(2011年)を参考に一部改変

（2）職場復帰支援は，「リハビリテーション」である

　職業生活に心身の状態を戻していくためには，回復に応じた段階的なリハビリテーションが必要である。職場復帰のプロセス（表1）に応じて，今やるべきことや今後の道筋を掴んでいると，日常生活を主体的に過ごしやすくなり，回復の手ごたえを得やすくなる。

4．折れた心を再生する統合的アプローチとは

（1）職場復帰支援における統合的アプローチ

　職場復帰における大きな問題の一つは，「休職の繰り返し」である。ご本人のダメージはもちろん，職場も大きな痛手を被る。復職後の再適応において，症状や体調の回復は必要条件であるが，それだけでは十分でないことが多々ある。休職経験を人生の転機と意味づけ，これまでの生き方や働き方を点検して，クライエントにとってより自然な見方や行動・対人関係などに修正し，自己肯定感を得て，今後の人生に向けて再生の契機とする作業は，再休職の予防に効果的なことが多い。その際，統合的アプローチはとても有用である。

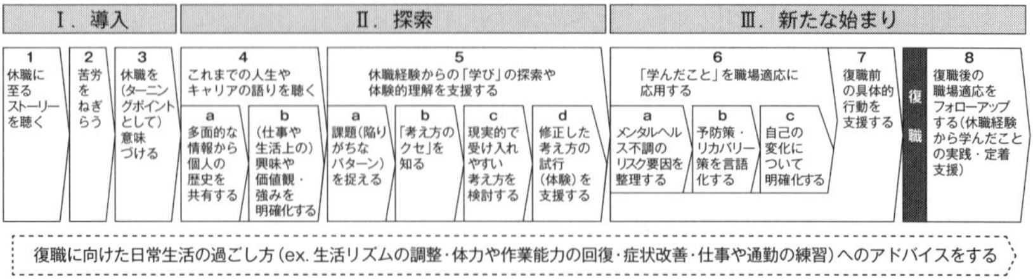

I. 導入	II. 探索	III. 新たな始まり
1 休職に至るストーリーを聴く / 2 苦労をねぎらう / 3 休職を(ターニングポイントとして)意味づける	4 これまでの人生やキャリアの語りを聴く a 多面的な情報から個人の歴史を共有する b (仕事や生活上の)興味や価値観・強みを明確化する / 5 休職経験からの「学び」の探索や体験的理解を支援する a 課題(陥りがちなパターン)を捉える b 「考え方のクセ」を知る c 現実的で受け入れやすい考え方の試行 d 修正した考え方(体験)を支援する	6 「学んだこと」を職場適応に応用する a メンタルヘルス不調のリスク要因を整理する b 予防策・リカバリー策を言語化する c 自己の変化について明確化する / 7 復職前の具体的な行動を支援する / 8 復職後の職場適応をフォローアップする(休職経験から学んだことの実践・定着支援)

復職に向けた日常生活の過ごし方(ex.生活リズムの調整・体力や作業能力の回復・症状改善・仕事や通勤の練習)へのアドバイスをする

図2 職場復帰支援アプローチの流れ

　統合的アプローチとは，クライエントのパーソナリティや症状・問題の性質に応じて理論や技法を柔軟に組み合わせる個別的にして多面的なアプローチであり，クライエントの回復段階，発達，変容につれて援助の仕方を変容させていき，他職種他機関との連携や多領域にわたる協同的かかわりを必要に応じ適時行い，客観的事実のみならずクライエントの主観的事実をも大切に考えることにポイントを置いたアプローチである（村瀬，2006）。

(2) クライアントの回復力を引き出す「3つのフェーズ」と「8つのステップ」

　統合的アプローチのエッセンスを取り入れながら，職場復帰に向けた再生作業のプロセスを，3つのフェーズと8のステップとして示した（図2）。実際の面接はケースバイケースであり，下記のプロセスも同時並行であったり，行きつ戻りつしたり，順序が逆転したり，簡略・省略されることもある。

I 導入
Step 1. 休職に至るストーリーを聴く

　休職体験について話を聴くのは，急性期を過ぎて，振り返りや内省をしてもある程度心理的安定を保てる段階になってからである。休職に至る経緯はさまざまであるが，それをクライエントがどのように体験しているのかが重要である。

　話を聴く際には，さえぎらずに話を聴き，多少偏りがあるように感じても批判や否定はしない。安心して話したいことを話せる場を整えるために，声（大きさ・速さ・トーン・高さ），相手との物理的距離，視線，姿勢，呼吸を相手に合わせてチューニングする。誰にも言えなかった思いや澱のように溜まった否定的な感情が少しずつ語られることで動揺や混乱が軽減され，落ち

着きを取り戻してくることが多い。
Step 2．苦労をねぎらう

　　休職者は，多くの場合，自分なりの努力や苦労が報われなかった傷つきを抱えている。不運が重なり疲弊しきっていたり，自信を失い悔しさや不甲斐なさで自分を激しく責めていたり，理不尽な出来事に腸が煮えくり返っていることもある。まずは，厳しい状況の中で精一杯やってこられた苦労や努力に対して，率直に本音でねぎらいたい。

　　人はねぎらわれると，少しは「わかってくれる人もいるんだ」と思える。孤独感が和らぎ，徐々に安心感が生まれる。すると，気持ちに多少余裕ができ，落ち着いて考えていく準備状態が作られやすい。安心感の醸成は，自尊心や自己効力感が回復するベースになる。

Step 3．休職を（ターニングポイントとして）意味づける

　　「どういうことから休職せざるを得なくなったのか」，この問いは大切である。これまでの頑張り方や働き方の長所を肯定した上で，過剰な適応や無理をしすぎたところはないかと思いを巡らせてみる。より自然なあり方を再構築していくために，一旦立ち止まって自分自身を見直す必要があるのではないかなど，休職を"意味のある転機"と受けとめられると，クライエントは一息ついて，主体的に自身の課題に向き合いやすくなる。

II 探索

Step 4．これまでの人生やキャリアの語りを聴く

　　クライエントはこれまでの人生や仕事生活の中で，どのようなストーリー（物語）を紡いできたのだろうか。クライエントの語りを，評価したり分析するのではなく，一つのストーリーとしてまるごと大切に聴く。

a．多面的な情報から個人の歴史を共有する

　　どんな人にも影になっていた時期があれば，陽があたっていた時期も少なからずある。その時々の出来事や体験と合わせて，当時の思いや感情を共有する。特に，健康的な部分や，少しでも生き生きとしていた体験に目を向けていく。その一方で，話の流れの中で，職歴・生活歴・家族歴・現病歴などの情報を収集し，問題や対処のパターン・病理水準・防衛機制などの視点は持っておく。

b．(仕事や生活上の) 興味や価値観・強みを明確化する

　　社会人以降だけでなく，できれば子ども時代からさかのぼって，楽しい・嬉しいと感じた瞬間や夢中になったこと，興味があったり得意だったこと，そうした印象的な体験について話してもらう。その中で，どういうことに惹かれ，どんなところに自分の持ち味を感じ，何を大事にしたい自分なのか，興味や価値観や強みを明確にすることで，「もともとの自分はこんなところもあったな」と，少しずつ自分を取り戻す作業につながる。

Step 5．休職経験からの「学び」の探索や体験的理解を支援する

　　復職後の円滑な職場適応や再休職の予防にとって，休職経験を今後にどう生かせるかは肝である。その際，失敗を分析する視点ではなく，"経験から学ぶ"という前向きな視点を前提に話し合い，実際の行動を通して「体験的に理解する」ことがポイントである。

a．課題 (陥りがちなパターン) を捉える

　　休職経験やこれまでの体験を回想する中で，自分が陥りがちなストレス状況にはなんとなく共通した流れやパターンがありそうだということが見えてくる。その中で最も印象的な出来事や，繰り返される課題のきっかけとなる最初の体験に焦点をあて，その場面を具体的に想起してもらう。その時の気分や感情，身体症状，ふと浮かぶ考えやイメージ (認知)，行動を体験に即して聴き，それらのつながりを整理する。

b．「考え方のクセ」を知る

　　クライエントが陥りがちなパターンの中には，「～すべきだ」「0か100か」「絶対～に違いない」「どうせ～だ」などと，あたりまえのように決めつけている認知の仕方がある。それを責めずに少し不思議がるなどして，「考え方のクセ」として共有する。クセを自覚していれば，「またいつもの困ったクセが出てきたな」と早めに気づいて対処しやすくなる。

c．現実的で受け入れやすい考え方 (ものの見方) を検討する

　　「考え方のクセ」を認識できたら，それ以外の考え方 (ものの見方) の選択肢を検討する。この時のポイントは「正解探しをしないこと」である。柔軟に受けとめるためのストレッチとして，遊び心を持って自由に発想してもらい，普段ならありえない選択肢も含めて，いろいろな捉え方をできるだけ

クライエント自身に言葉にしてもらう。

　十分に選択肢が出たら，その中から現実的かつクライエントにとってしっくりくる考え方を選んでもらう。腑に落ち，自然体でいられそうな考え方をした時の気分や，その結果起こる行動をイメージして，実際に行動できそうか（対処可能感）を確認する。対処が可能だと感じられれば，実行に移しやすくなる。

d．修正した考え方の試行（体験）を支援する

　これまでの考え方（ものの見方）や行動を少し修正してみようと思えたら，ハードルの低い状況を設定して，とりあえず"練習"してみる。その際，うまくやることを目指すのではなく，「試行錯誤に意味がある」ことを共有しておく。日常生活での練習の結果や感想を面接で振り返り，次の作戦を話し合う。

　結果はともかく練習をしていたら，「勇気を出して言ってみたのですね」「こういうふうに伝え方を工夫されたのですね」などと，行動する際の意欲・工夫・努力を事実に基づいて認める。プロセスを認めることは，"認められる実感"を伴って，内在する"回復力"を賦活させることにつながるように思われる。

Ⅲ　新たな始まり

Step 6．「学んだこと」を職場適応に応用する

　休職体験からの学びとして洞察が進み，日常生活でも生活リズムが整って体力がつき，集中力が備わってくると，「職場への橋渡し」の段階になってくる。

a．メンタルヘルス不調のリスク要因を整理する

　メンタルヘルス不調の発症の経緯を踏まえて，どのような状態になると仕事や生活に支障が生じてしまうのか，心身及び行動上のどんな予兆に気をつける必要があるのか，クライエント自身に自分の言葉で整理してもらう。リスク要因や予兆を知ることで，ストレス状況に早めに気づき落ち着いて対処しやすくなる。

b．予防策・リカバリー策を言語化する

　メンタルヘルスをいい状態に整えるためのリスク対策には2種類ある。1つは，いい状態をキープし不調に陥らないようにするための予防策，もう1

つはそうはいってもストレスフルな状態に陥った場合のリカバリー策である。

　この2種類の対策について，職場復帰する上で気がかりな場面を具体的にイメージし，クライエント自身に実行可能な行動をシミュレーションしてもらう。その際，"実際にやれそう"という対処可能感を大切にする。

　リスク要因の整理と対策は，自分を客観視できるようになったからこその成果である。産業医や上司・人事担当者など職場関係者との話し合いにおいても，復調を示す材料として，さらに職場にクライエント自身を理解してもらう要点として活用できる。

c．自己の変化について明確化する

　この段階にくると，人生の転機として自分はどのように変わったのか，もしくは変わろうとしているのか，「以前の自分」と「現在の自分」の比較や変化について語られることも多い。そうしたクライエントが語る自己の変化についてはしっかりと明確化しながら，これまでの道のりや感慨を一緒に味わう。

Step 7．復職前の具体的行動を支援する

　主治医から復職可の判断がなされ，職場との間で復職が具体的な検討段階に入ったら，職場との話し合いに向けて，"作戦会議"と称して想定される質問への応答や気がかりなことを話し合う。復職時の留意点や見通しの持ち方を助言したり，クライエントの考えや思いが職場関係者に理解される形で伝わるように話を整理したり，時には職場での復職面談を想定した簡単なロールプレイングをしたりと，クライエントや職場に合わせて円滑な職場復帰への具体的な準備を行う。

Step 8．復職後の職場適応をフォローアップする

　復職支援は復職して終わり……ではない。復職後の来談が可能な場合は，安定した勤務のためにフォローアップをする。復職後しばらくの間は，休職体験からの学びや洞察したことを現場で試す「試行錯誤の段階」であり，うまくいかなかったら修正して再トライしながら現状に根づかせていく。

　復職後の来談が難しい場合は，終結に向けた振り返りの作業を行い，復職後の職場適応における留意事項を確認しながら，職場でのフォローアップに

つなげていく。

5．事例

3つのフェーズと8つのステップについて，事例を通して説明する。

● **事例：会社員Aさん（休職中）**

　Aさん（29歳男性）は，食品メーカーに勤める会社員で，入社以来一貫して技術分野を歩んできた。小柄でやや細身，真面目で控えめ，裏方として黙々と仕事を進める縁の下の力持ちタイプ。その一方，人と打ち解けて会話をすることや，初めて体験する場面にはやや苦手意識を持っていた。

　入社7年目，これまでのサブリーダーとしての実績が認められ，小規模プロジェクトのリーダーに任命された。担当する商品にも愛着があり注力したいプロジェクトだった。しかし，取引先や関連部署との折衝業務は初めての経験で，なかなか勝手がつかめなかった。多くの業務を抱え，自分の仕事をさばききれないことは明らかだったが，メンバーの怪訝な顔が思い浮かぶと，仕事を割り振ることを躊躇してしまうのだった。さらに，取引先からの突発的な要望と関連部署からの要求による板挟みに胃の痛い日々を送っていた。多忙で一方的に指示する上司には相談しづらく，そのうち当初は談笑していたメンバーとも，ほとんど会話をする余裕はなくなった。時間外労働時間は月に100時間を超えることもあり，精神的にも体力的にも限界の状態が半年ほど続いた。

　そんなある日，事業部の事情でプロジェクトは突然遂行中止となった。その直後，喫煙ルームを通りがかった時，「リーダーが卒なく対応する人だったら結果は違ったかもな」と話す声が聞こえた。Aさんはショックで茫然となり，自己嫌悪に陥った。誰にも自分の気持ちなどわかってもらえないと思うと孤立感が強くなり，昔からの仲間とも距離を置くようになった。いつもなら計画的にこなす仕事も，焦って行き当たりばったりになりミスを連発した。気がつくと，仕事が全然手につかず，眠れないし食欲もなくなっていた。そして，気力がまったく湧いてこないのだった。上司が

産業医に相談し，産業医の紹介でBメンタルクリニックを受診し，うつ状態で3カ月間の休職となった。同時に，Aさんの希望により主治医了解の下，カウンセリングの予約が取られた。

導入　自宅療養開始後10日ほどして，十分な休養がとれ軽い散歩もできるようになったAさんは，初回面接の中で前述の休職に至るストーリーを訥々と語った。カウンセラーは，間合いや呼吸・声の調子を合わせることで，クライエントのペースで語られるように聴いていた〔Step 1：休職に至るストーリーを聴く〕。話がひと段落したところで，ゆっくりとこれまでの苦労や努力をねぎらうと，Aさんはじわっと目頭を赤くした。その後，休職エピソードから派生して，人に対する受動的な関わり方や，その背景にある自分の気持ちをなかなかわかってもらえなかった子どもの頃の体験，心に暗く影を落としている陰湿ないじめられ体験，他者が自分のことをどのように思っているのかを常に意識してしまい自分自身の思いや考えを飲みこんできたこと，人との関係にぎこちなさを感じて行動がおじけづいてしまうことなどが語られた。今回の体験はそうしたありようが凝縮した体験であり，一度ゆっくりと立ち止まって人との関わり方や生き方を見直してみる人生のターニングポイントかもしれない，ということが共有された〔Step 3：休職を（ターニングポイントとして）意味づける〕。

探索　子ども時代，学生時代，社会人時代……と過去からのストーリーが語られた。辛い記憶もあったが，中には輝きをもって語られる体験もあった。小2の頃に植物に夢中になり，自ら興味あることを調べて知識が積み上がる感覚にワクワクしたことや，入社3年目の時に非常にチームワークのいい職場にいて，得意のITスキルを生かし課内コミュニケーションツールを作成して同僚に喜ばれたことが語られた。そうしたエピソードを通して，知識の蓄積や周囲との支え合いに価値をおくこと，仕事の枠組みが明確で専門性を生かせる仕事にやりがいを感じることなどが，Aさんの特徴や持ち味として共有された〔Step 4-b：(仕事や生活上の) 興味や価値観・強みを明確化する〕。Aさんは，ネガティブ一色だった自分の世界が「少しはいいところもあるんだ」と思えたことで肩の力がだいぶ抜けてきた。

さまざまな振り返りを通して，Ａさんは「他者から何か指摘されると必要以上に自己否定してしまうこと」が，自分のストレスパターンの一つであると捉えた。その最たる出来事が「リーダーが卒なく対応する人だったら結果は違ったかもな」という声にショックを受けた場面である。そうした状況では，恥ずかしさ・情けなさ・恐れを感じ（気分），頭が真っ白になり動悸がして（身体症状），慌ててしどろもどろになる（行動），「ダメだ，失敗した！」と思ってしまい（認知），強く自分を責める，という連鎖があることもわかった〔Step 5 - ａ：課題（陥りがちなパターン）を捉える〕。

　数日後，20年来の幼なじみに，休職中であり人との関わり方に悩んでいることを初めて打ち明けた。幼なじみは，「お前は確かに器用な方じゃない。でも，嘘もお世辞も言わないし誠実だ。人の懐にズカズカ入ってくることもない。ヘンに卒なく関わるヤツより信用できるんだ」と言った。Ａさんは涙がでるほど嬉しく感じた。そして，"卒なく会話ができる人＝仕事ができる人"と思い込んでいたことに気づき，「誰しもが僕を否定するわけでもないし，肯定してくれる人もいる」「人を評価する尺度は人によって異なる」ことを少し実感した。

　さらに，面接では，何かにつけて「やっぱり僕はダメなヤツ」という結論に帰結させている認知傾向を"考えグセ"として共有し，「ダメ出し先生」と名づけた。この考えグセが現れた時には，「あ，ダメ出し先生が登場？」などとユーモアを交えて扱うことで，「ダメ出し先生には横にいてもらって，深呼吸して落着いて考えると……」と，現実的な捉え方の検討に移行しやすくなった〔Step 5 - ｂ：「考え方のクセ」を知る〕。

　前述のショックな出来事の場面においても，他にどんな捉え方があるか，カウンセラーと共に複数のアイデアを出した。「あれは事業部の事情による撤退であってプロジェクトの進捗とは関係なかったんだぞ」「自分で（リーダーを）やってみてから言えよ」「人の口に戸は立てられないしなぁ」等々……。そうした中でＡさんがしっくりくる受け取り方は，「ちょっとヘコむなぁ。ま，友達と飲んで愚痴ろう」であった。似たような場面で実行できそうかと聞くと，Ａさんは「その場になってみないとわからないですけど，利害関係のない社外の友達に話せばいいと思えると何とかなりそうな

気がします」と話した〔Step 5 - c：現実的で受け入れやすい考え方を検討する〕。

　そこで，比較的優しい他者から軽めに指摘される体験をする"練習"として，「家族に自分の短所について話を聞くこと」を宿題とした。母親からは，「昔から少し気の小さいところがあるわよね」と言われ，グサッときたが，「はっきり言うなぁ。でも，確かに昔から気が小さくて母さんの後ろに隠れてたよね」と応えた。その後，いつもの幼なじみに電話で軽くグチってみると，「お前んとこのたくましい母ちゃんから見たら誰だって気が小さく見えるんじゃないのか(笑)。お前は職人気質の父ちゃん似だし」と言われ，それも一理あるなと思って一緒に笑った，とAさんはどこか嬉しそうに報告した〔Step 5 - d：修正した考え方の試行(体験)を支援する〕。

新たな始まり　Aさんは，生活リズムも安定し，ほぼ毎日1万歩のウオーキングができるほどに体力も回復した。日中は図書館で読書や勉強をして5時間以上過ごし，集中力の回復や会社生活に近いライフスタイルに戻すことを心掛けていた。少しずつ仕事を再開したい気持ちが出てきた頃，主治医から「復職可」の診断書が出た。それを機に，同じような事態に陥らないために，今回の休職体験から学んだことを話し合った。

　Aさんは自分が身体的・精神的ストレスを特に感じる注意すべき状態を，「他者からの指摘を引きずっている状態」「ゴールは決まっているのにプロセスが具体化できない状態」「孤立感があり，周りと協力し合えていない状態」であると振り返った〔Step 6 - a：メンタルヘルス不調のリスク要因を整理する〕。

　そうした状態に陥らないための予防策として，「仕事の期待値と具体的プロセスを初期段階ですり合わせをしておく」「時々小出しにグチる」「帰宅後に好きな園芸をすることでONとOFFを切り替える」ことを考えた。

　さらに，万一前述のようなストレス状態に陥った場合のリカバリー策として，「できないことやわからないことを素直に認める」「周囲に具体的なサポートを頼む」「思い切って休みを入れて，居心地のいいところで気分転換する」といったアイデアが出された〔Step 6 - b：予防策・リカバリー策を言語化する〕。

Aさんは，こうした振り返りの後，「以前は頭の中だけでグルグルと考え込んで空回りして自分の気持ちは置いてけぼりだった。今は，以前よりは心の声に耳を傾けられるようになった気がする」「以前は目先のことを悲観しすぎて行動をためらっていたけど，今は"うまくいかなくても後で補えばなんとかなる"と思えるようになりつつある」と，やや感慨深げに話した〔Step 6-c：自己の変化について明確化する〕。

　主治医から「復職可」の判断が出た10日後に，職場での復職面談が決まった。復職に意欲的だったAさんだが，面談日が近づくと急に現実が目の前に迫った気がして2日ほど不眠症状が現れた。「同僚にどんな反応をされるか」が特に気がかりだった。そこで，面接の中で不安解消の対策を検討した。

　まず，一番親しい同僚にメールをして職場の様子を聞くことにした。職場の近況とともに温かい言葉が添えられた返信にAさんは少し安堵した。次に，同僚への病状の伝え方について，前もって上司から病名ではなく「体調不良」という表現で全体に伝えてもらうことにし，直属のチームリーダーには「薬の副作用で朝は眠気が少し残り仕事のペースが上がりにくいことがあるかもしれないが午後には改善する」といった業務への影響にポイントを絞って伝えてもらうこととした。さらに，復職面談で会社を訪れた際，職場に短時間だけ立ち寄り同僚と軽く挨拶を交わすことにした。同僚の笑顔や気さくな反応に，Aさんは"戻っていけそうだ"という気持ちを新たにした。また，会社の配慮で，当面の間，定期的な通院と面接が了承されたこともAさんの安心感につながっていた〔Step 7：復職前の具体的行動を支援する〕。

　復職日前日，Aさんは緊張から3時間しか眠れなかったが，復職初日の朝礼で事前に考えていた手短な挨拶を済ませると，ようやくホッと息をついた。復職後2〜3カ月は時折体調が安定しづらく月に1日程度休むこともあったが連続して休むことはなく出勤し，4カ月目以降は勤務も安定した。

　実際に仕事を始めると，つい仕事を抱え込みそうになったり考え込みすぎたりと，課題の種が転がっている。復職後の面接では，その時気がかり

な課題の対策を立て（Plan），次回までに実行し（Do），次回面接で結果を振り返って（Check），必要に応じて改善する（Act），PDCAのプロセスを活用した。そうした積み重ねの中で，Aさんは「あまり考え込みすぎずにとりあえず自らやってみる。やってうまくいかなければ後から修正すればいい。このスタンスがだいぶ板についてきた」と微笑んだ〔Step 8：復職後の職場適応をフォローアップする〕。

6．いくらでもリカバリー可能な世の中を目指して

　休職という事態は，働く人にとって一種の危機である。しかし，自分の危機的な事態にしっかりと向き合って，悩んだりもがいたりする中で，主体性を取り戻し，さらに一皮むけて，自分らしく前に進もうとする方々の姿を何度も目にしてきた。それは，心の奥底でじっと固まっていた生きる力のような回復力が，ニョキニョキと芽を出してくるかのようであった。

　どん底の苦しみや痛みを知っているから，強く柔らかくなれることがある。人も社会もいくらでもやり直せてリカバリーがきくと，もっと多様で，もっと生きやすくなるように思われる。

　そのためにも，"再生の作業" には支えや応援がある方がいい。人と人が出会い，関わり合うことには意味がある。心理臨床における出会いや関わりが，人が生き生きといることや，人が大事にされる活力のある社会につながることを願っている。

5章　産業カウンセリングの今

小野寺　晶子

　産業カウンセリングとは，産業界で働く人に対して提供されるカウンセリングである。1940年代のアメリカで，アルコール依存症の従業員の長期休業が，企業に与える経済的損失の大きさが課題となり，その対策として広がった。その後，アメリカでは，アルコールに限らず広範な領域を対象とするEAP（Employee Assistance Program）＝従業員支援活動として発展し，日本でも近年，EAPが広まってきている。

　EAPは，社内EAPと社外EAPに大別される。社内EAPとは，社内に専任のカウンセラーがいる形態である。メリットとして，個々の企業の風土を理解したカウンセリングや，必要に応じて迅速な職場環境調整が可能という点がある。一方で，ある程度の企業規模でないと自社でカウンセラーを雇用するのは費用面で難しいという面もある。

　社外EAPは，社内EAPといわば逆の特徴をもつ。まず社外EAPの仕組みだが，EAPサービスを提供する会社と企業が契約をし，その契約企業の従業員がEAP会社に直接カウンセリングを申し込める，という形になる。その性質上，社内EAPと比較して，個々の企業風土への深い理解や迅速な職場環境調整は難しいが，企業規模の小さい会社でも少ない費用負担で導入を検討できるメリットがある。

　なお，社内EAPでも社外EAPでも，相談内容は勿論のこと，相談していること自体も秘密として守られる。ただ従業員にとっては，特に初めて相談に来る際は，社外EAPの方が社内EAPよりも，守秘義務についての安心感はより大きいかもしれない。

　なお，近年，日本でもEAPサービスを提供する会社が増え，社外EAPサ

ービスを導入する企業も増えてきた。しかし，導入したものの利用率が上がらず，費用対効果の測定が難しいという声もある。

1．産業カウンセリングの特徴

　産業カウンセリングには，他の領域のカウンセリングと比較し，明らかな特徴が幾つかあるように思われる。
　第一に，相談者は働く大人で，経済的基盤があるにもかかわらずカウンセリングに係る費用を自分では負担しないことがある。カウンセラーに費用を支払うのは相談者本人でなく，相談者を雇用している企業である。この特徴から，産業領域で働くカウンセラーは，相談者個人に加え，相談者を雇用しかつカウンセラーに相談料を支払う企業，双方の利益を常に考える必要がある。
　ここで，「企業の利益」を意識する目的はもちろん，「カウンセラー自身の雇用を守るため」ということではない。要は，「相談者の利益」だけに意識がいくと，「企業の利益」を損ね，それが結果的に「相談者の利益」をも損ねる可能性がある，ということである。象徴的な例として「早すぎるタイミングでの復職」がある。まず，その前提となる「休職」について少し説明しておこう。企業では，従業員が医師から「この従業員の体調は，要休養状態である（要は勤務継続が困難）」と診断された際は，当該従業員を休養させる必要がある（なお，ほとんどの日本企業には，私傷病を理由として従業員が休むための休職制度があり，休める期間は勤続年数に応じて定められていることが一般的である）。そして，多くの場合においては，休養を取ると徐々に体調が回復して来て，復職を考えることになる。
　この時，本人が復職を強く希望すると，治療を行う主治医・医療機関は，「復職はまだ時期尚早」と思いつつも，「復職可」の診断書を書く場合がある。本人が復職を焦る背景には，休職中は給与が減額，または支給されず，健康保険組合からの手当金でしのぐことになるという側面もある。そして，主治医・医療機関が時期尚早でも診断書を書く背景としては，もし診断書を書かないと，復職を焦る本人が他の医療機関に転院するなどして治療関係の継続が難しくなる場合があるからである。

ただ，休養して体調が回復して来たとしても，「なぜ体調を崩したか」について，本人がある程度自己理解を深められていなければ，復職しても短期間で再発するリスクが高い。その背景として，産業領域におけるメンタル発症は，異動や昇進による職務や役割の変化や，上司との関係性等，職場環境がきっかけとなる場合も多いことが挙げられる。そのため，休養してそうしたストレス原因と離れれば体調回復は進む。しかし，復職後はまた，同様のストレス原因にさらされることになる。なので，「なぜ体調を崩したか」「そうしたストレス原因と，復職後，どう付き合っていくか」をある程度，休み中に整理しておかないと，復職してもまた同じように体調を崩してしまうリスクが高まるのである。

　そして，もし再発して再休職してしまうと，再復職のハードルはさらに上がる（本人・企業とも，一度目でうまくいかなかった落胆感や，次もうまくいかないのではという不安感を抱えやすくなるため）。つまり，本人が早期復職を希望し，主治医が復職可の診断書を書き，企業は「早すぎるのでは？」という疑問や不安を抱きつつも復職を受け入れることが，結果的に本人のためにもならない場合があるのである。

　一方，ここでたとえば再復職の際，企業が「受け入れが不安」といって復職を許可しないことも，従業員だけでなく，結果的に企業の利益にもならない（もし，それで復職できずに休職期間満了で退職となり，それを不服と感じた本人が訴訟を起こせば，企業の利益にもならないため）。こうしたことを考えた時，産業領域におけるカウンセラーは，相談者と企業，双方の利益を常に考えてアプローチすることが大切なのである。カウンセラーは，復職を焦る相談者に対し，「復職自体が目的でなく，復職後に安定して働けることが大事。そのためには，なぜそういう症状が出たか，どう対応することができそうかを復職前にもう少し明確に整理しておいた方が，あなたも安心では？」という働きかけも可能である。また企業に対して，「症状が出た原因や対応策を，本人はだいぶ考えられてきている。復職後も再発を防ぐべく，フォローして行く」と伝えることで，企業の復職受け入れへの不安を軽減し，結果的に本人が復職し易い環境醸成にも繋がる。

　続いて，産業領域におけるカウンセリングの第二の特徴として，第一の特徴

の事例からもわかるように，職場という「相談者が日常の多くを過ごす環境」に，カウンセラーが直接，働きかけることが可能なことが挙げられる。心理的問題の背景として家族の在り方を扱う必要がある際に家族療法という手法があるように，職場での問題が心理的問題の背景にある際，産業カウンセリングという職場環境への働きかけが可能な手法があることは，個人の問題解決や成長に役立つ可能性がある。

　ただし，この際，カウンセラーは，「本人の成長を阻害するような環境調整」を行わない意識をもつことが重要である。たとえば，「仕事を頼まれると，どんなに忙しくても断れない」という課題を抱える相談者のために，こっそり職場に対して仕事を減らすよう助言しては，本人の課題解決にも成長にも繋がらない。あくまで「相談者自身の変化」の支援を優先する姿勢は，カウンセラーとして重要であろう。この場合であれば，職場への環境調整とは，本人の課題が「断れないこと」であるという認識を上司と共有し，本人が「今，こういう業務状況で，この仕事を引き受けるのが難しい」と上司に言えた際に，業務の優先順位づけの助言や業務量調整を行うよう上司に助言しておくことであろう。

　さらに，第三の特徴として，「予防」について具体的に取り組めることも挙げられる。たとえば，事業拡大のために中途採用を大量に行っている企業でメンタル発症者が増え，発症者の属性を調べたところ，中途採用から半年以内に職場不適応でメンタル発症する従業員が多いとわかれば，入社時研修でストレスマネジメントを習得してもらうことや，入社後半年以内に必ずカウンセリングを実施することといった予防策が取れる。また，不適応を起こしやすい理由が企業の独特の風土（ex. わからないことがあった時，聞けば丁寧に教えてくれるが，聞かなければわかっているものとして周囲は教えない）にあるようだとわかったとする。この際，産業領域で働くカウンセラーは，相談者に対しては，わからないことを自ら積極的に聞けるようアサーショントレーニングなども活用して課題克服を支援することができる。と同時に，上司に対して，相談者が自らわからないことを聞けた時にはしっかり褒めるという形での行動強化を依頼することも可能なのである。

　なお，これまでに挙げたようなケースで，もし，本人がカウンセリングで語

ったことを上司に伝える必要がある際には,「本人同意を得る」ことが必要であることはいうまでもない。これは,産業カウンセリングが相談者ではなく相談者の勤務する企業が相談料を支払うものであっても,社内 EAP であっても社外 EAP であっても,もちろん変わらないカウンセリングの基本である。

2. 最近の産業カウンセリング領域でのトピックス

(1)「発達障害傾向」がうかがえる事例の増加

　近年,産業カウンセリング領域で目立つのが,「発達障害傾向」を感じる従業員の増加である。大別すると,業務のヌケモレが多発する「注意欠陥・多動性障害(Attention Deficit Hyperactivity Disorder：以下 ADHD)」や,周囲の思惑を理解できずトラブルを頻発させる「アスペルガー症候群(Asperger Syndrome)」の傾向を感じさせる従業員が増えている。

　これらの原因は特定されていないが,生まれつきあるいは出生から間もなくの間に,何らかの理由で脳の発達が損なわれることで起こるのではないかとの説がある。このような傾向をもつ従業員の増加の原因が,実際,日本でこうした傾向をもつ人自体が増えているためなのか,あるいは「発達障害」の知識が広がってきたためなのかは一概にはいえない。ただ,いずれにせよ,こうした傾向を持つ従業員の増加が産業界を悩ませていることは事実なのである。

　もし,本人のそうした傾向を「採用面接」の段階で見抜ければ,特徴に応じた職務に配属するといった工夫も可能である。ただ,採用面接で実際にそうした特徴を把握することは非常に難しいのが現実である。ADHD 傾向の場合などは,実際,業務でマルチタスク等を行ってみないとなかなかこうした傾向があるかどうかはわからない。アスペルガー傾向にしても,「最近の若者には珍しく,相手に迎合せず自分の意見を主張できる」と,採用面接ではむしろ評価される場合もありえる。そして悩ましいのは,採用段階では見過ごされたりむしろ評価されたりしたこういった傾向が,いざ業務を始めてみると緊急に改善されるべき課題となってクローズアップされやすいといった側面をもつことである。

　たとえば,業務を放置して先方からクレームが入り,上司が先方に謝罪した

後「時間のある時にやっておいてね」と上司が本人に言ったところ，3カ月後にまだ手をつけておらず先方の再度のクレームで発覚，といった事例があった。これなどは，自分で期限を設定できない ADHD 傾向による可能性もある。しかし，上司からすると「自分はお前のために先方に謝罪までしたのに，放置するとは，俺を馬鹿にしているのか」と，本人に対して怒りを持つことになるだろう。これは妥当な怒りではあるが，ADHD 傾向がある場合，この事例において本人に悪気はまったくなく，ましてや上司を馬鹿にする気持ちなどさらさらない。ただ，「時間のある時」がなかった，それだけである。上司が「今すぐやって」と言えば，本人は恐らくそうしたであろう。

　したがって，こうした際に産業領域で働くカウンセラーは，本人及び上司に「本人の特性（ヌケモレは多いが悪気はない）」「そうした特性への対処法」をレクチャーできることが大事である。たとえば本人に対しては，もし上司から業務の期限を明確に指示されなかった際は必ず具体的に確認して期限を決めること，逆に上司に対しては必ず期限も指示することといった具合に助言をすれば，こうしたトラブルを防ぐ，あるいは減らせる可能性は十分にあるのである。

　一方で，「発達障害傾向」と「過去のトラウマ」の混在が考えられるケースは，さらに複雑である。たとえば，これもやはり行うべき作業を放置していたケースである。ある日，上司がそれに気づき，なぜそういう状況になったか後で詳しく確認するね，と本人に告げたところ，本人が，それを確認される前に同じように放置していた他の作業の痕跡を消去し，隠ぺいを図ろうとしたのである。

　このケースでは，作業の放置自体は期限を決めないといつまでも先延ばしにしてしまう，ADHD 傾向のある人に見られがちな特性から生じた可能性も考えられる。一方，隠ぺいは，うっかりではなく故意に行われた。なぜ，そんなことをしたかについて，後日，本人は「できない自分を知られたくなかった」と語った。さらに，幼少期，忘れ物が非常に多く（これは発達障害傾向から来ていた可能性も考えられる），それを悲しむ親を見て，自尊心を失い続けた過去があったことが徐々に明らかになった。こうなると，隠ぺい工作は幼少期から発達障害傾向による失敗を重ね，さらにそれを悲しむ親を見続けて来たことがトラウマ的体験となり，いつしか失敗を隠す行動が習慣化してしまった可能性も考えられる。

ただ，業務の放置も問題だが，隠ぺい工作は，特に企業においては決して許される行為ではない。「そもそも業務を放置」「しかもそれを隠ぺい」，その事実だけでみると，「このまま，ここで仕事を続けさせないといけないのか？一体，どうやって育成しろというのか？」と，上司は途方に暮れるであろう。

　ここでカウンセラーは，どのような介入が可能なのか。産業領域では，「発達障害」や「トラウマ」について，カウンセラー以外はほとんど知識を持っていない。そうした中，もし「発達障害」だけが独り歩きをすると，「うちで働くのは無理」という周囲の先入観を招く恐れがある。一方で，そこを曖昧にした結果，通常と同じ育成方法で接してしまうと，本人は業務を上手く遂行できず，周囲から「あいつはやる気がない」と見られてしまうリスクもある。「今よりうまく業務を遂行させられる可能性のある育成方法（受容的な姿勢や，チェックリストの活用によるヌケモレ防止等）」を上司にレクチャーしたり，先ほどのケースで行けば「隠ぺい」という行動の裏にある本人の苦しみを読み解き，上司にわかりやすく伝達したりといったカウンセラーの介在が，産業領域でより重要になってくる可能性は十分考えられる。

　そして，発達障害傾向を感じる従業員の増加とも関連するもう一つ重要なこととして，産業領域で働くカウンセラーは，個々人の「職業適性」を的確にアセスメントすることの必要性も求められているということである。たとえば，職務上，マルチタスクが多いとする。これは，ヌケモレを起こしやすいADHD傾向のある人にとっては，どうしても苦労しやすい職種である。また，職務上，関係者が多く，一定のコミュニケーション力が必要とされる場合。これは，人の思惑が読めないアスペルガー傾向のある人にとっては，なかなか難易度の高い職種となる可能性があるのである。もしそうであるならば，苦手な職種で苦労し，なかなか評価されず自信がもてない状況に置くより，たとえば興味のある一つのことには集中できるといった本人の特性を活かせる専門職を目指す，といった選択肢を選ぶ方が，本人・企業双方にとって有意義なことになるかもしれない。また，もしそうした職種が，本人が今いる企業に残念ながら見当たらないなら，転職等，社外に可能性を広げることも時には必要となろう。

　なお，うつ状態が重い時などは，転職等大きな決断を行わないのが原則では

ある。ただ，産業領域でカウンセリングを行う場合，たとえば企業が合併等で大きく環境変化し，それをきっかけとして，相談者が職場不適応になっているような際には，転職等働く環境を変えることで，体調回復に繋がる場合もある。そうした現実も視野に入れておくのが，産業領域で働くカウセンラーには必要である。

（2）相談者の経済基盤の考慮が必要となる事例の増加

　昨今の日本の厳しい経済状況を反映して，カウンセリング時に相談者の経済基盤の考慮を必要とするケースも増えている。たとえば，経済的に安定した親と同居している若い従業員が，現在の職務への適性不足からややメンタル不調になった際には，自分自身の今後のキャリアや体調を重視して，今より年収が下がっても転職という選択をすることも可能であろう。一方，これが家族を養っている従業員であれば，もし転職した際に自分自身だけでなく家族を引き続き養っていけるかどうかといった経済的側面も，今後を考える際に欠かせない重要なファクターになる。住宅ローンなども抱えていれば，なおさらである。

　また，昨今の日本経済の退潮を反映してか，若いうちから経済的に親の面倒をみている従業員も増えてきているように感じる。彼らは，自身のキャリアを考えて転身を図ろうと思ったとしても，家計を担っているため，そうでない若者と比べ自由な選択は難しい。その上，彼らにとってさらに大変なのは，そうした若者の占める比率は全体からするとそれほど多くはないため，彼らの経済状態や生活状況を周囲の人に理解してもらうことが容易ではないことである。そして，また彼ら自身も，自身の親に経済力がないと人に知られることに抵抗感があるので，なかなかそうした事実を語りたがらない傾向がある。

　ここでカウンセラーがうまく介在できれば，上司などには言いにくい家計の窮状も，社内の評価等に関係しないカウンセラーになら話せる（相談できる）という場合がある。この際，産業領域で働くカウンセラーは，本人の辛い心情を受け止めることがまず何より大事だが，必要に応じて助言も求められてくる。たとえば，親が仕事ができない背景にアルコールの問題がありそうであれば，断酒会等にを活用して親の自立を促すよう本人に勧めることも問題解決には役立つであろう。また，親の言動を聞いていると認知症の可能性が疑われる場合

には，専門の医療機関を紹介するといった方法も考えられる。さらに，親戚等で経済的に頼れるサポート源があるかを尋ね，本人が親戚への相談をためらっているようならその背中を押す支援もある。あるいは，親が本人に依存し過ぎており，本当はそこまで経済的支援をしなくても大丈夫そうといった場合は，本人が親からの依存を断ち切る方向性を支援する可能性もあろう。

また，家族がこうした問題を抱えていると，本人もストレスを抱えメンタル不調に陥ることもありうる。このようにさまざまな要因が複雑に絡み合って状況の改善がすぐには望めようにない場合，そこで長く踏ん張るより休んだ方が回復は早いと医師に勧められても，休む踏ん切りがなかなかつかないことも少なくない。こうした時，傷病で仕事を休み，会社から給与が出ない場合は，健康保険組合に傷病手当金という手当（但し給与の6割程度）を申請できることなども，産業領域で働くカウンセラーが知っておくべき大切な知識であろう。

3．産業界においてカウンセラーが機能すること

かつて日本の産業界は，終身雇用・年功序列の人事制度のもと，「一つの企業に，忠誠心をもって仕えていれば，食いっぱぐれることはまずない」という，安全社会であった。ところがバブル経済の崩壊後，日本企業は成果主義を導入し，リストラを断行し，終身雇用は過去の物語となった。

もちろん，終身雇用でなくなった結果，転職市場が活性化し，経験をもった人材がベンチャー企業に転職し，ベンチャー企業の成長にその経験を活かすといったプラスの変化も見られた。また，年功序列でなくなった結果，若手の登用が進むといった面もあった。

しかし，やはり多くの人は将来への不安を，以前より感じやすくなっていると思われる。自殺者の増加等はそういった面を反映しているのではないだろうか。

こうした時代背景を考えた時，産業領域でカウンセラーが機能することの意味は高まっている。産業領域には，カウンセラーの持つ専門性が望まれる分野が幾つもある。メンタル発症者のフォローはもちろんのこと，発症の早期発見による早期回復や，発症予防の施策立案，さらには発症に関することだけでな

く，より健全に働くためのモチベーションマネジメント等々，かなりのことが期待されている。

　一方で，産業領域で働くカウンセラーは，企業から相談料を受け取り，企業で働く人の相談に乗ることを考えると，専門性を磨くことと同じぐらいにビジネスパーソンとしての判断力を高めることも重要となる。たとえば，相談者がリストラにあいそうになっているとする。企業がなぜリストラを行うのか，そうした際にどういったセーフティネットがあるかを知らないと，カウンセラー自身が「とにかく企業がひどい」という偏った見方に陥ってしまう危険性がある。そしてそれは，相談者をも狭い視野に追いやってしまうかもしれないのである。専門性を磨くほか，相談者の置かれているビジネス環境をより深く正しく知ろうとすることは，産業領域で働くカウンセラーには欠かせない。この2つを両立できれば，カウンセラーが産業界に大きく寄与できる可能性は一層高まるであろう。

引用・参考文献

■ I 部
1 章

American Psychiatric Association (2000). DSM -IV-TR: Diagnostic and Statistical Manual of Mental Disorders. Amer Psychiatric Pub; 4 Sub.（高橋三郎・染矢俊幸・大野　裕訳　2003　DSM-IV-TR 精神疾患の診断・統計マニュアル　新訂版　医学書院）

D. W. Winnicott (1970). Residental Care as Therapy. C. Winnicott, R. Shepherd, and M. Davis (Eds.) (1984). Deprivation and Delinquency Routledge.（北原潤一訳　セラピーとしての居住型ケア　西村良二監訳　2005　ウィニコット著作集 2　愛情剥奪と非行　岩崎学術出版）

E. H. Ericson (1959). Identity and the Life Cycle. International Universities Press.（西平　直・中島由恵訳　2011　アイデンティティとライフサイクル　誠信書房）

増沢　高（2009）．虐待を受けた子どもの回復と育ちを支える援助　福村出版

森田喜治（2006）．児童養護施設と被虐待児―施設内心理療法家からの提言―　創元社

西澤　哲（2007）．CCAP ブックス No.9　児童福祉施設における虐待を受けた子どもへの対応　社会福祉法人子どもの虐待防止センター

西澤　哲（2008）．施設養育におけるアタッチメントの形成―アタッチメントに焦点をあてた心理治療の実践を通して―　子どもの虐待とネグレクト　10（3）　297-306.

和田上貴昭（2005）．第 2 章第 6 講　施設養護の体系　北川清一編著　三訂　児童養護施設と実践方法―養護原理とソーシャルワーク―　中央法規　87-101.

2 章

アンドリュー・ターネル，スージー・エセックス（2008）．井上　薫・井上直美監訳　児童虐待を認めない親への対応―リゾリューションズ・アプローチによる家族の再統合―　明石書店

アンドリュー・ターネル，スティーブ・エドワーズ（2004）白木孝二・井上　薫・井上直美監訳　安全のサインを求めて―子ども虐待防止のためのサインズ・オブ・セイフティ・アプローチ―　金剛出版

井上直美・井上　薫（2008）．子ども虐待防止のための家族支援ガイド―サインズ・オブ・セイフティ・アプローチ入門―　明石書店

川崎二三彦（2006）．児童虐待―現場からの提言―　岩波書店

厚生労働省（2010）．平成 21 年度「児童相談所における児童虐待相談の対応件数」http://www.mhlw.go.jp/toukei/saikin/hw/gyousei/09/kekka8.html　（2012 年 7 月 2 日取得）

森　俊夫・黒沢幸子（2002）．森・黒沢のワークショップで学ぶ解決志向ブリーフセラ

ピー　ほんの森出版
NPO 法人児童虐待防止全国ネットワーク（2010）．平成 21 年度速報値「児童相談所における児童虐待相談対応件数」http://www.orangeribbon.jp/about/child/data.php （2012 年 7 月 2 日取得）
シンシア・ウィッタム（2002）．中田洋二郎監訳　読んで学べる ADHD のペアレントトレーニング―むずかしい子にやさしい子育て―　明石書店
内田伸子，見上まり子（2010）．虐待をこえて，生きる―負の連鎖を断ち切る力―　新曜社
遊佐安一郎（1984）．家族療法入門―システムズ・アプローチの理論と実際―　星和書店

3 章

飽田典子（1999）．遊戯法―子どもの心理臨床入門―　新曜社
荒井真太郎（2007）．親面接における家族の表象　岡田康伸・河合俊雄・桑原知子編　京大心理臨床シリーズ 5　心理臨床における個と集団　創元社　98-108.
馬場禮子（1999）．精神分析的心理療法の実践―クライエントに出会う前に―　岩崎学術出版社
橋本やよい（2000）．母親の心理療法―母と水子の物語―　日本評論社
橋本やよい（1990）．自閉傾向児の母親面接　河合隼雄編著　事例に学ぶ心理療法　日本評論社　173-208.
磯邉　聡（2012）．相談場面における親面接のあり方をめぐって　千葉大学教育学部研究紀要　60　79-86.
伊藤良子（2010）．子どもとの信頼関係を築く　臨床心理学　10　832-837.
伊藤良子（2001）．心理治療と転移―発話者としての〈私〉の生成の場―　誠信書房
河合隼雄（1986）．心理療法論考　新曜社
木村晴子（2003）．心理療法における母親面接の体験から　松尾恒子編　母と子の心理療法―困難な時代を生きる子どもたちをどう癒し育むか―　創元社　162-170.
黒沢幸子（2010）．親との信頼関係を築く　臨床心理学　10　826-831.
光宗あゆみ（2001）．不登校男児を持つ母親の事例：母親自身の物語　立教大学臨床心理研究　第 4 号　14-25.
森さち子（2010）．親子面接と精神力動的アプローチ　臨床心理学　10　848-853.
村瀬嘉代子（2009）．新訂増補 子どもと大人の心の架け橋―心理療法の原則と過程―　金剛出版
岡田康伸（2003）．子どもの問題行動と母子の心理療法　松尾恒子編　母と子の心理療法―困難な時代を生きる子どもたちをどう癒し育むか―　創元社　142-160.
小俣和義（2006）．親子面接のすすめ方―子どもと親をつなぐ心理臨床―　金剛出版.
砂田素子（2009）．教育相談室における親面接　立教学院心理臨床研究―こころのケアセンター紀要―　第 4 号　43-44.

田中千穂子（2011）．プレイセラピーへの手びき―関係の綾をどう読み取るか―　日本評論社
鵜飼奈津子（2010）．子どもの精神分析的心理療法の基本　誠信書房

4章

河合隼雄編（1969）．箱庭療法入門　誠信書房
河合隼雄（1991）．イメージの心理学　青土社
河合隼雄（1992）．心理療法序説　岩波書店
C・G・ユング（1987）．林　道義訳　タイプ論　1937　みすず書房
C・G・ユング（1995）．池田紘一訳　結合の神秘　1955-56　人文書院
C・G・ユング（1989）．村本詔司訳　心理学と宗教　1938　人文書院
田中康裕（2002）．夢は自らの解釈である　臨床心理学　第2巻　第4号　金剛出版
井筒俊彦（1991）．意識と本質　岩波書店
川嵜克哲（2004）．イメージを布置する技法―箱庭療法において"箱"の中に"ミニチュア"を"置く"ことの意味―　皆藤章編　臨床心理査定技法2　第6章　誠信書房
川嵜克哲（2012）．　見立てと介入をつなぐ工夫―ユング心理学―未刊（私信による）
河合俊雄編（2010）．発達障害への心理療法的アプローチ　創元社

5章

Jacques Lecoq（2006）．Theatre of Movement and Gesture. Routledge, UK.
Moshe Feldenkrais（1991）．Awareness Through Movement. Harper One.
C・G・ユング（1995）．松代洋一・渡辺　学訳　自我と無意識　レグルス文庫
C・G・ユング（1996）．松代洋一訳　創造する無意識　平凡社
アリストテレス（1997）．松本仁助・岡　道男訳　詩学　岩波書店
河合隼雄（1967）．ユング心理学入門　培風館
河合隼雄・谷川俊太郎（1993）．魂にメスはいらない　講談社
河合隼雄（1977）．無意識の構造　中公新書
神田久男（2007）．イメージとアート表現による自己探求　ブレーン出版
クリッシー・ティラー（2008）．近藤春菜訳　社会変化のためのアーティスト関与
ジャック・ルコック（2003）．大橋也寸訳　詩を生む身体―ある演劇創造教育―　而立書房
斉藤　孝（2000）．身体感覚を取り戻す―腰・ハラ文化の再生―　NHKブックス
千石　保（1988）．現代若者論　弘文堂
竹内敏晴（1988）．ことばが劈かれるとき　筑摩書房
竹内敏晴（1989）．からだ・演劇・教育　岩波書店
三砂ちづる・内田　樹（2006）．身体知―身体が教えてくれること―　バジリコ　和辻哲郎（1995）．和辻哲郎随筆集―面とペルソナ―　岩波書店

■Ⅱ部
1章

法務省（2011）.「出入国管理」
　　http://www.moj.go.jp/nyuukokukanri/kouhou/nyuukokukanri06_00017.html7

文部科学省（2012）.「学校基本調査」
　　http://www.mext.go.jp/b_menu/toukei/chousa01/kihon/1267995.htm

文部科学省（2011）.「日本語指導が必要な外国人生徒の受入れ状況等に関する調査」
　　http://www.mext.go.jp/b_menu/toukei/chousa01/nihongo/1266536.htm

川口直巳（2008）. 在日外国人児童の学業達成に関わる要因の理解―教師へのアンケートによる調査を通して―　異文化間教育　第27号　異文化間教育学会　アカデミア出版会　75-86.

川尻　誉（2006）."A Sense of Place" ヴィム・ヴェンダース作品上映会・公開講演会　立教大学ドイツ文学科論集　第40集　立教大学　265-269.

児島　明（2006）. ニューカマーの子どもと学校文化―日系ブラジル人生徒の教育エスノグラフィー　勁草書房

鑪幹八郎・山下　格（1999）. こころの科学セレクション・アイデンティティ　日本評論社

白土　悟（2004）. 異文化間カウンセリングの今日的課題　異文化間教育　第20号　異文化間教育学会　アカデミア出版会　4-10.

Tuan, Yi-Fu.（1977）. Space And Place. The University Of Minnesota.（山本　浩訳　空間の経験　筑摩書房）

3章

A. Freud（1936）. Das Ich und Abwehrmechanismen Internationaler. Psychoanalytischer Verlag.（外林大作訳　1958　自我と防衛　誠信書房）

D. W.Winnicott（1965）. The Maturational Processes and the Facilitating Environment. London The Hogarth Press Ltd.（牛島定信訳　1977　情緒発達の精神分析理論　岩崎学術出版社）

E. Neumann（1971）. Ursprungsgeschichte des Bewusstseins. Walter-Verlag AG Olten.（林　道義訳　1985　意識の起源史（下）　紀伊國屋書店）

岩崎徹也（1980）. 人格発達　中沢恒幸編　精神医学　理工学社

笠原　嘉（1976）. 今日の青年期精神病理像　笠原　嘉・清水将之・伊藤克彦編　青年の精神病理　弘文堂

河合隼雄（1991）. イメージの心理学　青土社

河合隼雄（1992）. 心理療法　岡田康信・田畑　治・東山紘久編　臨床心理学3　創元社　17.

村瀬嘉代子（1996）. よみがえる親と子　岩波書店

P. Blos（1962）. On Adolescence. New York Free Press.（野沢栄司訳　1971　青年期の精神医学　誠信書房）

4章

独立行政法人日本学生支援機構（2007）. 大学における学生相談体制の充実方策について「総合的な学生支援」と「専門的な学生相談」の「連携・協働」

藤川　麗（2007）. 臨床心理のコラボレーション　東京大学出版

藤川　麗（2008）. コラボレーションの利点と課題　臨床心理学　8（2）　金剛出版　186-191.

亀口憲治（2002）. 概説／コラボレーション：協働する臨床の知を求めて　コラボレーション：協働する臨床の知を求めて　現代のエスプリ　No.419　至文堂　5-19.

野坂達志（2008）. コラボレーションのお作法　臨床心理学　8（2）　金剛出版　192-197.

斎藤憲司（2008）. 教育のコミュニティとネットワーク作り　中釜洋子・高田　治・斎藤憲司著　心理援助のネットワーク作り〈関係系〉の心理臨床　東京大学出版会　157-246.

下山晴彦・森田慎一郎・榎本眞理子編（2012）. 学生相談必携 GUIDEBOOK―大学と協働して学生を支援する―　金剛出版

宇留田麗（2003）. 異職種間の協働による学生相談活動を成立させる方略の探索　学生相談研究　24（2）　158-171.

宇留田麗・高野　明（2003）. 心理相談と大学教育のコラボレーションによる学生相談のシステム作り　教育心理学研究　51（2）　205-217.

5章

鶴田和美編集（2001）. 学生のための心理相談―大学カウンセラーからのメッセージ―　培風館

下坂幸三（1998）. 心理療法の常識　金剛出版

高橋道子（2008）. 今日の大学生の発達と母性―学生相談の現場から―　精神療法　vol.34　No.6　686-691.

増井武士（2007）. 治療的面接への探求1　人文書院

■Ⅲ部

1章

C. G. Jung（1984）. 松代洋一・渡辺　学訳　自我と無意識　思索社

C. G. Jung（1987）. 林　道義訳　タイプ論　みすず書房

岩宮恵子（1997）. 生きにくい子どもたち　岩波書店

岩宮恵子（2000）. 思春期のイニシエーション　河合隼雄編　講座心理療法　岩波書店

岩宮恵子（2004）. 思春期をめぐる冒険　日本評論社

笠原　嘉（1976）. 青年の精神病理　弘文堂

河合隼雄（1996）．大人になることのむずかしさ　岩波書店
河合隼雄（2000）．イニシエーションと現代　河合隼雄編　講座心理療法　岩波書店
河合隼雄（2005）．思春期のイニシエーション　臨床心理学 Vol.5　No.3　金剛出版
河合俊雄（1998）．概念の心理療法　日本評論社
清水將之（1994）．青年の不安　不安の臨床　金剛出版
高石恭子（1996）．風景構成法における構成型の検討　山中康裕編　風景構成法その後の発展　岩崎学術出版社

2章

古市憲寿（2011）．絶望の国の幸福な若者たち　講談社
E. H. Ericson (1959). Identity and the Life Cycle. International Universities Press.（西平　直・中島由恵訳　2011　アイデンティティとライフサイクル　誠信書房）
C・G・ユング（1982）．野田　倬訳　自我と無意識の関係　人文書院

3章

D. J. Wallin (2007). Attachment in Psychotherapy. New York:The Guilford Press.
D. W. Winnicott (1964). The Child, the family and the Outside World. Penguin: Harmondsworth.
D. W. Winnicott (1965). The Maturational Process and the Facilitating Environment. Hogarth Press.
E. H. Erikson, J. M. Erikson (1998). The Life Cycle Completed: Norton.
E. H. Erikson (1978). Identity and the Life Cycle: Norton.
E. H. Erikson (1963). Childhood and Society: Norton.
笠原　嘉（1977）．青年期　中公新書
鑪幹八郎（1990）．アイデンティティの心理学　講談社現代新書
李　敏子（1997）．心理療法における心と身体　ミネルヴァ書房
吉良安之（2002）．主体感覚とその賦活化　九州大学出版会
成田善弘（2003）．セラピストのための面接技法　金剛出版
太宰　治（1973）．パンドラの匣　新潮文庫
R. J. Waldomger, J. G. Gunderson (1987). Effective Psychotherapy with Borderline Patients. American Psychiatric Press, Inc.
S. I. Buchalter (2004). A Practical Art Therapy. JKP.
福島　章（1992）．青年期の心　講談社現代新書
山中康裕（1999）．心理臨床と表現療法　金剛出版

4章

I. Progoff (1973). Jung, Synchronicity and Human Destiny: Noncausal Dimensions of

Human Experience.（河合隼雄・河合幹雄訳　1987　ユングと共時性　創元社）
松村　明編（2006）．大辞林　第三版　三省堂
成瀬悟策（2009）．日本の心理臨床3　からだとこころ—身体性の臨床心理—　誠信書房
岡野守也（2005）．トランスパーソナル心理学　増補新版　青土社

5章

青木省三（2011新訂増補版）．思春期の心の臨床—面接の基本とすすめ方—　金剛出版
E. H. Erikson（1959）. Identity and the Life Cycle. International Universities Press.（西平　直・中島由恵訳　2011　アイデンティティとライフサイクル　誠信書房）
河合俊雄（1998）．概念の心理療法—物語から弁証法へ—　日本評論社
河合俊雄（2011）．村上春樹の「物語」—夢テキストとして読み解く—　新潮社
河合隼雄（1983）．大人になることのむずかしさ—青年期の問題—　岩波書店
河合隼雄（1994）．青春の夢と遊び　岩波書店
K. Lewin, D. Cartwright（Ed.）（1951）. Field theory in social science: selected theoretical papers. Harper and Bros.（猪股佐登留訳　1979増補版　社会科学における場の理論　誠信書房）
伊藤美奈子（2006）．思春期・青年期の意味　伊藤美奈子編　思春期・青年期臨床心理学　朝倉心理学講座　朝倉書店　1-12.
岩宮恵子（1997）．生きにくい子どもたち—カウンセリング日誌から—　岩波書店
岩宮恵子（2004）．思春期をめぐる冒険—心理療法と村上春樹の世界—　日本評論社
山中康裕（1978）．思春期内閉 Juvenile Seclusion—治療実践よりみた内閉神経症（いわゆる学校恐怖症）の精神病理—　中井久夫・山中康裕編　思春期の精神病理と治療　岩崎学術出版社　17-62.
織田尚生（1998）．心理療法の想像力　誠信書房
鍋田恭孝（2007）．変わりゆく思春期の心理と病理—物語れない・生き方がわからない若者たち—　日本評論社
森平准次（2008）．アニマ・アニムスの弁証法的な動き—青年期女子の事例から—　心理臨床研究　3号　立教学院こころのケアセンター　1-10.

■Ⅳ部

1章

木村　敏（1976）．いわゆる「鬱病性自閉」をめぐって　笠原嘉編　躁うつ病の精神病理Ⅰ　弘文堂　91-116.
木村　敏（1982）．時間と自己　中央公論新社
森岡正芳（2005）．うつし—臨床の詩学—　みすず書房
坂部　恵（1976）．仮面の解釈学　東京大学出版会
坂部　恵（1989）．ペルソナの詩学—かたり　ふるまい　こころ—　岩波書店

内海　健（2008）．うつ病の心理―失われた悲しみの場に―　誠信書房
2章
藤原勝紀（2003）．イメージを使いこなす　臨床心理学 3-2　173-179　金剛出版
G. Bataille (1973). THÉORIE DE LA RELIGION: Éditions Gallimard.（湯浅博雄訳　2002　宗教の理論）
波多野茂幸（2003）．かつて「小児分裂病」を疑われた思春期の事例より―イメージ体験と言葉によるクライエント理解への試み―　臨床心理学 3-2　金剛出版　206-212.
河合隼雄（1991）．イメージの心理学　青土社
河合俊雄（2010）．はじめに―発達障害と心理療法―　河合俊雄編　発達障害への心理療法的アプローチ　創元社　5-26.
河合俊雄（2010）．対人恐怖から発達障害まで―主体確立をめぐって―　河合俊雄編　発達障害への心理療法的アプローチ　創元社　133-154.
鮫岡　峻（2005）．「関係発達」について　小林隆児・鮫岡峻編著　自閉症の関係発達臨床　日本評論社　2-45.
氏原　寛（2002）．共感について　生活科学研究誌 vol.1　大阪市立大学　149-155.
氏原　寛（2012）．心とは何か―カウンセリングと他ならぬ自分―　創元社

3章
M・ヤコービ（1985）．氏原　寛・丹下庄一・岩堂美智子・後浜恭子訳　分析的人間関係　創元社
深山いずみ（2007）．「死と再生」―「ゆらぎ（ゆれ）」の体験様式から―　心理臨床研究　立教学院こころのケアセンター　3　11-17.
大野　晋編（2011）．古典基礎語辞典　角川学芸出版
氏原　寛（1995）．カウンセリングはなぜ効くのか　創元社
氏原　寛（2009）．カウンセリング実践史　誠信書房

4章
江花昭一監修・吉村佳世子編集（2005）．医療・福祉現場で役立つ臨床心理の知恵 Q&A　日本放射線技師会出版会
E. H. Schein (1978). Career dynamics: Matching individual and organizational needs. Addison Wesley.（二村敏子・三善勝代訳　1991　キャリア・ダイナミクス　白桃書房）
原谷隆史・川上憲人（1999）．労働者のストレスの現状　産業医学ジャーナル　22巻4号
廣川　進（2008）．産業領域における統合的アプローチ―ある中年男性の復職支援のケースから―　大正大学カウンセリング研究所紀要　通巻31号
廣川　進（2010）．産業領域における面接　こころの科学　通巻149号
金井篤子（2009）．ワーク・ライフ・バランスとキャリア発達　産業精神保健　17巻3号

向後善之（2011）．ゆるぎない心をつくる8つのステップ—おとなの悩トレ！— メディアファクトリー
村瀬嘉代子（2006）．心理臨床という営み—生きるということと病むということ— 金剛出版
Richard Bolstad（2009）．The rapport based family.（ユール洋子訳 2009 NLP子育てコーチング 春秋社）
斎藤清二・岸本寛史（2003）．ナラテイブ・ベイスト・メディスンの実践 金剛出版
佐藤 隆（2007）．ビジネススクールで教えるメンタルヘルスマネジメント入門 ダイヤモンド社
山本晴義・曽田紀子（2009）．働く人のメンタルヘルス教室 新興医学出版社
財団法人労務行政研究所（2010）．企業におけるメンタルヘルス対策と実態
ムック AERA LIFE（2011）．職場のうつ—復職のための実践ガイド— 朝日新聞出版

5章

ジュディス A ルイス・マイケル D ルイス（1997）．中澤次郎訳 アメリカの産業カウンセリング 日本文化科学社
星野仁彦（2004）．知って良かった，アダルトADHD VOICE
星野仁彦（2011）．発達障害に気づかない大人たち〈職場編〉 祥伝社
石井京子（2010）．発達障害の人の就活ノート 弘文堂
小林重雄・藤田和弘・前川久男・大六一志・山中克夫（1998）．日本版WAIS-Rの理論と臨床 日本文化科学社

執筆者一覧

[編著者]
神田　久男（かんだ・ひさお）　　　立教大学現代心理学部教授

....

[執筆者]（執筆順）
田沼　裕介（たぬま・ゆうすけ）　　　社会福祉法人二葉学園　児童養護施設二葉学園　心理士
高島　知子（たかしま・ともこ）　　　埼玉県越谷児童相談所　児童心理司
光宗あゆみ（みつむね・あゆみ）　　　成蹊大学学生相談室　カウンセラー
西山　葉子（にしやま・ようこ）　　　長谷川病院　臨床心理士
近藤　春菜（こんどう・はるな）　　　国際劇団アユリテアトル日本代表　演劇実践家

金　　順慧（キム・スネ）　　　　　　立教小学校　スクールカウンセラー
上田　貴臣（うえだ・たかおみ）　　　埼玉県中央児童相談所保護担当心理職員
鍛冶　美幸（かじ・みゆき）　　　　　女子美術大学学生相談室　カウンセラー
槇田　治子（まきた・はるこ）　　　　洗足学園音楽大学・大学院　洗足子ども短期大学
　　　　　　　　　　　　　　　　　　健康管理センター学生相談室　カウンセラー
原　　信夫（はら・しのぶ）　　　　　清和大学短期大学部　准教授

瀬川美穂子（せがわ・みほこ）　　　　立教新座中学校・高等学校　スクールカウンセラー
二宮　実穂（にのみや・みほ）　　　　立教大学学生相談所　非常勤カウンセラー
武藤友香子（むとう・ゆかこ）　　　　東京都　スクールカウンセラー
大塚　　尚（おおつか・ひさし）　　　立教大学兼任講師・学生相談所　非常勤カウンセラー
森平　准次（もりだいら・じゅんじ）　聖カタリナ大学人間健康福祉学部　専任講師

矢﨑　　大（やさき・だい）　　　　　海上寮療養所　臨床心理士
河西　直歩（かわにし・なほ）　　　　多摩あおば病院　心理
深山いずみ（みやま・いずみ）　　　　目白大学心理カウンセリングセンター　助教
衞藤　真子（えとう・ちかこ）　　　　横浜労災病院勤労者メンタルヘルスセンター
　　　　　　　　　　　　　　　　　　臨床心理士・シニア産業カウンセラー
小野寺晶子（おのでら・あきこ）　　　企業内カウンセラー　臨床心理士

心理援助アプローチのエッセンス

2013年3月15日　初版第1刷発行

検印廃止

編著者© 神田久男
発行者　大塚栄一

発行所　株式会社 樹村房
〒112-0002
東京都文京区小石川5丁目11番7号
電話　東京03-3868-7321
FAX　東京03-6801-5202
http://www.jusonbo.co.jp/
振替口座　00190-3-93169

デザイン／BERTH Office
組版／株式会社西文社
印刷／亜細亜印刷株式会社
製本／株式会社渋谷文泉閣

ISBN978-4-88367-225-7
乱丁・落丁本は小社にてお取り替えいたします。